経済データ入門

東京国際大学経済学部教授 清水 誠

はじめに

　経済データは経済学や経済現象を理解するために必要なデータである。データは情報技術の進展とともに量としては増大した。しかし、データを選択する手間は変わらない。また、データの中でエビデンスとして利用することが可能な質の高いものは限られる。そのためデータの所在源に関する知識が必要である。特に、経済に関するデータは、ビッグデータの時代においても公的統計に依存する面が大きい。このため、公的統計がどこでどう作られているかについての知識が必要になる。

　経済データで思い浮かぶものは、収入、支出、価格などミクロ経済学で学ぶようなデータである。どのようなデータを使うかは目的に依存する。ある人または場所のデータを他と比べるのであればデータの集め方に工夫は要らない。しかし、ある自治体、ひいては国家の総額、平均、分布などを知りたいのであれば、データをどこから集めるかという課題が生じる。ビッグデータが存在しても、その対象が目的と合致しているとは限らない。もし予算が限られているなら、そこからデータを選ぶことが必要になり、その方法をどうするかという課題もある。

　また、マクロ経済学で学ぶような国の国内総生産、すなわちGross Domestic Product（GDP）や消費者物価指数、すなわちConsumer Price Index（CPI）などについては、データ源は一つでなく、多種多様なデータを合成することによって計算される。そうなると、どのような計算方法が妥当かという課題もある。

　経済データと言っても、金銭に関するものとは限らない。人口、労働、生活などの社会データは経済データということもできる。農業や環境に関するデータも経済と密接に関係している。特に、最近は2015年に国際連合（国連）が定めた持続可能な開発目標、すなわちSustainable Development Goals（SDGs）のように、持続可能な経済が強調され、GDPには含まれない幸福、福祉、環境などの側面も反映させた評価指標が求められている。したがって、本書は、これらを含めた広い意味で経済データを捉えることにする。

　たとえば、経済とは少し遠い存在に感じる水について考えてみる。水については、健康志向から山間部のおいしい水が普及した。ペットボトルから水を飲む生活が普通になった。今や水道から水を飲むことがまれになった。しかし、水が簡単に手に入る国は恵まれている。世界では人口の40％を超える人たちが水不足に苦しんでいる。このため、SDGsにおいて、目標6「安全な水とトイレを世界中に」が掲げられている。水は人体の3分の2を占めていて、健康を左右し、SDGsでいうならば、目標3「すべての人に健康と福祉を」に不可欠である。反面、日本では、津波や豪雨など、水の脅威に遭遇している。豪雨は気候変動の影響を受けている。SDGsの目標13「気候変動に具体的な対策を」に向けて具体的な目標

を掲げる国が増えた。日本に限らずペットボトルで水を飲む国では、ペットボトルの環境への悪影響も課題となっている。ペットボトルをリサイクルすることは目標9「産業と技術革新の基盤をつくろう」、目標12「作る責任・使う責任」および目標14「海の豊かさを守ろう」を目指す取組になる。特に、海洋におけるマイクロプラスチックは、海の生物がエサと間違えて食べてしまうなど、生態系に影響を及ぼす問題になっている。このように、水には様々な側面がある。水の様々な側面を把握すべくデータも進歩した。SDGsには指標が設けられ、地域別、男女別、年齢別など細かい区分で測定する取組が世界中で進んでいる。国連は、環境について、水、エネルギー、空気のそれぞれについて統計体系を整備している。特に、水は、農業、エネルギー、衛生など様々な側面で重要であるとして、2010年に水の統計のための国際勧告 International Recommendations for Water Statistics（IRWS）が国連統計委員会で採択された。これにはデータ収集、加工、報告等の指針が書かれている。水を集めたり、きれいにしたり、運ぶには費用がかかる。水を購入するにも金が要る。水にはこのような経済的側面があり、水のための環境経済勘定、すなわち System of Environmental-Economic Accounting（SEEA）for Water が2009年に国連統計委員会で採択され、2012年に改定された。

近年、国際化と情報化が進展した。特に、2020年の新型コロナウイルスによるパンデミックは、世界が一体であるがゆえに起きた出来事であるとともに、日常を維持・回復するために情報通信が駆使された。

社会経済のエビデンスとしてのデータの役割も著しく増加した。水のデータに見られるように、まず社会経済の問題があって、現象を体系化する中で、合せてデータも整備されるようになった。同じ水であっても、自然環境、人体、衛生、産業、エネルギー、災害等、様々な側面があり、それらすべての側面に対してデータが必要になっている。データは統計調査のデータだけとは限らない。行政記録もあれば民間が保有するビッグデータであっても良い。

データは量だけでなく質も高くなければいけない。質については正確で使いやすく迅速で比較可能であるなど要求水準は高い。データの説明もわかりやすくて公正で透明であるなど高い質が求められる。結果としての統計だけでなく、その作成過程、作成組織、国民との関係など、すべての面で高い質が求められる。

21世紀に入り、統計をめぐる環境が変化する中で、統計法の全面改正、証拠に裏付けられた政策形成、オンライン調査の普及、ビッグデータの活用など、政府の組織も変化した。

本書は、経済学および経済的な出来事を理解するために必要なデータについて、公的統計を中心に、データの種類、データの収集・加工の方法、データの見方・使い方、データ作成・提供体制、ならびにそれらの課題について説明している。本書により、経済データがどのように作られているのか、どう解釈し、どう利用す

べきかを体系的に理解することができる。また、経済データを利用して分析を行う際に有用なデータの所在源と留意事項に関する知識を身に付けることができる。社会経済のエビデンスが必要になった時に、本書が経済データの所在源や利用の仕方の手掛かりとなれば幸いである。

　本書の出版に際し、日本橋出版による企画、デザイン、製本、販売等の貢献は大きく、特に同社代表の大島拓哉氏には懇切・丁寧なアドバスをいただいた。この場を借りて厚く御礼を申し上げる。

目次

はじめに ... 2

第1部　経済データの意義
1. 経済データとは何か ... 10
2. なぜ経済データが必要なのか ... 11
3. データ活用のOutcome ... 12

第2部　経済データの作り方

第1章　経済データの種類 ... 18
1. 公的統計 ... 20
2. 民間統計 ... 26
3. 意識調査 ... 27
4. 加工統計 ... 27

第2章　データ収集の流れ ... 29
1. 企画 ... 30
2. 指導 ... 35
3. 実地調査 ... 38
4. 検査・集計 ... 42
5. 公表 ... 45

第3部　経済データのありか

第3章　人口・世帯 ... 49
1. 国勢調査 ... 49
2. 人口動態調査 ... 61
3. 住民基本台帳人口移動報告 ... 63
4. その他のデータ ... 65

第4章　建物・土地 ... 67
1. 住宅・土地統計調査 ... 67
2. 建築着工統計調査 ... 72
3. その他のデータ ... 75

第5章　労働・賃金 ... 77
1. 労働力調査 ... 77
2. 就業構造基本調査 ... 84
3. 毎月勤労統計調査 ... 88
4. 賃金構造基本調査 ... 93
5. その他のデータ ... 95

目次

第6章　生活・行動　　97
1. 国民生活基礎調査　　97
2. 社会生活基本調査　　101
3. その他のデータ　　105

第7章　家計・価格　　107
1. 家計調査　　107
2. 全国家計構造調査　　115
3. 小売物価統計調査　　119
4. その他のデータ　　124

第8章　企業・事業所　　126
1. 事業所母集団データベース　　126
2. 経済センサス　　128
3. 経済構造実態調査　　134
4. 法人企業統計調査　　137
5. 短観（全国企業短期経済観測調査）　　140
6. その他のデータ　　142

第9章　生産・流通　　144
1. 農林業センサス　　144
2. 漁業センサス　　148
3. サービス産業動向調査　　150
4. その他のデータ　　152

第10章　教育・研究　　158
1. 学校基本調査　　158
2. 科学技術研究調査　　160
3. その他のデータ　　163

第11章　健康・福祉　　165
1. 医療施設調査　　165
2. 公的年金加入状況等調査　　167
3. 介護サービス施設・事業所調査　　169
4. その他のデータ　　171

第12章　その他のデータ　　172
1. 自然・面積・汚染　　172
2. 災害・犯罪・安全　　173
3. 文化・芸術・宗教　　174
4. 政治・行政・司法　　174

第4部　組み合わされた経済データ

第13章　人口推計 …… 179
1. 現在人口推計 …… 179
2. 生命表 …… 180
3. 将来人口推計 …… 181

第14章　地域メッシュ統計 …… 185
1. 国勢調査の地域メッシュ統計 …… 186
2. 経済センサスの地域メッシュ統計 …… 186
3. リンクによる地域メッシュ統計 …… 186
4. その他の地域メッシュ統計 …… 187

第15章　指数 …… 188
1. 物価指数 …… 188
2. 数量指数 …… 195
3. 景気動向指数 …… 197
4. その他の指数 …… 199

第16章　連関表 …… 200
1. 産業連関表 …… 200
2. 供給使用表 …… 204
3. 国際収支表 …… 206
4. 食料需給表 …… 209
5. エネルギーバランス表 …… 210
6. その他の連関表 …… 210

第17章　体系 …… 211
1. 国民経済計算 …… 211
2. 社会・人口統計体系 …… 219
3. 環境経済勘定体系 …… 221
4. 旅行・観光サテライト勘定 …… 223
5. その他の体系 …… 223

第18章　その他の加工統計 …… 224
1. 世帯推計 …… 224
2. 貸出約定平均金利 …… 224
3. リサイクル率 …… 224
4. 国民医療費 …… 225

目次

第5部　経済データ作成・提供体制

第19章　日本のデータ作成・提供体制 ……… 228
1. 現状 ……… 228
2. 歴史的変遷 ……… 230

第20章　世界のデータ作成・提供体制 ……… 236
1. 各国のデータ作成・提供体制 ……… 236
2. 国際機関の役割 ……… 239

第6部　経済データの課題

第21章　第IV期基本計画の概要 ……… 242
1. 基本理念 ……… 242
2. 基本的な視点 ……… 243

第22章　持続可能な開発目標 ……… 246
1. SDGsの概要 ……… 247
2. SDGsの指標 ……… 254
3. 2023年レポートの国際比較 ……… 256

参考情報

参考ウェブサイト ……… 258
参考文献 ……… 258
関連事項の学習に役立つ文献 ……… 259

著者 ……… 260

第 1 部

経済データの意義

経済社会で目標を考える時に、目標を達成するために必要な資源をインプット（Input）、必要な活動をアクション（Action）と呼ぶのに対し、目標は、その長さや大きさに応じて呼び方が異なる。すなわち、個々の結果はアウトプット（Output）、中期または中間の成果はアウトカム（Outcome）、長期的変化はインパクト（Impact）である。たとえば少子化対策でいうならば、少子化の現状を示す情報がInput、少子化対策がAction、来年の出生数が今年よりも増えることがOutput、今後10年間の出生数がその前の10年間の出生数より多くなることがOutcome、年齢バランスのとれた社会がImpactというイメージである。（図1）

【図1】結果に基づく計画

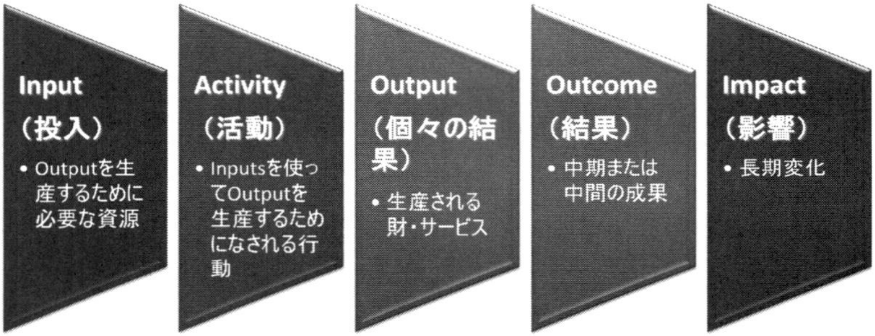

Input（投入）	Activity（活動）	Output（個々の結果）	Outcome（結果）	Impact（影響）
・Outputを生産するために必要な資源	・Inputsを使ってOutputを生産するためになされる行動	・生産される財・サービス	・中期または中間の成果	・長期変化

　本書のイントロダクションとして、第1部では、経済データとは何か、また目標を達成するためにどのような役割を果たしているのかについて具体的な事例とともに述べる。

1. 経済データとは何か

　データとは、数える、測るといった手法で得られる情報であり、本書では主に数値データを指す。
　経済データは経済または経済学の目標を決めるために必要な経済に関するデータである。しかし、これは狭い意味であり、広い意味では、経済または経済学の目標を決めるために必要な経済、社会、自然に関するデータと、それらを加工・分析して得られた統計を意味する。ここでいう統計はデータの総数、平均、比率、ばらつき、最頻値、最大値、順位などであり、加えて指標、量と量との関係、経済モデルによる推定値などを含める。通常、ここでいう経済・経済学は広い意味で用いられる。金額に換算される収支、資産・負債などに関する現象・学問は当然のことながら、人口、就業などの人数に関するもの、人の行動・心理に関するもの、食料・健康に関するもの、土地・建物に関するもの、情報・技術に関するもの、社会・環境への影響なども含まれる。（図2）

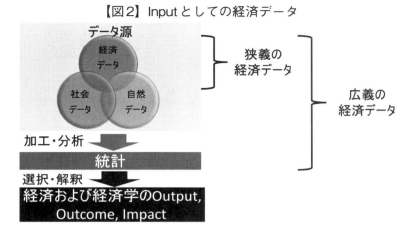

【図2】Input としての経済データ

　経済データは数値で示されるのでこれを Input にすると Output、Outcome および Impact が明確になり、これらの目標と比べて Action の成果を評価することができる。

2. なぜ経済データが必要なのか

　経済データに限らず、データは経済、社会、自然現象の実態を把握するために必要不可欠なものである。他にもデータは生活、経営、スポーツ、教養などのあらゆる場面で、出来事や将来戦略のエビデンス（証拠）として、直観よりも信頼を置かれている。その傾向は図3に集約した以下の理由により近年強まっている。

　まず、戦後しばらくの右肩上がりの時代と異なり、明日の経済・社会の実態が不明瞭なことから、直観的には予測が難しいことが背景にある。経済成長率は高くなく、内訳に区分してデータを見なければ実態がわからない。所得については、平均的には大きな変化はないが、極めて少数の大金持ちがますます所得を増やし、他の大多数との格差が広がっている。人口も減少傾向にあるとはいえ、減少量は僅かであり、年齢別に人口を区分すると高齢者が増加し、子供が減少している。このように、データを区分しなければ実態がわからなくなっている。過去の傾向からは予測することができないことも多くなった。2011年には東日本大震災が発生し、2020年には新型コロナウイルスが広まった。以前は、長期的に地球は平和になっていくというイメージが強かったが、ロシアのウクライナ侵攻はそうではないことを世界に伝えた。先を読むことができない世の中だからこそ、常に緻密なデータを保持しておくことが重要となる。

　デジタル社会における情報通信技術の発達は質量ともにデータの水準を引き上

げた。ビッグデータで象徴されるように、人工衛星、監視カメラ、携帯電話、スキャナ、ウェブサイトなどを通じて、地球上のデータ量は日ごとに増え、その品質も向上している。また、それらを分析することができるソフトウェアも進歩した。

グローバリゼーションもデータニーズを引き上げる大きな要因である。経済危機、感染症、気候変動など、国境を越えて解決が必要な問題は多い。それを裏付

【図3】経済データが必要な理由

けるデータも国境を超えて比較が可能になっていなければいけないことから、国際機関が中心となり、様々な側面でデータの作成、提供等に必要な国際的なルールと基準が整備された。

多様化も見逃せない要因である。以前であれば日本人は皆似たことに関心を持ち、似た行動をしていると言われたが、今は人によって生活、行動、考え方が異なり、また異なる人々を受け入れることが是とされる。そのため、データも多様化している。全体像を把握するには、合計や平均を求めるだけでなく、それらを細分化（disaggregate）した分析が必要になっている。

民主化はエビデンスとしてのデータの役割を強めた。特定個人の意思・判断で物事を進めるのでなく、客観的で中立的なエビデンスがなければ人々の理解と共感を得ることができないからである。

このような背景の中で、経済学や経済現象を理解するために、経済データの重要性も強まりつつある。

3. データ活用のOutcome

データは生活、経営、スポーツなどのあらゆる場面で広範かつ効果的に利用されているが、ここで、歴史と世界の中からデータの大きな効果を眺望する。

まず、自然について新しい事実を発見するために、データは重要な役割を果たしている。自然については、気温、風速、植生などを測定器などによって観察したデータが用いられる。それらを活用して発見に結びつけた事例は数多く存在する。図4-1では、ガウスが小惑星を発見した事例、データベースを構築することによる住宅におけるエネルギーの効率化、台風の予報円の縮小化を掲げた。

近年、環境についても測定技術の進歩とともに数多くのデータが体系的に収集されるようになった。

医療・衛生については、人間を観察することによりデータが蓄積される。医療・

衛生の進歩においても、様々なデータが効果的に用いられてきた。図4-2ではケトレーのBody Mass Index（BMI）、フラミンガムの住民を対象にする疫学研究、ナイチンゲールが鶏頭図を用いて病院の悪い衛生環境を示したことなどの事例を掲げた。

保険も、データを使った発明として17世紀に誕生した。保険とは、偶然に発生する事故によって生じる財産上の損失に備えて、多数の者が保険料として金銭を出し合い、その資金によって事故が発生した者に保険金を給付する制度である。図4-3に保険制度の誕生と進化について事例をまとめた。

本書のメインテーマである経済においても、消費、売上、貿易、財政など、多方面でデータが活用されている。経済学が政策に適用される事例も多く、20世紀に購買力平価、産業連関表、国民経済計算など、経済学を踏まえて経済データを

【図4-1】自然を正確に知ることができたこと

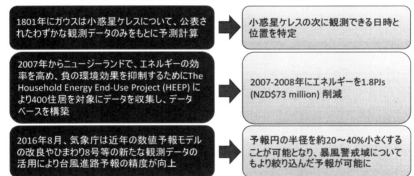

【図4-2】人が長生きできるようになったこと

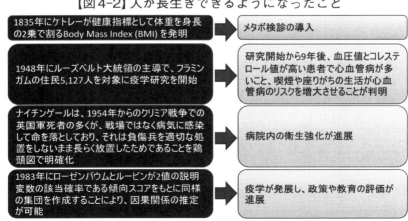

国家水準に積み上げ、比較をする仕組みが整った。図4-4にそれらの事例をまとめた。

図に示したとおり、GDPはサイモン・クズネッツが発案したことで知られるが、当の本人は、国家の福祉は国民所得という指標からはほとんど測定することができないと警告していた。広く国民経済計算という観点からは、リチャード・ストーンも、イギリスの国民経済計算を整備し、各国の統計の調整を図ったほか、国連統計委員会の中心メンバーとして国民経済計算体系の開発にも携わったことで知られる。

経営戦略を立案・実行する際にもデータは活用されている。工場経営において品質管理は重要であるが、図4-5に掲げるように、20世紀にはデータを用いた品質管理が適用された。また、21世紀にはビジネスにデータサーエンスが適用されている。

社会の実態を把握する際にも、人口、就業者数、時間、住環境、情報通信利用

【図4-3】保険の仕組みができたこと

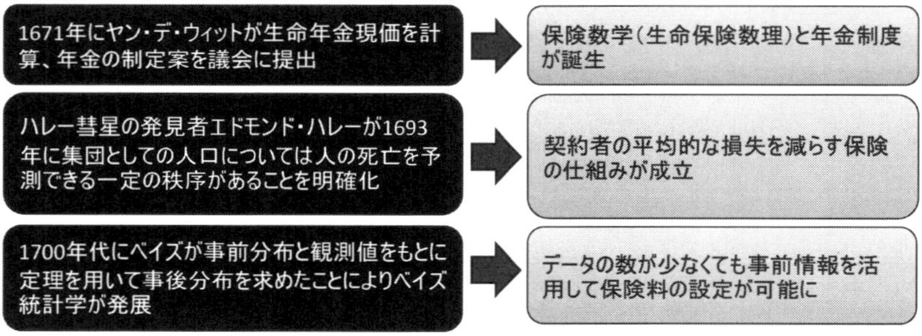

1671年にヤン・デ・ウィットが生命年金現価を計算、年金の制定案を議会に提出		保険数学（生命保険数理）と年金制度が誕生
ハレー彗星の発見者エドモンド・ハレーが1693年に集団としての人口については人の死亡を予測できる一定の秩序があることを明確化		契約者の平均的な損失を減らす保険の仕組みが成立
1700年代にベイズが事前分布と観測値をもとに定理を用いて事後分布を求めたことによりベイズ統計学が発展		データの数が少なくても事前情報を活用して保険料の設定が可能に

【図4-4】経済学を政策に応用

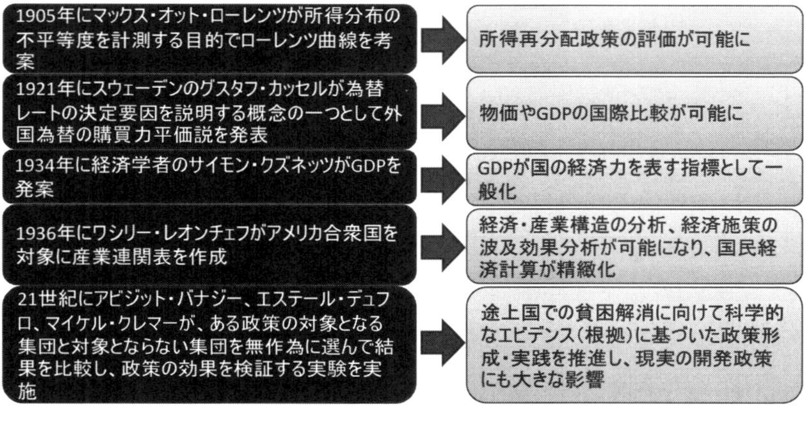

1905年にマックス・オット・ローレンツが所得分布の不平等度を計測する目的でローレンツ曲線を考案		所得再分配政策の評価が可能に
1921年にスウェーデンのグスタフ・カッセルが為替レートの決定要因を説明する概念の一つとして外国為替の購買力平価説を発表		物価やGDPの国際比較が可能に
1934年に経済学者のサイモン・クズネッツがGDPを発案		GDPが国の経済力を表す指標として一般化
1936年にワシリー・レオンチェフがアメリカ合衆国を対象に産業連関表を作成		経済・産業構造の分析、経済施策の波及効果分析が可能になり、国民経済計算が精緻化
21世紀にアビジット・バナジー、エステール・デュフロ、マイケル・クレマーが、ある政策の対象となる集団と対象とならない集団を無作為に選んで結果を比較し、政策の効果を検証する実験を実施		途上国での貧困解消に向けて科学的なエビデンス（根拠）に基づいた政策形成・実践を推進し、現実の開発政策にも大きな影響

率など様々なデータが活用される。データと統計学を用いて社会を改善する事例は枚挙にいとまがない。図4-6にはケトレーによる正規分布を用いた兵役義務の回避の発見、ゴセットのt分布の発見による小標本の活用、フィッシャーの標本理論などを掲げた。

社会貢献については、世界全体に影響する大規模な事業という点でSDGsが極めて重要な事例となるが、これについては第6部第22章で紹介する。

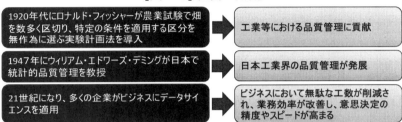

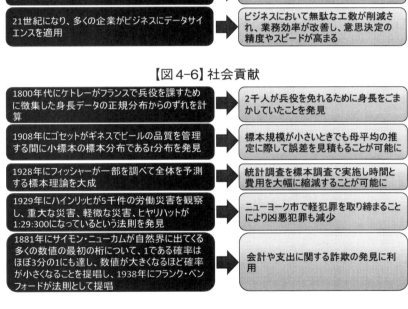

第 2 部

経済データの作り方

第2部では、経済データに関する基本的な知識として、データの種類、データの作り方の流れなどについて説明する。

　経済データの出所は公的統計であることが多いことから、公的統計の仕組みについて重点的に解説する。公的統計のデータ源としては、統計調査がかなりの部分を占めているので、とりわけ統計調査の方法について各方法のメリット、デメリットを比較する。

第1章　経済データの種類

　統計は、個々人の集約に関する数値データ、すなわちこれらのデータを集め、分析し、解釈する科学である。このうち公的統計は、厳格な品質基準に従って作成され、政府機関から国民に提供される統計である。統計が公的統計であるためには厳格な品質基準に従って作成されていることが一つの条件であるが、「品質」とは正確性だけでなく中立性、透明性、適時性、有用性、比較性などの数多くの要件を備えていることを意味する。また、統計を作成するためのデータだけでなくそれを説明する**メタデータ**も高品質であることが必要である。もう一つの条件は「政府機関から国民に提供される」となっており、政府機関が作成することは必須としていない。つまり、作成者は民間機関のときもある。

　日本では、公的統計は国民にとって合理的な意思決定を行うための基盤となる重要な情報であることから、**統計法**（2007年5月23日法律第53号）で公的統計の作成および提供に関し基本となる事項が定められている。

　公的統計の役割は公共の利益のために必要な情報を提供することである。公的統計は、古くから行政を円滑に実施するための指針として重要な役割を果たしてきたが、近年、国民が国の社会経済を正しく把握し、決定するための材料を提供するという本来の役割が注目されるようになった。つまり、公的統計は今でも政府による政策立案、実行および評価のエビデンスであるが、国民が意思決定をするためのエビデンスでもある。（図5）その役割は更に広が

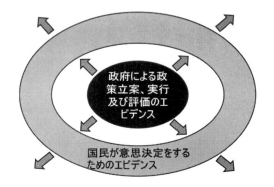

【図5】公的統計の役割

り、今では国民だけでなく他国や国際機関が意思決定をするためのエビデンスにもなっている。

多くの国で公的統計に制度が存在する。国連においても、**公的統計の基本原則**が2004年に国連統計委員会で承認され、2014年には前文を改めて国連総会で承認された。原則1は、公的統計は、経済・人口・社会・環境の状態についてのデータを政府、経済界および公衆に提供することによって、民主的な社会の情報システムにおける不可欠な要素を構成していると述べている。また、この目的のため、公的な情報利用に対する国民の権利を尊重するよう、公的統計機関は、実際に役に立つ公的統計を公正にまとめ、利用に供しなければならないとしている。

日本では統計法は1947年に制定されていたが、主に作成者側の視点で書かれていた。2007年に全面改正され、利用者の視点が盛り込まれた。

改正された統計法は、公的統計の基本原則1に書かれているように、第一条で、公的統計が国民にとって合理的な意思決定を行うための基盤となる重要な情報であることにかんがみ、公的統計の作成および提供に関し基本となる事項を定めることにより、公的統計の体系的かつ効率的な整備およびその有用性の確保を図り、もって国民経済の健全な発展および国民生活の向上に寄与することを目的としているとしている。公的統計は行政だけでなく、社会全体で利用される情報基盤と位置付けられている点が重要である。

また、第三条で、公的統計のあるべき姿を以下の基本理念として明らかにしている。

①公的統計は、行政機関等における相互の協力および適切な役割分担の下に、体系的に整備されなければならない。
②公的統計は、適切かつ合理的な方法により、かつ、中立性および信頼性が確保されるように作成されなければならない。
③公的統計は、広く国民が容易に入手し、効果的に利用できるものとして提供されなければならない。
④公的統計の作成に用いられた個人または法人その他の団体に関する秘密は、保護されなければならない。

統計を作成するためには、情報収集が必要である。統計の情報収集の方法としては、**調査票**を作成して回答してもらう**調査**による方法と行政機関や民間機関が保有している情報を活用する方法が一般的である。ここで、収集する情報は、データとそれが何かを説明するメタデータである。調査票とは、「統計を作成するために必要な情報を調査対象から得る目的で、調査、観察すべき事項を規定し、調査対象の回答、観察結果、測定値などを記録するための形式」であり、**質問票**とも呼ばれる。

調査には、主として実態を質問することにより行う**統計調査**と意識を中心に質

問することにより行う**意識調査**がある。統計調査には行政機関が実施する**公的統計調査**と民間機関または民間人が実施する**民間統計調査**がある。特に、国民の活動や状態を全体的に表すような統計は、膨大な人手と費用をかけて国家権力により作成することが必要であることから、公的統計調査により行われる。そのため、その実施については統計法で規制と保護が定められている。民間統計調査は、企業に必要な研究やマーケット戦略などのために実施され、その実施についてとくに法的な規制と保護は定められていない。しかし、対象となる国民や企業などに公的統計調査と同様の負担感の発生は避けられず、そのような中で国民や企業などの協力を得るため、調査票などの取扱いは自主的に公的統計調査と同様としているところが多い。意識調査についてもその実施についてとくに法的な規制と保護は定められていないが、調査票などの取り扱いは自主的に公的統計調査と同様としているところが多い。

統計の中で、統計の作成を専一または主目的として実施する調査により得られる統計のことを**第一義統計**または**調査統計**という。これに対し、別途法令などに基づき申請、申告、届出、報告などを受けて作成された個人や団体の記録（**行政記録**）から、転用することにより作成する統計を**第二義統計**または**業務統計**という。貿易統計、税務統計、金融統計、販売統計、気象統計などはこれに当たる。

さらに、調査統計、業務統計、その他のデータを加工する**加工統計**も統計の一種である。調査統計と業務統計を**一次統計**、加工統計を**二次統計**と呼ぶ。

1. 公的統計

国が作成する公的統計は基幹統計と一般統計に区分される。

基幹統計とは、国勢調査による国勢統計、国民経済計算のように、（ア）国の基本政策決定に必要で国民生活にとって重要な統計、（イ）民間における意思決定または研究活動のために広く利用されると見込まれる統計、（ウ）国際条約または国際機関が作成する計画において作成が求められている統計その他国際比較を行う上において特に重要な統計である。基幹統計の作成者は行政機関であるが、必ずしも直接作成する必要はなく、行政機関が地方公共団体や民間機関に委託して作成してもよい。また、作成に必要な情報は必ずしも行政機関が直接入手したものとは限らず、民間機関から入手することもある。

国が作成する公的統計のうち基幹統計でない統計を**一般統計**と呼ぶ。

基幹統計を作成するための調査を**基幹統計調査**、一般統計を作成するための調査を**一般統計調査**と呼ぶ。

1 承認事項

　基幹統計調査や一般統計調査を行なおうとするときは、次に掲げる事項についてあらかじめ総務大臣の承認を得なければならないことになっている。
①調査の名称および目的
②調査対象の範囲
③報告を求める事項およびその基準となる期日または期間
④報告を求める個人または法人その他の団体
⑤報告を求めるために用いる方法
⑥報告を求める期間
⑦集計事項
⑧調査結果の公表の方法および期日
⑨使用する統計基準その他総務省令で定める事項
　また、承認を得た後、調査を中止したり承認事項を変更する場合にも総務大臣の承認を得ることになっている。

2 報告義務

　基幹統計調査を確実に実施し、正確な調査結果を得るため、報告者に対し報告義務を課することができる。報告を命じられたにもかかわらず報告に応じなかったり虚偽の報告をした者は50万円以下の罰金に処せられる。報告に応じない行為には積極的な拒否行為のほか忌避による消極的行為も含まれる。一方、虚偽の報告とは、報告者が事実と相違していることを認識した上で報告をしている場合のことで、過失等で故意でない場合には対象とはならない。
　しかし、統計調査は被調査者の協力、信頼関係によって成り立つことが基本であるという考えの下、適用事例は少ない。適用事例としては、罰金だけでなく懲役も科される時代にさかのぼるが、1947年8月に実施された農林水産業調査において、供出割合の軽減を受けるために自己の水稲作付面積を減らして申告した農家が懲役3か月の量刑を受けた事例、1950年2月に実施された世界農林業センサスにおいて、耕作台帳面積を減らして申告した農家が罰金3,000円の量刑を受けた事例などがある。
　また、調査客体の報告内容に疑義が生じた場合に、統計調査員などは立入検査などを行うことができ、これを拒否したり虚偽の報告をしても同じ罰則が適用される。
　さらに、報告を妨げたり、基幹統計の作成に携わる者が真実に反する行為をしたときは、6か月以下の懲役または50万円以下の罰金に処せられる。たとえば、1970年10月に実施された国勢調査において、市制に移行する条件となっている人口3万人を確保したいなどの理由から、町長、助役および総務部長が共謀し、集

計した調査票の枚数を増やして報告した事件があった。この事案は、虚偽有印公文書作成罪が適用され、町長は懲役1年6か月（執行猶予3年）、助役は懲役1年（執行猶予2年）、総務部長は懲役8か月（執行猶予1年）の刑に処せられた。

　基幹統計調査の報告であるかのように誤解をさせて情報を取得するいわゆる**かたり調査**を行った者には2年以下の懲役または百万円以下の罰金というより厳しい処分がなされる。基幹統計の作成に携わる者が、不正な利益を図るために情報を提供または盗用した時にも同じ罰則が適用される。

　一般統計調査には報告義務はないが、その結果については、特別の事情がある場合を除き、参考となる情報と併せて速やかに公表することが義務付けられている。

3 秘密保護

　基幹統計調査、一般統計調査のいずれにおいても、報告者が報告した事項などの秘密は固く守られなければならないこととなっており、これに違反した場合にも2年以下の懲役または百万円以下の罰金が科される。かりに税務署から徴税の資料として調査票の提供を求められたり、裁判官の令状により調査票の提出を求められても拒絶することができる。また、調査結果を公表する時にも適用され、たとえば地域別、年齢別、産業別などと結果表の表示区分を詳細にすると、1や2の数値が表示されやすくなるが、それを他の数値と合算するなどにより報告者を特定できないようにする措置がとられている。

　なお、ここでいう調査票とは、報告された個別の調査票だけでなく、内蔵メモリーや記録媒体など、個々の調査対象ごとにその報告内容が記録されたものも含む。

4 調査票情報の利用

　統計調査により集められた調査票情報（統計調査によって集められた情報のうち、文書、図面または電磁的記録に記録されているもの）は、本来、その統計調査を実施するに当たって予定されていた統計を作成するために用いられるものである。しかし、その情報を**二次利用**することにより、同種の統計調査の実施を抑制することができ、また、公益に資する統計の作成や統計的分析が可能となることから、そのための規定も整備されている。

　具体的には、調査実施者は統計の作成または統計的研究を行う場合と統計を作成するための調査に係る名簿を作成する場合に自ら二次利用することができるほか、高度な公益性が認められる統計的な目的に調査票情報の提供ができるとしている。また、一般からの求めに応じて調査実施者が個別に統計の作成などを行い、作成した結果のみを提供する**オーダーメイド集計**、調査票情報を特定の個人また

は法人その他の団体が識別できないように加工した**匿名データ**の作成・提供についても規定されている。

5 結果の公表

戦時中には、統計の発表が国家機密の保護の名の下に禁止されたり差し控えられたりした苦い経験を踏まえ、基幹統計調査の結果は原則として速やかに公表すべきものとされている。結果の公表は、あらかじめ、公表期日と公表方法を決め、インターネット等から行うこととしている。

日本の統計は府省ごとに作成されているが、公表した統計結果は **e-Stat** と呼ばれる政府統計の総合窓口から一括して閲覧することができる。e-Statは、各府省が公表する統計データを一つにまとめ、統計データを検索したり、地図上に表示することができるなどの、便利な機能を数多く備えている。図6にウェブサイト上の最初の画面を示した。

【図6】 e-Stat　政府統計の総合窓口

https://www.e-stat.go.jp/

2008年のグローバルな金融危機を受け、金融経済統計を国際的に共有・監視することの重要性が増大した。日本は国際通貨基金、すなわち International Monetary Fund（IMF）が定める Special Data Dissemination Standard Plus（SDDSプラス）に加盟しており、ウェブサイトの中でIMFが指定した27分類に相当するデータを逐次更新している。その中の**日経平均株価**は、公的統計でないにもかかわらず毎日更新が必要なデータである。

6 統計調査員

基幹統計調査は、調査対象数が膨大で、常勤の国家公務員や地方公務員だけで対応するのは困難なものが多い。また、オンラインや郵送による調査では回収率が低くなったり、記入が不完全になるおそれがある。このため、調査票の配布、回

収などの事務を行う**統計調査員**が活動している。

統計調査員は期間を定めて任命されるが、任命期間中は、大臣任命の場合は一般職の非常勤国家公務員であり、都道府県知事任命の場合は特別職の非常勤地方公務員となる。実際には、非常勤の国家公務員は国勢調査に従事する**国勢調査員**のみである。国勢調査員は、市町村（東京23区を含む。以下同じ）長の推薦に基づき、総務大臣が任命する。1920年の第1回国勢調査以来、1980年調査までは内閣総理大臣が任命していたが、1984年に総務庁が発足したことに伴い、1985年調査からは総務庁長官、2001年の省庁再編により総務省が発足した後には総務大臣が任命することになった。

この任命期間中の災害については、公務災害と認定された場合は、国勢調査員は**国家公務員災害補償法**（1951年法律第191号）、他の統計調査員は**地方公務員災害補償法**（1967年法律第121号）による補償を受けることができる。統計調査員手当は関係府省の協議の下に統一要求を行い、統一予算単価が決定されており、おおむね国家公務員行政職俸給表（一）の1級25号俸に相当する金額で、2020年度における査定単価は、日額9,110円である。

統計調査員は、夜間に世帯を訪問したり、担当区域内にある世帯や事業所を漏れなく調査することが必要であることから、そのためには、地域の実情をよく知っている人を配置することが望ましいものの、地域によっては、顔見知りでない調査員を望む傾向もあるため、調査や地域の実情に応じた配置がなされている。

調査員が保持する調査に必要な物品を**調査用品**と呼ぶが、この中には、調査票のほかに、調査対象に**記入の仕方**を説明するための書類、調査対象者にメッセージを残すための**連絡メモ**、訪問に必要な**調査対象者名簿**、**調査区要図**、事前に配布するための調査についての**依頼状**、**調査員証**、調査方法全般について記載した**手引き**、**安全対策マニュアル**、**筆記具セット**、調査票を入れるためのファイル、これらの書類を入れるための**手提げ袋**などがある。

プライバシー意識の高揚に伴い統計調査員の事務も厳しさを増すなか、統計調査員の選任も困難をきたしている。このようななか、各種統計調査の実施に際して必要とする統計調査員の確保を容易にするために、統計調査員希望者をあらかじめ登録しておき、その資質の向上を図る**統計調査員確保対策事業**と呼ばれる事業が実施されている。

7 事務の委任

政府は、基幹統計調査に関する事務の一部を地方公共団体や教育委員会に委託することができる。委託された事務は統計法施行令（2008年政令第334号）に書かれている。それらの事務は、報告義務者の決定、統計調査員の指揮監督、調査区の設定、調査票の配布、回収、審査および集計、結果の公表、調査票その他の

関係書類の作成、保管および送付などである。これらの事務のイメージは第2章を参照していただきたい。委託を受けた地方公共団体が事務を行う財源は、国が措置しなければならないとされている。

なお、**調査区**とは、統計調査の実施に際し、調査員の担当区域を明確にし、調査の重複・脱漏をなくすために設定される区域である。

8 届出統計

地方公共団体および独立行政法人等が統計調査を行おうとするときは、あらかじめ基幹統計調査および一般統計調査の承認事項の①から⑥を総務大臣に届け出る必要がある。このため、これらの統計調査は**届出統計調査**と呼ばれている。基幹統計調査や一般統計調査とは異なり、届出のみで済む点に特徴がある。しかし、総務大臣は、地方公共団体が実施する届出統計調査が基幹統計調査の実施に支障を及ぼすおそれがあると認めるときは、届出統計調査の変更や中止を求めることができる。

9 行政記録

統計を作成するために、かつては統計調査でデータを得る手法が一般的であったが、近年各国とも行政記録の活用を視野に入れている。たとえば、出生死亡記録、税の記録、社会保険の記録などが典型的な事例である。一方で、行政記録については、統計調査によるデータとは異なり、統計作成のために収集されたデータではないこと、統計作成機関が一括して管理することができないことなどによる課題がある。

行政記録は企業や事業所を把握する場面で先行している。これらのすべてを把握しようとする場合、日本ではまだセンサスが主流であるが、EUでは、まず、行政記録からデータを入手し、それで把握できない場合に統計調査や民間データ等を用いる。これらのデータは**ビジネスレジスタ**に蓄積される。日本にも、事業所に関する所在地、業種、従業者数などの情報を体系的に構成した**事業所母集団データベース**と呼ばれるビジネスレジスタが存在する。ビジネスレジスタから多種多様な統計を作成することができる。またビジネスレジスタを共通に利用可能な母集団情報として、正確かつ効率的な統計の作成が可能となり、統計調査や報告事項の重なりを抑制することができる。

行政記録の中にはデータ量が多くビッグデータに相当するものも存在する。人工衛星のデータ、公的病院の記録、社会保険データなどはそれらの典型である。

2. 民間統計

　最近は、民間における統計の作成・利用が活発になってきた。これは企業間の大競争時代を迎え、もはや、経営者の直感に頼る営業活動が許されなくなったからでもあるが、同時に、経営者層そのものも、合理主義的な風潮に育った人々に代わってきたこと、IT技術により高度な分析が可能になったことも見逃せない。

　民間が実施する統計調査には様々なものがあり、それぞれ民間が独自に定めた規定に基づいて統計調査が行われている。しかし、調査対象から見れば行政機関が実施する統計調査と同様の負担を求められる中で、報告義務がないことから、秘密保護を厳正に行う、謝礼を設ける、自社サービスの提供などの工夫により調査対象の協力を促している。統計調査の目的としては、企業のマーケティングが多いが、社会経済情勢の把握を狙いとしているものもある。とくに、大学、研究機関、公益法人などが実施する統計調査の結果のなかには、行政や研究に利用することができるものが多い。

　しかし、民間が実施する大規模統計調査のなかには、回収率が非常に低くて利用に耐えないものがある。また、統計調査に関する知識が不足している、予算がいちじるしく制約されている、業務本来の目的に便乗するような形態で調査が実施されている、などの理由で調査方法が妥当でないこともある。たとえば、景品の応募に必要なアンケートによる調査は、景品目当ての回答者が多数見込まれるために大規模調査として成立するが、特定企業の景品の応募者には偏りが生じやすいという問題がある。このような調査結果を利用する際には、充分な注意が必要である。

　国の統計と同様に、データ源は統計調査に限らない。いわゆるビッグデータと呼ばれるデータは、一般的に、大容量で高速な多様なデータであり、統計調査以外の費用効果が高く刷新的な仕組みや技術を通じて入手されたものが多い。たとえば、人工衛星の画像データ、スーパー、ドラッグストア、コンビニエンスストアなどのポスデータ、クレジットカードの個人情報や購入記録、ウェブサイトの検索データ、ソーシャルメディアのコミュニケーションデータ、スマートフォンによる人の移動データなどはその典型である。コロナ禍で人の接触が避けられる中でスマートフォンの位置データが人の移動を把握するために使われた。それらは民間企業が自らの営業のために作成しているものであるが、公的統計のデータ源としても活用が期待されている。

　もちろん、逆に民間の統計の中にも国の統計やデータを利用して作成されているものもある。

　公的統計と民間統計のデータ源と統計の関係を図示すると図7のようになる。

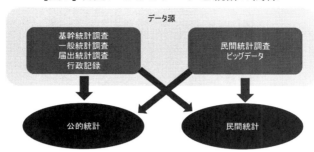

【図7】官民におけるデータと統計の関係

3. 意識調査

　意識調査にも政府が実施するものと民間が実施するものが存在する。政府が実施する意識調査の中で、国勢全般にかかわる**世論調査**は内閣府大臣官房政府広報室により実施されている。

　統計調査では事実について質問することが多いのに対し、意識調査では意識についての質問が多い。つまり、統計調査では客観的事実の確認を目的としているのに対し、意識調査では主観的な考え方や感じ方を調べることを目的としている。意識調査では、事実関係の確認が少ない分だけ対象者の負担は少ないともいえるが、統計法などによる調整が行われないことから、調査事項数が膨大になるおそれはある。

　意識調査も調査票を作成して回答してもらうという点では統計調査と同じであることから、以下では統計調査という用語に意識調査を含めて説明することとする。

4. 加工統計

　これまでに掲げた調査の結果、データを合算、平均したり、単純な比を計算するなどにより得られる統計を一次統計と呼ぶ。これに対し、一次統計に何らかの演算を施して得られる統計で、一次統計に比べて解析的色彩のある統計を二次統計または加工統計と呼ぶ。加工統計には、加重計算を伴う指数、相関係数などが含まれる。また、国民経済計算などのように、総合推計による統計数値も、その算出過程から見て、加工統計の典型と考えられる。複数のデータ源を組み合わせて作成された統計を二次統計とする見方があり、失業率は労働力調査だけから作成されるので一次統計になるが、厳密には労働力調査の結果の推計には国勢調査

の人口も利用されている。一次統計と二次統計は厳密な定義に基づくものではなく便宜上の区別にすぎない。

　加工統計の詳細は第3部に記載する。

第2章　データ収集の流れ

　たいていの人が何らかの形で統計調査やアンケート調査に協力することを依頼されたことがあるせいか、何か新しいデータを入手するには、調査票を作成して記入してもらえばよいというイメージが定着しているように思える。実際に自ら試みた経験の持ち主も多数存在しているようだ。

　しかし、世の中に現存する大規模統計調査を実施する際には、大規模であるがゆえに特別な努力と工夫が重ねられていることはあまり知られていない。まず人々の協力が必要である。また調査を実施するための人手と費用が必要である。これらを確保するには、調査の目的、時期、対象、調査事項などが社会経済の需要に合致しており、かつ明確に定められていなければならない。とくに、調査票を配布し、記入を依頼する活動が合理的かつ効率的に進行するには、それらを支える制度や仕組み、綿密な計画、周到な準備などが必要となる。

　統計調査の実施には、調査の企画、指導、実地調査、集計、公表の各段階がある。**実地調査**は、いわゆる調査の最前線の作業であり、調査票の配布、記入依頼、記入指導、回収などの業務である。

　研究者や学生は自ら企画した調査を直接行うことも多いが、行政機関や民間機関は実地調査を他の機関に委託することが多い。とくに大規模統計調査については調査実施機関を経ないと調査の実施が不可能ということにもなる。受託機関としては、国が調査を企画する場合は都道府県、国の地方支分部局、民間の調査会社が一般的であり、都道府県が企画する場合は市町村や民間の調査会社、民間機関が企画する場合は民間の調査会社が一般的である。とりわけ、国が実施する統計調査の場合、都道府県に委託される場合が多く、調査対象数が多い場合には、さらに市町村に委託される。

　最近は、調査実施者またはその委託機関がオンラインにより直接調査対象者から回答を入手する場合が多くなった。調査対象者はあらかじめ知らされたIDとパスワードを入力してウェブサイトから電子調査票に入力することにより回答する。電子調査票には自動的に論理チェックが施され、回答に矛盾があればその場で訂正が求められる。調査対象者からの質問にはコールセンター職員が対応する。

　もう一つのモデルケースとして、国が実施する調査について都道府県、市町村、調査員を経る調査の流れを眺めてみることとする。

　都道府県は、調査企画者の指導を受けて、当該都道府県の区域内における調査の実施に関して、市町村に対する指導、調査票の審査などの事務を実施する。市町村は、都道府県の指導を受けて、当該市町村の区域内における調査の実施に関して、指導員および調査員に対する指導、調査票の審査などの事務を実施する。

調査員は、調査の趣旨・方法などをよく理解した上で、あらかじめ定められた期間内に、担当する調査区域内にあるすべての調査対象を訪問して、調査票の配布・記入依頼、記入された調査票の回収などの事務を行う。調査によっては、調査票の配布に行く前に事前に調査の依頼状を配布して回ることもある。

調査票の回収後は、調査票の各欄の記入漏れや記入誤りなどを検査し、必要により電話などで申告者に確認する。調査票の検査終了後、調査票を整理し、あらかじめ定められた日までに都道府県、市町村などの機関に提出する。

集められた調査票は集計機関で集計され、多くの場合、結果は調査実施者により公表される。

このような調査の流れを**調査系統**と呼ぶ。

本章は、調査系統を区分し、段階ごとに重要な要素を解説する。

1. 企画

何のために何をどう調査するかを決めるのが統計調査の企画である。統計調査の企画は、統計調査の第一歩であるとともに、他のすべての段階に強い影響力を及ぼす。

1 目的

統計調査の企画は、調査目的を明確にすることから始まる。行政機関が行う調査の場合には、行政施策の立案・推進のための基礎資料を得ることが究極の目的であるが、具体的に、何のために、何を調査し、どのような結果を出すのかを明確にすることが最初の作業となる。目的に説得力があり魅力的であると、統計調査への協力を得やすくなる。

2 調査対象

調査の対象は、その属性、地域、時間の三つの面から決められる。決定に際しては、調査の技術上の難易度などを考慮することが必要である。たとえば、調査によっては離島や水面上が除かれていることがあるが、これは実地調査上の困難に配慮した措置である。

統計調査には、調査の対象となる集団の構成単位全部を調査する**全数調査（センサス）**と、集団の構成単位の一部を調査する**標本調査**がある。全数調査には、①詳細な調査結果が得られるので地域、男女、年齢などで区分して比較することができる、②**標本誤差**と呼ばれる標本だけの調査から全体の値を推定するために生じる誤差が発生しない、などの長所がある。これに対して、標本調査には、①調査対象数が少ないため、調査に要する時間、労力、費用が抑制される、②調査事

項の定義の適否やその変更に基づく誤差、調査票や結果表の設計に起因する誤差、申告者の申告の誤りや拒否による誤差などの**非標本誤差**が比較的小さい、③比較的複雑な調査事項を調査することができる、などの長所がある。

標本調査法において、調査の企画者がその知識、経験などにより、典型的、あるいは代表的であると考える標本を母集団から選ぶ方法を**有意抽出**と呼ぶ。また、このような抽出方法を採用している調査を**典型調査**と呼ぶ。日本では、戦前にはこの方法をとることが多かったが、経験がつねに当てはまるとは限らず、判断の誤りは結果の偏りに直結した。また、うまく代表的なものが選ばれたかどうかを客観的に保証する手段がないという問題もあった。このため、近年この方法はあまり用いられなくなった。

これに対し、くじ引きや乱数などの偶然性に基づいて標本を抽出する方法を**無作為抽出**と呼ぶ。無作為抽出では、標本誤差の程度について合理的な保証を付けることが可能である。また、調査の目的の観点から、推定値に対して一定の精度が要求される場合、それを満たすような標本を設計することが可能である。

母集団は世帯を対象とする場合、国勢調査の結果が用いられることが多いが、住民基本台帳が用いられることもある。事業所を対象とする場合、事業所母集団データベースと経済センサスが用いられるが、学校ならば学校基本調査、病院や診療所ならば医療施設調査というように、区分ごとに存在する全数調査の結果が用いられることもある。また、農林業や漁業は農家や漁家などの世帯と農林業経営体、漁業経営体といった事業所の両方が対象になる。(図8)

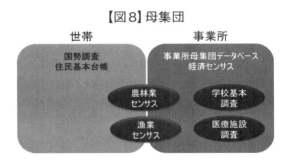

【図8】母集団

母集団のすべての調査単位を差別することなく、まったく同じ条件で、等確率で抽出する方法を図9-1に示した**単純無作為抽出法**と呼ぶ。実際には、すべての抽出単位に一連番号をつけ、最終番号までの数字をくじ引き、乱数表などによって選び、選ばれた数字に対応する抽出単位を標本として選定する。単純無作為抽出法は、あらゆる抽出法の中で最も基本的なものである。他の抽出法においても、部分的にはこの単純無作為抽出法が用いられていることが多い。単純無作為抽出法による標本から母集団のある項目の総和や平均などを推定する方法は様々であるが、最もわかりやすい方法は、たとえば総和を推定する場合、標本の総和に**抽出率**の逆数を乗じて拡大して母集団の総和を近似する方法である。これによれば、母集団の平均を推定する場合には、標本の平均そのもので近似する。

標本となる抽出単位について、枠内における位置関係に規則性を持たせるような抽出方法を**系統抽出法**と呼ぶ。このうち最も基本的なものは**等間隔抽出法**と呼ばれるもので、**抽出起番号**と呼ばれる抽出の出発点となる位置を無作為に決め、**抽出間隔**と呼ばれる一定の間隔ごとに標本を抽出し、所定の数の標本を得る方法である。抽出作業は簡単かつ実用的であり、抽出起番号と抽出間隔を工夫することにより、精度の向上を期待することができる。

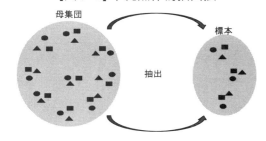

【図9-1】単純無作為抽出法

抽出単位を直接抽出するのでなく、いくつかの抽出単位の集まり（**集落**）を抽出単位として抽出する方法を図9-2に示した**集落抽出法**と呼ぶ。集落抽出法では、できるだけ集落を等質にしておくことが重要であるが、現実には、集落を等質にすることはできないので、集落抽出法は、調査に要する負担が軽いなど実務

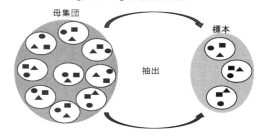

【図9-2】集落抽出法

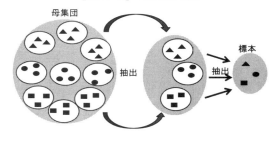

【図9-3】2段抽出法

面で優れているものの、標本規模が同じであれば、通常は単純無作為抽出法より精度は低くなる。

このように、単純無作為抽出法は集落抽出法より理論的には優れているものの、特に広い地域で全体像をとらえようとすると困難が伴う。そこで、より現実的な手法として、両者を組み合わせたものが考え出された。母集団から直接標本を抽出するのではなく、まず集落を抽出し、抽出された集落から標本を抽出する方法を図9-3に示した**2段抽出法**と呼ぶ。たとえば、最初に調査区を抽出し、更にそれらの中から必要な標本を抽出する方法がそれである。

2段抽出において、母集団がいくつかの集落に分割されている状態で各集落か

ら抽出単位を抽出するとき、多くの場合、各集落を**層**、集落への分割を**層化**、この抽出方法を図9-4に示した**層化抽出法**と呼ぶ。集落はまったく無作為に作るのではなく、それぞれに何らかの特性を持たせる。たとえば、調査区は地域ごとのまとまりなのでそれなりの特性を持っている。層化の効果は調査事項ごとに評価される。ある項目に対して層化を効果的にするために、その項目について同質なものを同じ層に、異質なものを別の層にするという方針がとられる。層化抽出法における推定では、層ごとの抽出率の違

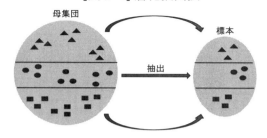

【図9-4】層化抽出法

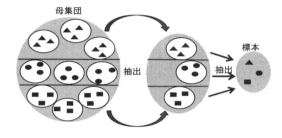

【図9-5】層化2段抽出法

いを調整する必要があるので、層の抽出率の逆数による加重合算が行われる。

2段抽出法と層化抽出法を組み合わせた方法を図9-5に示した層化2段抽出法である。1段目で集落を抽出するが、それらが層化されており、2段目で抽出された集落から標本が無作為に抽出される。

2段抽出法の考え方は、**3段抽出法**に拡張することができる。2段以上の抽出法を総称して**多段抽出法**という。多段抽出法における一つの段の抽出単位は、その下位の段の抽出単位の集落である。多段抽出法においては、推定も多段階に行われる。すなわち、標本が多段階の抽出を経てきているのに対応して、最下段から、順次上段に向けて推定が行われる。多段抽出法の精度は、概して段数が増えるほど悪くなる。

不等確率抽出法は、抽出単位ごとに抽出確率が異なってもよいとする抽出法である。抽出確率の決め方は多岐に渡るが、それぞれの決め方が精度に関係するので、当然精度の向上に資するような決め方が必要になる。とくに、母集団のある項目の総和や平均を推定する場合は、抽出単位に与える確率をその項目の値の大きさに比例させると、その項目の精度の面で有利になる。しかし、現実には抽出単位の値は不明であるので、それに関係する既知の情報で代用することになる。一般に、個々の抽出単位に、ある種の尺度による指標を設け、それに比例して抽出確率を決める方法を**確率比例抽出法**という。調査区を抽出単位として、人々の就

業状態を調査する場合、調査区内の人口に比例した確率で調査区を抽出する方法などが該当する。

一般に、図10に示すように、世帯を抽出する場合、世帯員の人数、収支等には世帯間でそれほど大きな違いがないことから、世帯は無作為に抽出されるが、企業を抽出する場合、企業の従業員数、売上などには企業間で大きな違いがあることから、業界を代表するような大きな企業を調査対象にするため、従業員数に比例する確率比例抽出法が採用される。調査によっては、一定規模以上の企業をすべて対象にすることもある。

【図10】世帯または企業の個人を標本抽出する場合

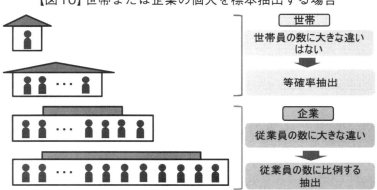

抽出方法を検討する際には何を調べているのかに注意を払うことが必要である。たとえば、店の商品の販売価格の平均なのか購入価格の平均なのかという点である。前者であれば、すべての店から単純無作為抽出すれば良いが、後者であれば、その商品の購入が最も多い店から抽出するほうが効果的である。店に商品が置いてあることと消費者がそれを購入することは別のことだからである。

3 調査時期

調査時期には、①調査対象を規定する時期（いつ存在する対象か）、②調査事項を把握する時期（いつのデータか）、③実地調査を行う時期（いつ調査を行うか）がある。

調査事項を把握する時期は、いつの時期の統計が調査目的に適し、利用価値が高いかという観点から定める。また、調査対象を把握しやすい時期や調査員が活動しやすい時期にも配慮する。なお、周期的に実施している調査の場合には、時系列的な比較分析のために、なるべく調査の時期を変更しないほうがよい。

他方、調査対象を規定する時期や実地調査を行う時期についても、できるだけ調査事項を把握する時期に接近させるほうがよい。というのは、調査対象を規定

する時期が離れ過ぎると、調査の漏れや重複が起こりやすくなり、実地調査を行う時期が離れ過ぎると、調査の誤りが起こりやすくなるからである。実地調査を行う期間の長さは、調査対象者の協力度、調査員の活動可能性などによって左右される。

4 調査票の設計

経済に関連する統計調査において、調査票の役割は、自然現象や物理現象の分析に用いられる測定機器に相当するものであり、利用目的を満たすだけの精度を確保することができるものでなければならない。このため、調査票の設計には、対象分野の専門知識はもとより、統計学と心理学の専門知識と広い一般知識が必要である。統計調査において、調査票に起因する誤差は大きく、その設計に当たっては細心の注意を払う必要がある。たとえば次のような事項である。
①不必要な質問は含めないこと
②質問を設定する前に、それから作成される統計を想定すること
③質問や説明の言葉使いは平易な話言葉にすること
④回答に難しい表現の使用が必要なものを避けること
⑤回答を誘導するような質問にしないこと
⑥複数の内容を持った質問を避けること
⑦個々の質問の無回答を極力なくすようにすること
⑧質問の量は多過ぎないようにすること
⑨質問の配置は前問の影響を受けないようにすること
⑩対象者が回答しやすいような論理的順序に配慮すること
⑪主題の転換部では話題変更の説明をすること

調査事項は、実態を重視する統計調査では、氏名、男女、年齢のような基本的な項目を最初に、専門度の低いものから高いものへと並べられることが多いのに対し、意識調査では、意識に関する調査事項については、やはり専門度の低いものから高いものへと並べられるものの、基本的な実態については**フェイス項目**として最後にまとめて問う順序となっている場合が多い。

2. 指導

こうして企画された調査の実施そのものは、他の機関に委託されることが多いと冒頭で述べたが、委託を行う際には、企画者は、調査が正確、迅速、かつ円滑に実施されるように、受託者に企画者の意図を正確に伝え、調査方法等が具体化される。このため調査方法などをマニュアルにして受託者との間で共通認識を持ち、必要に応じて指導を行なっている。

1 調査員に対する指導

　調査員を介して調査を行う場合には、企画者または受託者は調査員に対して調査の仕方を説明することとなるが、多数の調査員に共通認識を持ってもらうには説明だけでは足りず、調査方法全般について記載した手引きを配布することとなる。調査を正確に実施するには、どの調査員も基本的には同じ対応をする必要があることから、手引きは行動の仕方を詳細に規定するものとなっている。調査には、調査票のみならず、各種調査用品が使用されることもあるが、手引きにはこれらの使用の仕方も明示されている。また、調査員には必ずしも調査の内容に精通している者が選定されるとは限らないので、手引きはわかりやすい表現で作成されるよう工夫が凝らされる。この手引きの出来で調査の成否が左右されることもある。さらに、調査員に対する研修や実地訓練が実施されることもある。

　調査の規模が非常に大きい場合や難しい調査では、**指導員**が任命されることがある。指導員は、調査が正確かつ円滑に遂行されるよう、関係各機関に対する協力依頼、調査員に対する調査内容・方法の説明、調査期間中の調査員指導、調査困難世帯や夜間調査における調査員支援、調査票の審査などの事務を行う。

　次に、調査員に必要な資質について述べることとする。

　まず、調査期間は限られており、調査対象者との面会をするために昼夜なく飛び回らなければならないことも多いことから、体力と時間的余裕が必要である。また、対象者が質問の趣旨を誤解しているような時には適切な対応が必要なことから、調査事項に関して基本的な知識を身に付けているとともに、様々な対象者の生活や考え方を全般的に理解することができる能力が必要である。さらに、調査結果が調査員自身の考え方に傾くことを防ぐため、調査事項に関して特定の利害関係や偏見を持っていないことが必要である。また、調査対象者の誤解を招きやすい税務関係者、警察関係者、選挙関係者などは好ましいとはいえない。

　調査員は、調査に必要な知識を習得することが必要なため、できるだけ固定し、経験を蓄積させることが望ましいが、現実には調査の都度臨時に調査員を集めて調査を行う場合も多い。このため、調査に先立って調査員を集めて調査員打ち合わせ会を開き、手引きを配布して以下のような事項を説明しておくことが望ましい。

(1) 調査の趣旨
　調査の目的、背景などについて理解をする。

(2) 対象者
　母集団と調査対象者の抽出方法のあらましについて理解をする。これは、調査員が対象者を抽出する場合には当然であるが、そうでなくても、対象者を確認したり、対象者からなぜ自分が調査の対象になったかを聞かれた時に役に立つ。

(3) 各質問のねらいと回答の処理方法

質問のねらいを理解するとともに、対象者が質問の趣旨を理解できない場合にはどの程度まで説明するか、回答が不明確な場合はどの程度まで追加質問を行うのか、曖昧な回答をどのように処理するのかを把握しておく。

(4) 訪問要領

対象者の住宅や職場を訪問したら、対象者の在否を聞き、不在の場合は再訪問をする。不在でなくても商売、家事、来客などで忙しい場合には、無理に面接を強要せず出直すようにする。この場合も相手の都合を聞き、再訪問の日時を打ち合わせておくのが望ましい。

最近は、オートロックマンションなど戸口に達するまでに困難を伴う住居も多いので、事前に管理者に依頼をする、よく見える場所に調査や訪問時期に関する掲示をするなどの工夫が不可欠となる。また、オートロックマンションでは、ある世帯で調査に成功しても、同一マンションの他の世帯を調査するためにふたたびインターホンまで戻るという面倒は避けられない。

対象者が面接に応じた場合には、質問に入る前に、相手の警戒心や不安感を取り除き、調査に協力的な雰囲気を作ることが大切である。それには、調査をだれが何のために行い、その結果はどう使われるのか、また統計的に処理されるので個人の秘密は守られることなどを説明し、納得を得なければならない。また、このような理性的な説明だけでなく、感情的に親しい雰囲気を作ることも大切である。そのためには、対象者の生活や心理状況を素早く飲み込んで、それに応じた世間話などを持ち出して話の糸口を作ることが必要である。また、面接は第三者の影響を避けるために一対一で行うのが望ましいので、同席者がいる場合にはその人や対象者の感情を害さないように席をはずしてもらうよう工夫をする必要がある。

さらに、調査員の安全を確保するため、犬が存在する場合には対象者の引率のもとで玄関に向かう、対象者の勧誘があっても玄関より中には入らないなどの注意も必要である。

新型コロナウイルスなどへの感染防止が必要であれば、マスクを着用する、離れて話す、会話を短くするなどの対応が欠かせない。

(5) 質問要領

面接調査法では、すべての対象者に同一の刺激を与え、その反応の差をみることが前提なので、面接に際しては質問の用語や順序は原則として調査票に書いてあるとおりに行なわなければならない。対象者が質問の趣旨を理解することができない場合には、できるだけゆっくりそのままの表現で質問を繰り返し、それでも意味が通じない場合は、指示された範囲で解説を加えるようにする。対象者の回答が理解できない場合にも、同様に、質問を繰り返したり、指示された範囲で

追加質問をして回答を確かめなければならない。

また、面接の途中で、話題が質問以外のことにそれることもある。このような場合には、その話題に合わせ、対象者の言葉に共感と理解を示しながら、機会をみて質問事項に話題を戻すようにしなければならない。

質問終了後は、その場で調査票を見直し、記入漏れや不明瞭な箇所を補足して完全なものにする。この場合、雑談をしながら調査票を見直し、不明瞭な点を確認するなどの方法がとられる。

2 オペレータに対する指導

最近はオンライン調査が増加しているが、オンライン調査では調査対象者からの照会に対応するために**オペレータ**が雇われることが多い。オペレータに対しても共通の手引きを作り、十分な説明が必要である。特に、調査員に対する説明に必要な (1)、(2)、(3) および (5) はオペレータにも必要な内容である。調査対象者の質問は断片的なこともあるので、周辺事情や調査対象者の考え方を確認しながら、丁寧に対応することが必要である。

その際、電話対応に必要な基本的なマナーを身に付けておくことが必要である。また、事前に、過去の事例を含めて関連する情報を蓄積・閲覧することができるシステムを構築しておくと効果的な対応が可能になる。

オンライン調査の場合には、回答が困難な質問にはひとまず回答を保留し、オペレータが調査実施者に聴くなどにより事後に回答をすることもできる。

3. 実地調査

調査の企画段階でどんなに綿密な計画を立てても実際に調査を実施すると予想外の問題が生じることがある。調査間隔が長い大規模統計調査ではあらかじめ**試験調査**が実施され、実地調査上の問題点を確認することが多い。

実地調査の方法として最も一般的なものは、質問を一定の順序に配列した調査票に基づいて、調査対象者全員に画一的に調査をする**固定質問紙法**である。固定質問紙法には、調査対象者自身が回答を記入する**自計式**と調査員が記入する**他計式**がある。固定質問紙法以外にも、質問のテーマだけを示して、具体的な質問は調査員に任せる方法もあるが、以下では固定質問紙法に限って実施の仕方を説明することとする。

1 自計式調査法
(1) オンライン調査法

情報通信の進歩により、統計調査におけるオンライン調査が普及した。オンラ

イン調査では、固定質問紙法といっても、調査票は紙でなく電子的に存在している。回答者がIDとパスワードを入力することによりウェブ上の特設サイトに接続し、回答を入力する。以前は企業や事業所を対象とする調査で一般的であったが、最近は個人がスマートフォンを通じて回答する調査も増えた。オンライン調査にはメリットが多い。まず、論理チェックや異常値の発見を自動的に行うことができる。また、仕組みによっては回答の修正が容易である。さらに、調査のコストを抑制することができる。加えて、回答がデジタル化されているのでチェックや符号付けなどの事後の事務が効率化される。新型コロナウイルスなどへの感染予防にも適している。反面、対象者本人が回答を記入したかどうかがわからないという問題がある。実態を把握する統計調査では、調査の内容に応じて家族や職場のなかの適任者が回答することができるなどの点で適切な方法であるといえる。しかし、意識調査では、対象者本人以外の人が、本人に代って自分の考えを記入したり、本人に助言したりして影響を及ぼすおそれがある。また、回答情報のセキュリティ管理が課題となる。

　インターネット利用者からなる機関を組織して調査目的に合致した特性をもつ会員に調査協力を依頼する方法もあるが、このような方法では、情報通信にたけたアンケート好みの人の調査票ばかりが収集されるおそれがある。

(2) 調査員調査法

　調査の実施の仕方としては、調査員が調査対象者の自宅や職場を直接訪問する**調査員調査法**もある。いったん調査票を対象者に渡して、一定の期間を経た後、記載後の調査票を回収するので**留置き調査法**と呼ばれる。

　留置き調査法は、対象者に必ずしも会う必要がなく、調査票の配布と回収だけを行うので、他計式調査法と比べて調査員の受け持ち数を多くすることができ、したがって他計式調査法よりもコストが抑制される。他方、オンライン調査と同様に、筆跡鑑定をしない限り対象者本人が回答を記入したかどうかがわからないという問題がある。

　調査員調査は、調査員が身分証を示すことにより調査に対する対象者の信頼を得ることが容易となる。たとえば、国勢調査の知名度の高さを利用してその名を称して世帯の家族構成や会社の従業員の氏名などを電話や電子メールで照会する、いわゆる「かたり調査」が行われることがあるが、国勢調査は、電話や電子メールで統計調査の依頼をすることはないので判別は容易である。

(3) 郵送調査法

　他に代表的な調査方法として**郵送調査法**があり、対象者が郵送された調査票に回答を記載することにより行われる。郵送調査としては、送付も回収も郵送で行う**往復メール**による方法が一般的であるが、送付のみを郵送で行い調査員が回収に伺う**メールアウト**による方法、調査員が配布して郵送で回収する**メールバック**

による方法、回収されない対象者にのみ調査員が督促に伺う方法など、調査員調査との組み合わせにより、多様な方法が考えられる。また、調査対象者に磁気媒体を郵送する場合のように、情報機器を活用することもある。

　一般に、郵送調査は調査員調査と比較して、コストが低く、対象者側からみた面会に要する面倒を軽減できるなどの長所がある反面、回収率が低く、回答が不正確になるおそれがあり、調査の信頼性・重要性を説明しにくいなどの短所がある。また、留置き法と同じく、対象者本人が回答を記入したかどうか保証できないという問題もある。特に、回収率が低い場合には、回収したものをそのまま集計しても、母集団の姿を反映していないおそれがあるので、集計方法を工夫したり、結果の見方に注意が必要である。

(4) その他の調査法

　オンライン調査法と類似した方法に**ファックス調査法**がある。ファックス調査法では、調査票の送受信が24時間可能である、紙に描かれた絵や写真を処理できるなどの長所がある反面、ファックスは世帯では電話ほど普及していないという問題もある。このため、ファックスによる調査は事業所を対象とする調査に見られる。

　また、民間企業による製品、パッケージ、コマーシャルなどのテストで活用される方法に、店頭や街頭で調査対象者を選定して会場に集合してもらい、インタビュー形式や座談会形式で聞き取りをしたり、調査票にその場で記入してもらう**会場調査法**がある。会場調査法では、実施期間が比較的短いという長所があるものの、集合した人には、たとえば当該商品またはサービスに好意的である、時間的余裕がある、積極的であるなどの特徴を備えていることが多い。これを避けるために、事前に無作為に抽出した調査対象者を会場に招集する方法があるが、費用がかかる。

　さらに、オンライン調査に似た方法としてウェブサイトに調査票を掲載して広く回答を求める方法、郵送調査に似た方法として新聞や広報紙などに調査票を折り込む方法がある。いずれも調査票の配布の仕方が効率的であるが、回収率を上げるには回収方法を工夫することが必要である。

2 他計式調査法

(1) 調査員調査法

　他計式調査法で最も一般的な調査方法は調査員が訪問する調査である。訪問時に調査員が対象者に面接しながら回答内容を聴取するので**面接調査法**と呼ばれる。面接調査法は、回答者が標本として抽出された対象者本人であるかを確認することが容易であり、また対象者の表情や態度を見ながら調査を進めるので、対象者が誤解していたり虚偽の回答をしていると思われるときはその場で対処すること

ができる。自計式調査が困難な識字率の低い国では一般的な手法である。さらに、回収率が比較的高く安定している。反面、欠点には、費用と人手がかかること、世帯や企業の他の構成員の情報を得ることが困難なことなどがある。新型コロナウイルスなどへの感染予防の観点からは望ましい方法とはいえない。面接調査法は留置き調査法と比べて調査員に高い専門性が必要とされるので、専門調査員と呼ばれる調査内容に詳しい専門家たちが行うこともある。

調査員調査であっても、最近は調査員がタブレットのような情報通信機器を持ち、その場で回答を入力・送信する **Computer Assisted Personal Interviewing（CAPI）** により調査を行うことが多い。その際、回答内容の不合理を即座に発見するなどの効率化が図られる。

特に、調査員の目や耳による直接の観察に基づいて必要な情報をとる方法を**観察調査法**と呼ぶ。観察調査法は、小売店における商品の月末在庫、月間販売量の総計額、販売単価等を銘柄ごとに調べる場合、人や車の通行量のカウントなどで採用されている。今でも道路脇で座って交通量をカウントしている人を見かける。電車の混雑率は専門家が目視により観察した結果である。観察調査法の概念はより広く、人間だけでなく計測器その他の機械装置による自動的な観測・測定に基づいてデータをとる方法も含める。気象関連情報の調査のほか、オンラインメータをテレビに取り付けて記録するテレビの視聴率調査などはその典型である。AIの導入が期待される分野である。

(2) 電話調査法

民間では電話により回答を得る**電話調査法**を全面的に採用している調査もあり、回答内容を即座にコンピュータに入力し、回答間の不合理や関連情報を即座に表示することにより質問を円滑に行う **Computer Assisted Telephone Interviewing（CATI）** という方法がとられることもある。また、質問をコンピュータ合成音で自動的に読み上げたり、調査対象者が番号で回答を入力する方法もある。

調査票をあらかじめ調査対象者に送付する場合のように、電話調査にも部分的にオンライン調査、調査員調査または郵送調査を導入することは可能である。調査対象者の選定方法には、ランダムに数字を選んで電話のかかった人を対象者とする方法のほかに、他の調査の対象者から標本を抽出する方法などがある。

一般に、電話調査は、調査員調査や郵送調査などと比較して、短時間で回答を入手することができる、対象者の選定替えが容易であるなどの長所がある反面、調査の信頼性に対象者が疑問を持ちやすい、長時間の対応が困難、設備に費用を要するなどの短所がある。

このように、統計調査の方法には固定質問紙法だけをとってみても様々な方法があるが、これらのうち多数が組み合わされることもある。一例を挙げれば、調

査の協力を郵送で行い、調査員が調査票を配布し、電話で調査票の提出依頼をしてファックスで送信してもらう場合である。また、調査対象者によって調査方法を変えて実施する場合もある。たとえば、原則として調査員調査法で行うが、山村地の調査対象に対しては郵送調査や電話調査で行う場合である。新型コロナウイルスへの対策として、通常は調査員調査で行われる調査をオンラインや電話により行うこともあった。

4．検査・集計

　調査票などに記入された回答データは**検査**が必要である。未記入・誤記入などがあるからである。最近は、論理チェックや前回結果との比較などにより自動的に検査が行われる場合が多くなった。仮に誤記入の可能性があっても、最終的には回答者でなければ正確な情報がわからない場合は多い。

　集計とは、調査対象を、ある属性について求めようとする区分に分類（仕分け）し、数え上げまたは合算することをいう。

　公的統計調査の集計業務は、実地調査と同じく、膨大な人手と費用が必要になることから、調査実施者が自ら行うことなく独立行政法人統計センター等に委託されることが多い。集計を担う機関は、申告者が記入した調査票を取り扱うことから、守秘義務を履行し、災害に頑強で、警備が行き届いているところでなければならない。

　集計を行うに当たっては、①所要の統計の精度を確保することができること（正確性）、②早期に結果を提供することができること（迅速性）、③効率的な手段、方法であること（経済性）、の3原則が重要である。これらの原則を確保すべく、実地調査と同様、各担当者が主観でなく、共通の方針に沿って作業を進めることができるように、あらかじめ集計計画と要領を作成し周知しておくことが必要である。

　集計は、電子計算機を用いつつ、おおむね次のような手順で行われる。

1 受付整理

　オンライン調査や調査票を電子的に処理することができる場合には、データを一括処理することができるようにする。

　調査票が紙で提出される場合には、種類と数量を確認して整理・保管する。また、内容をキーエントリーしたり、光学式マーク読み取り装置、すなわちOptical Mark Reader（OMR）、光学式文字読み取り装置、すなわちOptical Character Reader（OCR）などで読み取る。

　あらかじめ公表日が定められている調査については、期日までに提出しないと

ころ（人）に対して督促が必要になる。

2 内容検査

　入力されたデータの正確性を確保するため、論理チェックなど様々な観点からチェックを行い、誤ったデータを訂正する。論理チェックとは、たとえば婚姻可能年齢に達していない子供の配偶関係が既婚になっている場合のような記入内容の論理的矛盾を発見し、報告者に確認するなどにより修正する作業である。

　さらに、欠測値を補完する。たとえば年収と高額支出を除く消費支出との関係から年収不詳世帯の年収を推定する。

　このような作業を行うためには、客観性の得られる処理基準を具体的に定めることが必要である。

3 符号付け

　調査票は調査対象者が回答しやすくするように工夫が施されている。しかし、自由記入されたデータはそのままでは比較が難しい。統計を比較するには、国際的にある程度統一された**分類**に基づいていることが前提となる。分類は、単に種類や区分を示すだけでなく、各統計のデータ収集、加工、提供の指針となるとともに、当該統計と他の統計との統合を推進する役割を果たすものとなっている。

　調査票上の自由記入欄に記載された事項について、統計表作成に必要な分類符号を付与する。たとえば、産業については農業、製造業、建設業、職業については事務的職業、販売的職業、管理的職業などと分類する。しかし、このような分類には相当な経験と知識の蓄積が必要となる。

　たとえば、産業については、野菜の工場栽培であっても、かいわれ大根、えのき茸、しめじ茸などの工場栽培は農業に分類されるのに対し、もやしを工場施設で栽培しても植物栽培とはみなされず、製造業に分類される。ただし、同じもやしでも、穴ぐら栽培であれば農業に分類される。

　また、同じ塗装業でも、建物に塗装するなら建設業、新製品に塗装するなら製造業、修理品に塗装するならサービス業（他に分類されないもの）である。製造会社の研究所は、工場の付随的研究を行うのでなければ学術研究機関として学術研究，専門・技術サービス業に分類される。

　デパートの「友の会」は卸売・小売業や飲食サービス業ではなく金融・保険業である。同じパン屋でも、製品が小売店に販売されると判断することができる場合には製造業に、製品が一般消費者に販売されると判断できる場合には小売業に分類される。新聞社は小売業ではなく、情報通信業に属する。

　このような産業に関する符号付けは、**日本標準産業分類**を基に調査ごとに定められた分類基準にしたがって行われる。しかも実際にはもっと細かい水準で行わ

れており、たとえば自動車の塗装は、新製品であれば金属製品製造業、修理品であれば自動車整備業に分類される。

産業分類には、分類の詳しさの程度により、**大分類、中分類、小分類**がある。

産業大分類は次の20項目である。「農業，林業」、「漁業」、「鉱業，採石業，砂利採取業」、「建設業」、「製造業」、「電気・ガス・熱供給・水道業」、「情報通信業」、「運輸業，郵便業」、「卸売業，小売業」、「金融業，保険業」、「不動産業，物品賃貸業」、「学術研究，専門・技術サービス業」、「宿泊業，飲食サービス業」、「生活関連サービス業，娯楽業」、「教育，学習支援業」、「医療，福祉」、「複合サービス事業」、「サービス業（他に分類されないもの）」、「公務（他に分類されるものを除く）」および「分類不能の産業」。

このうち、「農業，林業」および「漁業」が**第１次産業**、「鉱業，採石業，砂利採取業」、「建設業」および「製造業」が**第２次産業**、他は**第３次産業**である。

他方、職業についても、ハンバーガーショップの従業員だけでは判断できず、店長ならば「飲食店主・店長」、販売員ならば「飲食料品販売店員」、メンテナンス、清掃作業をする人であれば「ビル・建物清掃員」、料理を作る人は「調理人」である。

職業の符号付けは、**日本標準職業分類**を基に調査ごとに定められた分類基準にしたがって行われる。職業分類にも、分類の詳しさの程度により、**大分類、中分類、小分類**がある。

職業大分類は次の12項目である。「管理的職業従事者」、「専門的・技術的職業従事者」、「事務従事者」、「販売従事者」、「サービス職業従事者」、「保安職業従事者」、「農林漁業従事者」、「生産工程従事者」、「輸送・機械運転従事者」、「建設・採掘従事者」、「運搬・清掃・包装等従事者」および「分類不能の職業」。

なお、標準統計分類には、他に、**日本標準商品分類、疾病、傷害及び死因統計分類、日本標準建築物用途分類**などがある。

これらの分類は日本で独自に定められるのではなく、国際比較が可能なように、国際機関が定めた共通の国際分類が存在し、それに日本独自の観点を反映させたものとなっている。

4 結果表作成・審査

データチェック済のデータをもとに、各種の計算などを行なった上で、結果表を編集する。審査の結果によっては調査票の記入内容を訂正することもありうるので、計算に使用するプログラムをわかりやすく整理し、調査票と結果表の関係を明確にすることが必要である。市販または無償ソフトのなかにも調査票のデータから結果表を作成することができるものがある。

さらに、編集された統計表の審査をする。具体的には、集団の総数に一致する

かどうかの検算を含めた表内および表間の論理チェック、時系列でみていちじるしく変化している数値の発見、原因究明などの業務である。結果表の審査は、二つの観点からなされる。一つは、集計過程において生じた誤りがないかどうかということ、もう一つは、出てきた結果数値の持つ意味について理論的な立場から価値判断を行うこと、あるいはその信頼性を検討することである。

5. 公表

　多くの場合、調査結果は集計後、ウェブサイト、ソーシャルメディア、新聞、テレビなどを通じ、また、報告書などにより広く一般に公表される。この場合、単に結果数値が報告されるのみならず、調査実施者からの解釈が示されることが多い。

　主要な経済統計は、市場を左右することから、あらかじめ公表日・時刻が決められていることが多い。

　なお、集計後も調査票そのものはあらかじめ定められた期間だけ厳重に管理され、その後は溶解するなどにより解読できない形で廃棄される。

第 3 部

経済データのありか

第3部では、経済社会において実在するデータを作成するために実施する各種の調査を分野ごとに眺め、代表的なものについて簡単に解説する。各調査にそれぞれ異なった目的、対象、利用などが想定されていることから、これらを包括的に説明することは困難であるが、読者がこれらを比較しやすいように、あえて調査ごとの構成を、原則として①目的、②沿革、③期日、④対象、⑤系統、⑥調査事項、⑦結果の公表、⑧用語の説明に統一した。また、標本調査については、これらに加え、⑨調査対象の選定方法、⑩結果数値の推定方法についても記述することとした。各調査には集計事項も定められているが、ニーズを踏まえた事後的な集計に向けてオーダーメイドやマイクロデータの利用の仕組みが整えられていることから、本稿では省略した。

　個々の統計調査を概括すると、重要な項目については5年ごとにセンサスが、1から5年に1回構造統計調査が、毎月動態統計調査が実施されているという構図になっている。もちろん分野により独自の詳細な姿を描くことが必要になるが、近年の日本の統計調査の特徴として頭に入れておくべき構図であると考える。

　分野によっては、データ源として大規模な業務統計が活用されていることから、これらも含めて説明することとした。また、わずかではあるが意識調査と民間統計調査についても紹介した。これらは、国内で1万以上のデータから作成されるもののなかから選択した。

第3章　人口・世帯

　人間の数は昔から国家にとって重要な指標であった。世界のいくつかの国では、紀元前から人口調査が行われていたようである。しかし、これらは納税、徴兵、強制労働を達成するための情報収集として行われた。

　18世紀の終わりころから社会の構造変化を明らかにするために人口調査が開始された。19世紀に入るとヨーロッパ諸国で次次と人口センサスが実施され、19世紀の後半には、アジアでも植民地下にあった国々で人口センサスが実施された。

　日本で人口センサスに相当する国勢調査が実施されたのは20世紀に入ってからであった。国勢とは、「国の情勢」という意味である。

　本章では、国勢調査をはじめ、人口や世帯数の算定に用いられるような、個人や世帯の基本的事項を調べる調査を紹介する。

1. 国勢調査

　国勢調査は、人口や世帯数の算出をはじめ、個人の就業状態、世帯の居住形態などの基本的事項を調べ、社会の構造変化を明らかにする統計調査であり、総務省統計局が所管している。

　統計調査に限らず、およそ全国のすべての世帯が直接携わる事業はめずらしい。国政選挙でさえ18歳以上のみが対象であるのに、国勢調査の調査対象はすべての国民である。このため、調査の実施そのものが国民的行事となっている。また、国勢調査の結果は衆議院議員選挙区の画定をはじめ、きわめて重要な局面で利用されている。このようなことから、国勢調査は、日本最大の統計調査であり、統計法に明示された唯一の具体的調査である。

　2020年調査は約1億2,700万人、約5,300万世帯を対象に実施された。

1 目的
　調査の目的は、国内の人口、世帯、産業構造などの実態を明らかにし、国や地方公共団体における各種行政施策の基礎資料を得ることである。

　調査結果の具体的な利用状況は次のとおりである。
(1) 法律などに基づく利用
　各種の法律・政令などのなかには、国勢調査の結果を使うように定めているものも少なくない。これらの法律・政令などの主なものは、**地方自治法**（1947年法律第67号）、**地方税法**（1950年法律第226号）、**地方交付税法**（1950年法律第211号）など、地方公共団体に関係するものが多く、われわれの生活に密着したとこ

ろでの利用が中心になっている。
①衆議院議員選挙区画定審議会設置法
　衆議院議員選挙区画定審議会の事務は、**衆議院議員選挙区画定審議会設置法**（1994年法律第3号）の第2条で「衆議院小選挙区選出議員の選挙区の改定に関し、調査審議し、必要があると認めるときは、その改正案を作成して内閣総理大臣に勧告するものとする」となっている。この改正案の作成に当たっては、第3条で、「各選挙区の人口（官報で公示された最近の国勢調査又はこれに準ずる全国的な人口調査の結果による人口）」を基に行うことが定められている。また、第4条では、勧告の期限を、「国勢調査の結果による人口が最初に官報で公示された日から1年以内に行うものとする」と定めている。
②都道府県や市町村議会の議員定数
　地方自治法では、都道府県や市町村の議会の議員数を人口を基に定めている。その際に用いる人口は「官報で公示された最近の国勢調査の結果又はこれに準ずる全国的な人口調査の結果による人口」と、第254条で定められている。
③市および指定都市の設置要件
　地方自治法では、第8条第1項で市となるための要件として国勢調査の結果による人口を基に人口5万以上を有すること、第252条の19で指定都市の要件として人口50万以上を有すること、第252条の22で中核市の要件として人口20万以上を有することと決めている。
④地方交付税交付金の算定基準
　現在、ほとんどの都道府県や市町村が、国から、地方交付税交付金を受けている。この交付金は、各自治体間の財政のバランスをとり、自主的で計画的な行政を運営するために、大きな役割を果たしている。交付金の総額は、所得税と法人税の33.1％、酒税の50％、消費税の19.5％、地方法人税の全額と、別途法定された各年度の加減算額との合計額が当てられている。この交付額を算定するに当たり、地方交付税法の第12条に、国勢調査の結果による人口、都市計画区域における人口、市部人口、町村部人口、65歳以上人口、75歳以上人口、林業および水産業の従業者数および世帯数を用いることが定められている。
⑤都市計画
　都市計画法（1968年法律第100号）では、都市計画区域を定めたり、都市計画を立案する時には、人口規模、産業別の人口をはじめ、様々な事項についての現状と推移を考慮して策定することと、第5条、第6条、第13条に定めている。
　そして、都市計画法施行令（1969年政令第158号）によると、この人口は、国勢調査の結果による人口を用いることとされている。
⑥過疎地域の要件
　過疎地域かどうかを決める場合の要件にも、国勢調査の結果による人口が用い

られている。**過疎地域自立促進特別措置法**（2000年法律第15号）の第2条では、国勢調査の結果を基にした市町村の35年間の人口減少率が一定の基準を超えた場合等と定められている。なお、過疎地域としての指定を受けると、教育・児童福祉・消防の施設などに対する国からの補助金が増える。また、道路、医療、交通の確保対策など、多くの面で特別的な措置がなされる。

(2) 行政施策への利用

　国や都道府県・市町村が、適切な行政施策を行うには、正確に現状を把握し、また、その現状から、正確に将来の予測を行うことが不可欠である。国勢調査の結果は、各種の行政を進める上で重要な現状把握と将来予測のための基礎資料として活用される。

①社会福祉政策

　日本の人口の構造をみると、今後も高齢化していくことは、避けられない状況にあることから、高齢者の問題は、ますます大きくなってくるものと思われる。高齢者の生きがい、ひとり暮らしや寝たきりの高齢者などの問題に対する高齢者福祉・介護は、その対策が急がれており、国や地方公共団体でも介護の充実に力を入れている。国勢調査の結果は、ひとり暮らしの高齢者の数や高齢者のいる世帯数など、こうした各種施策を立案するための基礎資料が地域別に得られる。

　社会福祉におけるもう一つの重要な課題は、児童福祉や母子福祉が挙げられる。少子化問題の解決策の一つとして、安心して子供を産み育てる環境の整備が唱えられている。地方公共団体が行っている児童福祉や母子福祉施策をみると、人口増加地域では保育所の整備・充実、このほか、児童公園や母子生活支援施設の建設なども、欠かせないものとなっている。国勢調査からは、このような各種施策の基礎資料となる母子世帯や父子世帯の数が地域別に得られる。

②地域開発計画

　国勢調査の結果から得られる人口密度、昼・夜間人口、年少・老年人口、産業別就業者数などの地域基盤を表す資料は、市町村ごとに提供されるだけでなく、もっと小さな地域ごとにも高い精度で提供されることから、地域の生活環境などを整備していくための開発計画の基礎資料として欠くことのできないものとなっている。

　また、最近、環境問題への関心が高まるとともに、各地で住みよい町づくり、村づくりに向けた取り組みが進められている。地方公共団体あるいは地域の住民が主な担い手となっており、その活動も、河川の浄化、清掃、街並みの整備、道路や広場などの緑化、郷土の森・林の整備など、広い範囲にわたっている。このような環境を整備するための最も基本となる資料は、地域別の人口である。国勢調査で得られる小さな地域ごとの人口、世帯数に関する統計は、このような環境整備のために、欠かせない基礎資料となっている。

国勢調査による地域別人口は、それ自体重要であるばかりでなく、地域の生活施設数や自然環境に対して一人当たりの指標を作成する際の分母としても利用されている。このような指標は、地域間比較や時系列比較をする時に便利である。
③経済計画の策定
　日本の経済は、戦後の急速な工業化や最近のサービス経済化など、つねに変化し続けているが、これらの変化は、日々の暮らしにも大きな影響を与えている。国勢調査から得られる詳細な男女・年齢別の就業者数、産業別・職業別の就業者数などの統計は、各種の経済計画の策定のための基礎資料として利用される。
④防災計画の策定
　日本で起こる災害には、地震、火災、洪水、津波など、いろいろあるが、狭い国土に多くの人口を抱えている日本において、防災対策は、避けてとおれない問題である。このための基礎資料として、国勢調査で得られる人口、人口密度、人口分布のほか、通勤・通学に伴う人口の流れと量を把握することができる昼間人口に関する結果などが使われる。

(3) 将来人口の推計や人口分析など学術研究での利用

　第4部で紹介する国立社会保障・人口問題研究所の将来人口推計は、国勢調査の結果を基にして推計されたものである。また、生命表の計算も、国勢調査による年齢別人口が基になっている。さらに、出生率や死亡率などを計算するための分母人口は、国勢調査の結果を基にして得られたものである。

　このように、国勢調査から得られた結果は、経済学、人口学、社会学、地理学などの学術研究はもちろんのこと、一般の会社や団体などにおいても、製品の需要予測などのために使われている。

　人口を調査する方法としては、国勢調査のほかに**戸籍**による調査が想定されるが、戸籍には
①外国人が含まれていないこと、
②登録の不備、居住地と登録地の相違など精度面に問題があること、
③調査事項が限定されるために利用面の制約も強いこと、
などから、上記に掲げた利用には必ずしも適当とは言えない面もある。住民基本台帳（住民票）には外国人が含まれるが、②と③の課題は残る。

(4) SDGsなどの国際機関での利用

　地球全体にとって、また各国とも人口は基本的な情報であることから、国連は10年おきに人口・住宅センサスを実施するよう勧告している。また、人口はSDGsの多くの指標の計算に利用される。たとえば、最初の指標である指標1.1.1は、性別、年齢別、地域別国際貧困水準を下回る人口の割合である。

2 沿革

　国勢調査は、英語のPopulation Census（人口センサス）を訳したもので、全国的な人口の全数調査を意味している。Censusの語源は、古代ローマのセンソール（Censor）という職名の役人が、市民登録や税の徴収のほかに、人口調査を行なったことに由来している。

　エジプトにおいては、紀元前3050年頃にピラミッド建設のために人口調査が行われている。中国においても、紀元前3000年頃に人口調査が行われている。日本においては、日本書紀の記述によると、崇神天皇によって調役の賦課のために人口調査が行われたようである。しかし、これらの調査は納税、徴兵、強制労働を達成するための情報収集として行われており、このため、全人口を調査する必要がなく、特定の者、たとえば、世帯主、納税者、徴兵年齢の男子など、目的達成に必要な者のみを調査すればよかった。

　このような目的を持ったセンサスは、16世紀頃までしばしば行われてきたが、17世紀からは、センサスで社会の構造の変化を明らかにするようになり、また、調査対象も特定の者からすべての人を対象とするようになった。このような近代センサスの開始時期は日本よりも諸外国のほうが早い。ちなみに、アメリカ合衆国では1790年、イギリス、フランス、デンマーク、ポルトガルでは1801年、ドイツでは1871年、オーストラリアでは1881年、ロシアでは1897年など、欧米以外でもいくつかの国では19世紀までに最初の近代センサスを実施している。アジアでは、植民地下にあった国々が、19世紀後半に人口センサスを実施している。フィリピンは1877年、現在のインド、パキスタン、バングラデシュ、ミャンマー、スリランカは1881年に植民地下で人口センサスを実施している。

　日本で国勢調査実施への機運が生まれたのは日清戦争が終わった1895年のことであり、国際統計協会の報告委員であるスイス連邦統計局長ギョイョーム氏による**1900年世界人口センサス**への参加勧誘がきっかけであった。これにより、1896年には、東京統計協会会長から内閣総理大臣へ、統計学社から貴・衆両院議長へ、全国的な人口センサス実施の請願が行われ、貴・衆両院に「国勢調査ニ関スル建議案」が提出、可決された。しかし調査実施の機が熟しているとはいえず、この建議から6年後の1902年に至って、ようやく「国勢調査ニ関スル法律」（1902年法律第49号）が成立、公布された。この法律で、国勢調査は10年ごとに実施することとなっている。

　第1回国勢調査は1905年に施行することとされたが、日露戦争が1904年から1905年まであったため、実施することができなかった。その10年後は、1915年であるが、これも1914年に第1次世界大戦に参戦するに及んで実施不能となった。その後、1917年に「国勢調査施行ニ関スル建議案」が衆議院において可決され、1920年にようやく第1回国勢調査が実施されることとなった。

このように、第1回国勢調査は、計画段階から考えると、実に長い年月が費やされ、それだけに、当時の統計関係者はもちろんのこと、一般の人達も「文明国の仲間入り」を合言葉に、たいへんな意気込みでこの調査に臨んだ。その意気込みを示すように、各地で名士による講演会、新聞の華々しい報道、旗行列、花電車、さらにチンドン屋までが広報に活躍した。また、調査の日時である10月1日午前零時の前後には、各地で、サイレンや大砲が鳴り、お寺やお宮では、鐘、太鼓を鳴らし、文字どおり鳴り物入りの「国を挙げての一大行事」となったようである。

　また、当時としてはめずらしいポスターも各地に貼りだされたが、その文章をみると、国勢調査の目的、申告の方法、調査する事柄などを、いかにわかりやすく伝えるか、当時の担当者の苦心の跡がうかがえる。その一部分は、次のとおりであるが、ふりがな付きでわかりやすい文章が、役人的でなくてよいとの評判だったとのことである。「国勢調査は社会（よのなか）の実況（ありさま）を知る為に行ふので課税（ぜいきん）でも犯罪（ざいにん）を探す為でもありません」。なお、第1回国勢調査の標語は次のとおりであった。「一人の嘘は万人の実を殺す」、「一家の為は一国の為になる」、「国勢調査は文明国の鏡」、「個人の秘密は国に用なし」。

　第1回調査ではPunched Card System（PCS）による集計が行われた。これはカードに穿孔してデータを記録し、これを電気的に読み取って分類・計算する一連の機械装置である。しかし、関東大震災によって逓信省で製作していた集計機が焼失したり、集計機の輸入が遅れたので、集計が完了するまで9年1月を要した。

　なお、第1回調査は、当時の新型インフルエンザであったスペイン風邪がまだ完全に終息していない中で行われている。

　1902年の法律では、国勢調査は10年ごとに実施することとなっていたが、これが現在のように5年ごとに西暦末尾が0の年に**大規模調査**、5の年に**簡易調査**と交互に行うようになったのは1922年の法律改正による。これは、1902年当時と比べ、社会・経済の変遷が急激であって、10年ごとの実施では、とてもその変化を把握することができず、各種施策の基礎資料として不十分なものになってしまうという問題意識によるものであった。1925年以降、おおむね5年ごとに大規模調査と簡易調査が繰り返されて現在に至っている。

　1930年の調査では、交通機関の発達に伴って住居と職場の距離が長くなったことを受け、昼間人口を把握するという観点から従業の場所が調査事項に加えられた。また、金解禁をきっかけに大不況に突入し、失業者の把握の必要性から失業が調査事項に加えられた。そのほか、住居の室数を調査事項とし、産業と職業の概念を区別して別々の調査事項としている。

　第2次世界大戦終戦直後の1945年の国勢調査は中止された。戦後初の1947年

の臨時国勢調査は、戦争による荒廃と混乱から立ち直るための基礎資料を得るという極めて重要な役割を担った。失業対策の確立という観点から、失業に関係する調査事項が拡充された。

それでは、国勢調査の最近の動きをテーマ別に概観することとする。

(1) 調査票について

1995年に行われた国勢調査の調査票は、マークをOMRで読み取るため、マークシート用紙が用いられた。2000年調査では、調査票の文字をOCRで読み取ることとされた。OCRは、マークのほか数字を直接読み取ることができるため、OMRでは必要だった数字による回答のマーク欄への転記が不要になるというメリットがある。また、マーク転記欄の設計スペースを大幅に削減することができる。このため、資源・経費の削減や読み取り時間の短縮による集計・公表の早期化など、合理化を図ることができるほか、調査員の負担軽減や安全確保を図る上でもメリットがある。

この用紙の厚さは、1枚ではわずか0.128mmであるが、2000年の国勢調査において、仮に1世帯が1枚の調査票を記入すると、約4,700万枚の調査票が回収されることとなるので、これを積み重ねると、富士山（3,776m）の約1.6倍の高さになった。また、縦の長さは297mmで、これを縦につなげると、約1万4,000kmとなり、地球を3分の1ほど周る長さになった。実際には、2枚以上提出する世帯もあるので、回収される調査票の量はこれらを上回るものとなった。

しかし、情報化と環境重視の流れの中で国勢調査の調査票と紙の量との関係が希薄になった。2010年には東京都の一部で、2015年には全国で、パソコンやスマートフォンからオンラインで回答が可能になった。入力に際しては誤りを防止するための支援ツールが組み込まれている。2015年にはまずオンラインでの回答が求められ、対応が困難な人には紙の調査票が届けられ、郵送でまたは調査員に手渡す方法がとられた。オンラインでの回答を選択した世帯は37%、人数で5千万人近くに達し、当時は世界最大のオンライン調査となった。

2020年調査では、新型コロナウイルス対策として、世帯に対する調査の趣旨の説明などは、原則としてインターホン越しに行われ、調査書類は郵便受けやドアポストなどに入れて配布された。オンライン回答が推奨されたが、最初に調査票が配布されたので、世帯はオンライン、郵送、調査員回収のいずれの方法でも回答することができた。それでもオンラインを選択した世帯は38%と2015年を上回った。

(2) 地域単位について

1990年の調査から、国勢調査の**調査区**を構成する地域単位として**基本単位区**が導入された。1985年調査までは、調査の都度調査区の境域が変わっていたため、小地域統計の時系列比較が困難であったが、住居表示実施地域の拡大を背景とし

て、恒久的な最小の地域単位として基本単位区が導入されたことにより、以後の小地域統計の時系列比較が可能になった。そればかりでなく、基本単位区別の集計結果をいくつかまとめることにより、市町村の境域より小さい行政区、学校区、町丁・字別などの小地域別集計が可能になるなど、結果の利用面での充実を図ることができた。基本単位区は、住居表示実施地域においては**街区**を、住居表示実施地域以外の地域においては、街区に準じた区画を単位として設定しており、基本単位区に含まれる世帯数はおおむね25～30世帯であるので、通常、複数の基本単位区をまとめて調査区が設定されている。

調査区は、**一般調査区**のほか、常住者がいないかいちじるしく少ない地域、特別の施設のある地域や50人以上の単身者が居住している寄宿舎等がある地域などの**特別調査区**および港湾の水域や河川の河口などの**水面調査区**により、日本全国くまなく設定されている。2020年調査の調査区は、2019年10月1日現在で設定されたが、その数は約100万となっている。一般調査区に含まれる世帯数はおおむね50世帯である。

(3) 調査事項について

国勢調査は、基本的事項を調査していることから、調査事項が変更されることは多いとはいえない。それでも2020年調査の調査事項をその前の大規模調査である2010年調査と比較すると、住宅の床面積の合計が削除されている。

3 期日

調査の期日は、西暦の末尾が0の年と5の年の10月1日午前零時現在である。

西暦の末尾が0の年には大規模調査、5の年には簡易調査が行われる。

2020年国勢調査は、2020年10月1日午前零時現在で行われた。

国勢調査は、1920年の第1回調査のときから、一貫して10月1日の午前零時現在で行われてきた。この日を選んだ事情については、①年末、年始は、従来つねに本籍人口または現住人口の調査時期であるから比較しやすく、年齢計算も容易で好都合であるが、諸取引の決算、年賀の風習などがあり、しかも一般に冬期は山陰、北陸、東山、東北、北海道にわたり、積雪が深く、実地調査の時期としては不適当、②夏季は炎熱が激しく不適当、③春は旅行、遊山するものが多く、人口分布の常態を喪失、④10月1日は、4月から始まる会計年度の中央日に当たることから、調査結果が年度の中央値として、行政上の利用に便利、などが挙げられる。

4 対象

国勢調査では、10月1日現在、日本国内にふだん住んでいるすべての人を、ふだん住んでいる場所で、世帯ごとに調査する。

ふだん住んでいるかどうかの判断は、**公職選挙法**（1950年法律第100号）の規定により選挙権が得られる資格要件の一つである「3か月以上住所を有すること」に合わせて、「3か月以上」を基準としている。

　すなわち、「ふだん住んでいる」とは、10月1日現在、①すでに3か月以上住んでいる人、②まだ、3か月に満たないが、10月1日の前後を通じて3か月以上にわたって住むことになっている人である。したがって、調査日以前に生まれた赤ちゃんも調査の対象となる。病院を退院していない新生児は、母親が調査される場所で調査される。国内にいる期間が3か月より短ければ対象にならないが、国内にいる期間が3か月以上であれば、たとえば2か月で住所を転々としている人のように10月1日現在存在している場所にいる期間が3か月より短くても対象になる。なお、下宿屋に住んでいる学生・生徒は、居住期間に関係なくその下宿屋で調査される。

　これらの人は、国籍に関係なく調査の対象になるので、これらに該当する外国人も調査の対象となる。ただし、国際的な慣行により、外国の外交団や外国の軍人などは、調査の対象から除かれることとされている。また、歯舞諸島、色丹島、国後島、択捉島および竹島（島根県）も調査対象から除外されている。

　このほか、定まった住居のない人やふだん住んでいる住居を陸上に持たない人などについても、一定の基準のもとに調査が行なわれている。たとえば、日本に自宅のある船舶乗組員は、船に乗り組んでいる期間に関係なく、調査対象となり、自宅で調査される。

　国勢調査においては、第一段階として世帯をとらえ、第二段階として世帯内の個々の世帯員をとらえることとしている。これは、調査対象となるすべての人を一人も漏れなく、重複なく把握するには、それぞれの人が含まれる世帯を確実にとらえた上で、その世帯に含まれる人をとらえる方法が正確・効率的であることによる。

　紙の調査票は4名連記式となっており、調査員は世帯単位で記入を依頼する。

5 系統

　2020年調査では、基本的には第2章の実地調査で述べたとおりであり、総務省統計局―都道府県―市町村―指導員―調査員―世帯という系統で実施された。

　2020年調査の実地調査に携わる指導員は約10万人、調査員は約70万人にのぼった。

6 調査事項

　2020年国勢調査の調査事項は、氏名、男女の別、出生の年月、世帯主との続柄、配偶の関係、国籍、現在の住居における居住期間、5年前の住居の所在地、在学、

卒業等教育の状況、就業状態、所属の事業所の名称および事業の種類、仕事の種類、従業上の地位、従業地または通学地、従業地または通学地までの利用交通手段、世帯の種類、世帯員の数、住居の種類、住宅の建て方の19項目である。このほか、わからないことがあった場合の問い合わせのために世帯の電話番号も記入することになっている。なお、簡易調査では上記のうち、現在の住居における居住期間、5年前の住居の所在地、在学・卒業等教育の状況、従業地または通学地までの利用交通手段の4項目を除いた15項目が調査されてきたが、2015年調査では、東日本大震災への対応のため、現在の住居における居住期間と5年前の住居の所在地も調査された。

国勢調査の結果が統計として使われるにもかかわらず氏名を記載する理由は、記入者の区分を明確化し、記入漏れや重複調査を防止し、記入内容についての照会を可能にするためである。

7 結果の公表

2020年国勢調査については、まず2020年12月に要計表による男女別人口および世帯数がウェブサイトなどで結果表を閲覧に供する方法などで公表され、このうち人口は官報に公示された。ここで、**要計表**とは、配布調査票の枚数や対象の世帯数、人数などを調査区単位で記録したものである。

次いで、2021年6月に主要な事項に係る**抽出速報集計**の結果（全数の約100分の1を抽出して集計した結果）が結果表を閲覧に供する方法などで公表された。その後、同年10月に人口、世帯および住居に関する結果ならびに高齢世帯、外国人などに関する**第1次基本集計**の結果が、2022年1月に人口の労働力状態、就業者の産業別構成および教育に関する結果ならびに夫婦と子供のいる世帯などに関する**第2次基本集計**の結果が、2023年3月に就業者の職業別構成および母子世帯などの状況に関する**第3次基本集計**の結果が、結果表を閲覧に供する方法などで公表され、とくに人口および世帯数（確定数）については数回に分けて官報に公示された。これらについてはいずれも、追って報告書が刊行される。また、2022年3月から2024年7月の間に**従業地・通学地集計**結果、**人口移動集計**結果が同様の方法で相次いで公表される。さらに、**小地域集計**結果は、該当する基本集計などの公表後に同様の方法などで速やかに公表される。このように、すべてを公表するまでに約5年を要する。

8 用語の説明
(1) 現住地方式と常住地方式

人口の調査方法には、調査期日現在に居る場所で調査する**現住地方式**とふだん住んでいる場所で調査する**常住地方式**の2種類がある。たとえば、現住地方式で

は、たまたま調査期日に出張や旅行で出かけた人は、出かけた行き先の人口として数えられる。これに対して、常住地方式では、ふだん住んでいるところで人口として数えられる。国勢調査の結果が、地方議会の議員定数の決定や地方交付税の算定に用いられたり、地方公共団体が住民に対する様々な行政を進めていくための基礎資料として利用されることからすると、常住地方式のほうが利用目的にかなっている。このため、1950年調査からそれ以前の現住地方式を改め、常住地方式で調査するようになった。

人口の調査方法を現住地方式と常住地方式のどちらによるべきかについては、国際的にも古くから議論が行われ、各国における居住の態様が区々であるなどの理由から、現住地方式が望ましいとされていた。しかし、最近の国連の勧告を見ると、両手法を同等に扱っている。各国の状況を眺めると、アジア、アフリカ、南アメリカでは現住地方式を採用している国が多く、ヨーロッパ諸国、アメリカ合衆国、カナダ、オーストラリア、ニュージーランドなどでは常住地方式を採用している。

(2) 人口重心

人口の地域的な分布の状況を、集約してわかりやすく示すものとして人口重心がある。**人口重心**とは、その地域に分布している人たちの一人一人が同じ重さを持つと仮定して、その地域を支えることができる点をいう。人口重心は、基本単位区ごとの人口と面積の中心点の経度、緯度を用いて計算されている。

2020年国勢調査による日本の人口重心は、東経137度03分20.44秒、北緯35度34分03.64秒。岐阜県関市立武儀小学校（東経137度00分40.60秒、北緯35度35分08.15秒）から東南東へ約4.5kmの位置であり、2015年の人口重心に比べ、南東へ約2.2km移動した。日本の人口重心は、長い間、東京を中心とした東日本へ人口が集中していることを反映して、一貫して東の方向へ移動している。

このように、人口重心は、その動きをみることにより、人口分布の変化の状況がわかる。このようなことから、日本の人口重心は、「日本のヘソ」ともいえるものである。

(3) 夜間人口と昼間人口

常住地による人口を**夜間人口**、従業地・通学地による人口を**昼間人口**と呼ぶ。

国勢調査では、調査事項の一つである「従業地または通学地」から、ある地域（市町村）の昼間人口を得ることができる。算出方法は、次のとおりで、他の市町村からの買物客などの非定常的な移動者は含まれていない。

A市の昼間人口
＝（A市の常住人口：夜間人口‥‥A市で調査された人）－（A市から他の市町村へ通勤・通学している人）＋（他の市町村からA市へ通勤・通学している人）

昼間人口に関する統計は、いろいろな方面で利用されている。たとえば、水道

や下水道などの公共的な設備や施設、サービスの配置や供給計画などを、きめ細かく立案するためには、夜間人口と昼間人口の両方を考えることが必要である。このように、通勤・通学人口の流れを表す昼間人口に関する統計は、交通体系の整備、経済的機能の分析などのための重要な基礎資料として利用されている。

近年、**昼夜間人口比率**（夜間人口100人当たりの昼間人口の割合）は、東京都、大阪府で高く、隣接県で低くなっている。

(4) 人口集中地区：Densely Inhabited District（DID）

市町村の境域内で人口密度の高い基本単位区（原則として人口密度が1平方km当たり4,000人以上）が隣接して、その人口が5,000人以上となる地域をいう。

(5) 世帯

世帯とは、住居および生計をともにする者の集まり、または独立して住居を維持し、もしくは独立して生計を営む単身者をいう。1985年以降の国勢調査では、世帯は一般世帯と施設等の世帯に区分されている。

一般世帯とは、次のものをいう。

① 住居と生計をともにしている人の集まりまたは一戸を構えて住んでいる単身者である。ただし、これらの世帯と住居をともにする単身の住み込みの雇人については、人数に関係なく雇主の世帯に含める。

② 上記の世帯と住居をともにし、別に生計を維持している間借りの単身者または下宿などに下宿している単身者である。

③ 会社・団体・商店・官公庁などの寄宿舎、独身寮などに居住している単身者である。

これに対して、**施設等の世帯**とは、①寮・寄宿舎の学生・生徒、②病院・療養所の入院者、③社会施設の入所者、④自衛隊営舎内居住者、⑤矯正施設の入所者、⑥定まった住居を持たない単身者や陸上に生活の本拠（住所）を有しない船舶乗組員などをいう。なお、原則として世帯の単位は、①および②は棟ごと、③は施設ごと、④は中隊または艦船ごと、⑤は建物ごと、⑥は一人一人としている。

一般世帯を、その世帯員の世帯主との続柄により、次のとおり区分した分類を**家族類型**と呼ぶ。

(a) 親族世帯

二人以上の世帯員から成る世帯のうち、世帯主と親族関係にある世帯員のいる世帯である。なお、その世帯に同居する非親族（家事手伝いなどの単身の雇人など）がいる場合もここに含まれる。たとえば夫婦のみの世帯という場合には、夫婦2人のみの世帯のほか、夫婦と家事手伝いの単身の雇人から成る世帯も含まれている。

(b) 非親族世帯

二人以上の世帯員から成る世帯のうち、世帯主と親族関係にある者がいない世

帯である。
　　（c）単独世帯
　　世帯人員が1人の世帯である。
（6）産業
　　産業とは、就業者について、調査期間中、その人が実際に仕事をしていた事業所の主な事業の種類（調査期間中「仕事を休んでいた人」については、その人がふだん仕事をしている事業所の事業の種類）によって分類したものをいう。なお、仕事をしていた事業所が2つ以上ある場合は、その人が主に仕事をしていた事業所の事業の種類による。
（7）職業
　　職業とは、就業者について、調査期間中、その人が実際に従事していた仕事の種類（調査期間中「仕事を休んでいた人」については、その人がふだん実際に従事していた仕事の種類）によって分類したものをいう。なお、従事した仕事が二つ以上ある場合は、その人が主に従事した仕事の種類による。

2．人口動態調査

　国勢調査は、特定時点の人口がどの程度かを構造的に示す統計調査であるのに対し、出産、死亡などの人口の動態を把握するデータも必要である。
　このデータは、**人口動態調査**から得られる。人口動態調査は厚生労働省によって実施されており、出生票、死亡票、死産票、婚姻票、離婚票の5種類の調査票から構成されている。同調査でとらえている局面は、個人単位でみればいずれも人生の節目ともいえる大事件であり、国としてこれらを把握しようという試みはかなり古くから存在していた。

1 目的
　調査の目的は、日本の人口動態事象を把握し、人口および厚生行政施策の基礎資料を得ることである。

2 沿革
　人口動態調査は1872年から実施されていたが、1898年の「家」を単位とする**戸籍法**（1898年法第12号）の制定に伴い、翌年から内閣統計局で実施された。戦後1947年に戸籍法は改正され、家制度が廃止され、親子単位の登録になった。人口動態調査の所管も厚生省に移された。

3 期日
毎月実施されている。

4 対象
国勢調査と異なり、対象は市町村であり、戸籍法および死産の届出に関する規程により届け出られた出生、死亡、婚姻、離婚および死産の全数が報告される。

5 系統
市町村は、出生、死亡、婚姻、離婚および死産の届出を受けたときは、その届書に基づいて人口動態調査票を作成し、これを保健所に送付する。保健所は、このうち、前月中に発生しその月の4日までに届出があった出生、死亡および死産に係る分（前々月に発生し前月15日からその月の14日までの間に届出があった分を含む）と、前月中に届出があった婚姻および離婚に係る分をとりまとめ、その月の25日までに都道府県に送付する。都道府県は、これらを翌月5日までに厚生労働省に送付する。集計は、厚生労働省で行っている。

6 調査事項
各調査票の調査事項は以下のとおりである。
(1) 出生票
　子の男女の別、嫡出子か否か、出生年月日、出生場所、子の住所、父母の年齢、父母の国籍、同居をはじめたとき、世帯の主な仕事および父母の職業、子の体重および身長、出生児の数と出生順位、出生の場所の種別、妊娠週数、母の出生児数、出生に立ち会った者
(2) 死亡票
　男女の別、出生年月、死亡年月日、死亡場所、死亡者の住所、死亡者の国籍、配偶関係、死亡時の世帯の主な仕事、死亡時の職業・産業、死亡の場所の種類、死亡の原因、手術の所見、手術の年月日、解剖の主要所見、死因の種類、障害発生年月日時分および場所ならびに手段および状況、生後1年未満で病死した場合の追加事項など
(3) 死産票
　父母の国籍、父母の年齢、死産児の男女の別、嫡出子か否か、死産年月日時、死産時の母の住所、死産時の世帯の主な仕事、父母の職業、母が出産した子の数、妊娠週数、死産児の体重および身長、胎児死亡の時期、死産の場所の種別、出生児の数と出生順位、人工・自然別、死産の原因または理由、胎児手術の有無、死胎解剖の有無、死産に立ち会った者
(4) 婚姻票

市町村受付月、夫および妻の生年月日、夫の住所、夫および妻の国籍、婚姻後の夫婦の氏、同居をはじめたとき、初婚・再婚の別、直前の婚姻解消の年月、同居前の各世帯の主な仕事および夫妻の職業

(5) 離婚票

市町村受付月、夫および妻の生年月日、夫および妻の国籍、離婚の種別、協議・調停・審判・判決などの年月、未成年の子の数、同居をはじめたとき、別居をしたとき、別居する前の住所、世帯の主な仕事および夫妻の職業

7 結果の公表

調査結果は月報や年報にまとめられて公表される。
報告書は翌々年の2～3月頃に刊行される。

8 用語の説明

(1) 自然増加
　出生数から死亡数を減じたもの
(2) 乳児死亡
　生後1年未満の死亡
(3) 新生児死亡
　生後4週未満の死亡
(4) 早期新生児死亡
　生後1週未満の死亡
(5) 死産
　妊娠満12週以後の死児の出産
(6) 周産期死亡
　妊娠満22週以後の死産に早期新生児死亡を合わせたもの

3. 住民基本台帳人口移動報告

　人口動態調査が人の生死から人口の変化をとらえる調査であるのに対し、地域間の人の物理的移動に関するデータも存在する。その一つが、**住民基本台帳人口移動報告**である。当報告は総務省統計局によってまとめられている。

1 目的

　当報告の目的は、市町村長が作成する住民基本台帳により、人口の移動状況を明らかにすることである。当報告の結果は推計人口の基礎資料でもある。

2 沿革
当報告は1954年から**住民登録法**（1951年法律第218号）に基づいて住民登録人口移動報告として開始されたが、1967年から根拠法が**住民基本台帳法**（1967年法律第81号）とされたことを受け、住民基本台帳人口移動報告と改称された。

3 期日
毎月の結果が四半期ごとにまとめられる。

4 対象
世帯や個人でなく、全市町村が対象である。

5 系統
①市町村は、各月分の報告表を四半期ごとに取りまとめ、都道府県にその定める期限までに送付
②都道府県は、各月単位に報告表をまとめ、四半期分ごとに、当該四半期の翌月末日までに総務省統計局に送付
③送付された報告表は、総務省統計局において統計表に集約

6 調査事項
住民基本台帳人口移動報告で報告される事項は以下のとおりである。
①住民基本台帳法第22条の規定による届出のあった転入者の従前の住所地（都道府県、東京都特別区部および指定都市ならびに国外）別の男女別数
②住民基本台帳法第8条の規定により職権で住民票に記載された転入者の従前の住所地別の男女別数

ここで、住民基本台帳法第22条の規定とは、転入（新たに市町村の区域内に住所を定めることであり、出生による場合を除く。）をした者は、転入をした日から14日以内に、氏名、住所、転入をした年月日、従前の住所、世帯主についてはその旨、世帯主でない者については世帯主の氏名および世帯主との続柄、転入前の住民票コード、国外から転入をした者その他政令で定める者については加えて政令で定める事項を市町村長に届け出なければならないということである。また、「職権で住民票に記載された転入者」とは、住民基本台帳法第22条に定める転入届により届け出なければならないのに、届出がないため市町村長が職権で住民票に記載した者をいう。

7 結果の公表
各月ごとの移動数を掲載した季報（年4回）と、年間の移動数をまとめた年報

により公表されている。このほか、報告書には収録されていない表は総務省統計局において閲覧することができる。

8 用語の説明
(1) 社会増加

転入者数から転出者数を引いた**転入超過数**である。

(2) 移動率

各年10月1日現在で推計された日本人人口に対する移動者数の百分比である。

なお、西暦の年の末尾が0と5の年は、日本人人口には国勢調査結果が用いられている。

4. その他のデータ

人口については、国勢調査のほかに、市町村に届出のあった戸籍の届出件数等を地方公共団体、管轄法務局および地方法務局が集計した本籍人口、市町村が作成・保管する住民基本台帳を基に集計した人口がある。また、18歳以上については、市町村の選挙管理委員会が住民登録されている者から作成・保管する選挙人名簿を集計したものもある。国勢調査で述べたとおり、これらの人口はすべての人を網羅しているわけではないが、住民基本台帳や選挙人名簿は短期間で更新されるので、市町村、選挙区、町丁字などの単位で最新の人口や人口増減を把握するには便利である。

これらの名簿は、本来は行政目的で作成されたものであるが、統計調査の調査対象を選定するための名簿に転用されることもある。一般に、国が統計調査を実施する場合、正確性を重んじて調査員が調査区の中を巡回して調査対象名簿を作成することが多いが、世論調査や民間の統計調査では、あらかじめ住民基本台帳や選挙人名簿を閲覧し、そこから系統抽出などにより調査対象名簿を作成することが多い。しかし、住民基本台帳は、整理の時期には閲覧することができないことがあり、閲覧のためのスペースが狭いことが多いことに加え、閲覧は基本的に有料である。また、個人情報の保護を目的とした条例を制定している自治体では、閲覧の目的や閲覧者などを記入する申請書や目的外に使用しないという誓約書の提出を求められることが多い。一方、選挙人名簿も、選挙の前後には閲覧することができない。

新型コロナウイルス禍では、小地域間の人口移動を瞬時に把握することが必要となったが、スマートフォンに搭載された位置情報が利用された。スマートフォンを所持していない人は数えることができないが、多少正確性を犠牲にしても速報性が重視された。人が関与することなく数えることができる点もコロナ禍では

魅力であった。**モバイル空間統計**は、NTTドコモの携帯電話ネットワークの仕組みを使用して作成される人口統計である。各地の同社のサービス利用者数を24時間365日把握することができる。公共分野、学術研究分野、産業分野などを提供先として想定し、運用データの一部である位置データおよび属性データに、非識別化処理、集計処理、秘匿処理を行うことにより作成される。同様の仕組みはKDDIにもあり、利用者から個別に同意を得た上で取得し、誰の情報であるかわからない形式に加工した位置情報データおよび属性情報を**位置情報ビッグデータ**としてマーケティング分析に活用している。ソフトバンクも、マーケティング活用や地方自治体などにおける政策決定支援等への活用のため十分な匿名化をしたデータを活用して、店舗ごとの来店者数や来店者の性別・年齢層、居住エリアを統計データとして提供している。

さて、人口移動のうち、国内外の移動については、法務省出入国在留管理庁が業務を通じて得た情報から作成する**出入国管理統計調査**により、日本人および外国人の出入国の状況を把握することができる。近年、難民問題が世界的に注目されているが、国境を越える移民統計は古くから国際的に重要な統計であった。人口移動についてもその時期、理由などを調べる調査が国立社会保障・人口問題研究所や東京都、山梨県、大阪府などの地方公共団体で定期的に実施されている。

また、人口動態に関する意識調査には厚生労働省社会保障・人口問題研究所が実施する**結婚と出生・育児に関する基礎調査**をはじめ様々なものがある。

なお、世帯については、厚生労働省が実施する**国民生活基礎調査**が代表的な統計調査であるが、これについては第6章で解説する。

第4章　建物・土地

　人間や世帯の基本的事項にひきつづき、今度は、人と世帯の器である住宅と、人が働く時の器である事務所、工場、店舗など、さらにはそれらの土台である土地に関するデータを概観することとする。これらは生活基盤の拠点であるばかりでなく、巨額の資産でもあり、これらの売買、投資が経済の成長率に与える影響は大きい。

　経済学では土地、資本、労働の3つの**生産要素**について市場が存在しているとしてそれらを要素市場と呼んでいる。本章はこのうち土地に関するデータと資本のうち建物に関するデータを扱うこととなる。

1. 住宅・土地統計調査

　国際的には、住宅調査は、「人口・住宅センサス」として実施されることが一般的であり、多くの国で人口調査と同一の調査票で実施されている。日本の国勢調査の中でも住宅関連項目は存在するが、住生活関係諸施策の基礎資料としては十分でなく、詳細な調査が求められている。また住生活関係諸施策を立案・推進するには、現住居とその周辺環境についてのみならず、現住居以外に保有している住宅や土地についても把握する、総合的な調査が必要である。

　住宅・土地調査はこのような需要に応えるべく住宅と土地について基本的な事項を調べる調査であり、総務省統計局が所管している。調査対象は2023年調査で約340万世帯と多く、約17世帯に1世帯が調査対象となる日本で最大の標本調査である。

1 目的

　調査の目的は、日本における住宅および住宅以外で人が居住する建物に関する実態ならびに現住居以外の住宅および土地の保有状況その他の住宅などに居住している世帯に関する実態を調査し、その現状と推移を全国および地域別に明らかにすることにより、住生活関係諸施策の基礎資料を得ることである。調査結果は、国、地方公共団体における住生活に関する行政施策の立案をはじめ、公営住宅などの具体的な建設計画づくり、大学・研究機関における耐震・防災問題などから見た住宅や街づくりの研究、地域活性化のための基礎資料などとして利用されている。

2 沿革

　この調査は、1948年に、戦後の質量ともに貧しい住宅事情の中で、都市復興・住宅建設計画に伴い、住宅等とそこに居住している世帯に関する実態を把握する「住宅統計調査」という名で実施されたのがはじまりである。同調査は生活必需品配給のために実施された常住人口調査とともに全数調査で行われた。その後も5年ごとに実施されているが、すべて標本調査である。

　1968年の調査の結果で初めて総住宅数が総世帯数を上回ったこともあり、1973年以降の調査では、住環境も含め住宅の質に関するデータが次第に充実されてきた。

　1998年調査では、従来の調査事項に加えて現住居以外の住宅・土地に関する事項を調査し、世帯の多様な居住形態と住居関連資産の実態を総合的にとらえる統計を作成することとされた。このため、調査事項には土地関連事項が大幅に追加されることとなったが、これに合わせて統計調査の名称も住宅・土地統計調査に変更された。また、このような新たな統計ニーズへの対応と報告者の負担軽減を両立させるため、2種類の調査票を用いた、いわゆる**ロングフォーム・ショートフォーム方式**の調査として実施されることとなった。

　2013年調査では、東日本大震災による転居等に関する実態等が明らかになった。

　近年、住環境対策として、空き家対策の重要性は年々高まっていることから、2018年調査では、初めて空き家の実態が調査された。

3 期日

　最近では2023年10月1日現在で調査された。

4 対象

　2023年の調査では国勢調査の調査区のなかから市町村の人口規模別に調査区抽出率が設定され、約20万調査区が抽出された。抽出された調査区のうち、120住戸を超える調査区は分割されて単位区が設定され、120住戸以下の調査区については調査区が単位区とされた。これらの単位区から、調査単位区が抽出され、調査区域とされた。調査区域のなかにあるすべての住宅および住宅以外であっても人が住んでいる建物と、それらに住んでいる世帯約340万が対象である。

　さらに、抽出された調査区から系統的に抽出された約3万調査区に設定された調査単位区はロングフォームの対象調査単位区とされた。この調査対象は計約50万住戸・世帯である。

5 系統

　2023年調査の調査系統は次のとおりである。

①総務省統計局は国勢調査の調査区のなかから調査区域を選定し、都道府県に指定
②都道府県はその調査区域の実情を把握し、指導員および調査員を任命
③市町村は調査員の担当区域を指定
④指導員は、調査員に対する指導を実施
⑤調査員は、受け持ち区域を巡回して担当する調査区内の調査対象世帯に調査用の調査書類を配布し記入を依頼
⑥世帯は9月15日〜10月8日の間にオンラインまたは郵送で、あるいは調査員に回答を提出
⑦建物については、調査員等が建物の外観を観察したり、世帯や建物の管理者に確認して調査
⑧調査員は、回収した調査票を自宅で審査・整理して指導員に提出
⑨指導員は、提出された調査票を審査して独立行政法人統計センターへ提出

6 調査事項

　2023年調査には世帯が記入する**ショートフォーム**の甲調査票、**ロングフォーム**の乙調査票および調査員が記入する建物調査票の3種類の調査票がある。

(1) 世帯共通の調査事項

ア　世帯に関する事項
　　世帯主または世帯の代表者の氏名、種類、同居世帯に関する事項、年間収入
イ　家計を主に支える世帯員または世帯主に関する事項
　　従業上の地位、通勤時間、子の住んでいる場所、現住居に入居した時期、前住居に関する事項
ウ　住宅に関する事項
　　居住室の数および広さ、所有関係に関する事項、家賃または間代に関する事項、構造、床面積、建築時期、設備に関する事項、建て替え等に関する事項、増改築および改修工事に関する事項、耐震に関する事項
エ　現住居の敷地に関する事項
　　敷地の所有関係に関する事項、敷地面積、取得方法・取得時期等
オ　現住居以外の住宅に関する事項
　　所有関係に関する事項、利用に関する事項
カ　現住居以外の土地に関する事項
　　所有関係に関する事項、利用に関する事項

(2) ロングフォームのみの調査事項

ア　住宅に関する事項
　　現住居の名義

イ　現住居の敷地に関する事項
　　所有地の名義
ウ　現住居以外の住宅に関する事項
　　所在地、建て方、取得方法、建築時期、居住世帯のない期間
エ　現住居以外の土地に関する事項
　　所在地、面積に関する事項、取得方法、取得時期

(3) 建物調査の調査事項
ア　住宅に関する事項
　　世帯の存在しない住宅の種別、種類
イ　建物に関する事項
　　建て方、世帯の存しない建物の構造、腐朽・破損の有無、建物全体の階数、敷地に接している道路の幅員、建物内総住宅数、設備に関する事項、住宅以外で人が居住する建物の種類

7 結果の公表

　2023年調査結果については、住宅数概数集計と住宅および世帯に関する基本集計が調査後1年以内に、住宅の構造等に関する集計と土地集計が調査後2年以内に、それぞれ公表される予定である。

8 用語の説明

(1) 住宅

　普通の一戸建の住宅や、アパートのように完全に区画された建物の一部で、一つの世帯が独立して家庭生活を営むことができるように建築または改造されたものをいう。ここで、「完全に区画された」とは、コンクリート壁や板壁などの固定的な仕切りで同じ建物の他の部分と完全に遮断されている状態をいう。また「一つの世帯が独立して家庭生活を営むことができる」とは、次の四つの設備要件を備えていることをいう。

　①一つ以上の居住室、②専用の炊事用流し（台所）、③専用の便所、④専用の出入口

　②および③については、共用であっても、他の世帯の居住部分を通らずに、いつでも使用できる状態のものを含む。また、④は、屋外に面している出入口、または居住者やその世帯への訪問者がいつでも通ることができる共用の廊下などに面している出入口である。

　なお、上記の要件を備えていれば、ふだん人が居住していなくても住宅となる。

　住宅の区分は図11のとおりである。図11における一時現在者のみの住宅とは、昼間だけ使用しているとか、何人かの人が交代で寝泊まりしているなど、そこに

ふだん居住している者が一人もいない住宅である。

【図11】住宅・土地統計調査における住宅の区分

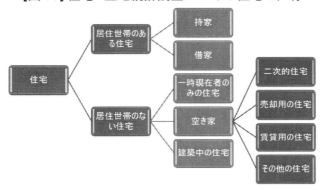

(2) 居住面積水準

国民の住生活の安定の確保および向上の促進が図られるよう、住生活基本計画（全国計画）（2016年3月閣議決定）に定められた住宅の面積に関する水準で、次のように設定されている。

ア　最低居住面積水準

世帯人員に応じて、健康で文化的な住生活を営む基礎として必要不可欠な住宅の面積に関する水準

イ　誘導居住面積水準

世帯人員に応じて、豊かな住生活の実現の前提として多様なライフスタイルに対応するために必要と考えられる住宅の面積に関する水準

この居住面積水準では、住宅性能水準の基本的機能を満たすことを前提として、多様な世帯構成を反映した世帯の規模（人員）に応じた住宅の規模（面積）についての基準が示されている。また、単身者の比較的短期間の居住や適切な規模の共用の台所や浴室などを有する共同の居住などについては、基準面積によらないことができるとされている。

9 調査対象の抽出方法

2023年調査については、まず、国勢調査の調査区が主として換算世帯数、住宅の所有の関係別割合および65歳以上世帯員のいる一般世帯数割合により24層に層化された。ここで、

換算世帯数 ＝二人以上の一般世帯数
　　　　　　＋（一人の一般世帯数の数＋施設等の世帯人員）÷3

による。単身者は3人で1世帯とみなして換算していることになる。

調査区については、2020年国勢調査調査区から、刑務所・拘置所のある区域、自衛隊区域、駐留軍区域および水面調査区を除き、住宅の所有の関係の割合等により層化され、市区町村別に必要な調査区数が算定され、約20万調査区が抽出された。

抽出された調査区が調査地区とされたが、120戸を超える調査区については、ほぼ50戸前後になるよう2つ以上の単位区に分割され、その中から一つの単位区が無作為に抽出されて調査地区とされた。

調査票は、調査地区ごとに、ショートフォームまたはロングフォームのいずれか一方のみが配布された。この割り振りは全国平均で17対3となるように無作為に行われた。

🔟 結果数値の推定方法

2023年調査では、抽出率の逆数を乗じて加える**線形推定**が適用された。ただし、人数については、2020年国勢調査の結果を住民基本台帳人口移動報告などで補正した2023年10月1日現在の市町村別人口になるような比率が乗じられた。このように、ある変数の母数を推定する際に、それが別の変数と比例するとみなして別の変数との比率を乗じる方法を**比推定**と呼ぶ。

2. 建築着工統計調査

住宅・土地統計調査は、1時点の住宅・土地の構造的側面を把握するために実施されるものだが、住宅だけでなく事務所を含めた建物の建設や建て替えを調査し、その動態的側面をとらえようとする統計もある。**建築着工統計調査**はその一つで、「着工」というくわ入れベースの状況を継続的に把握するものであり、国土交通省によって実施されている。このうち住宅の着工状況は住宅着工統計としてとりまとめられている。住宅・土地統計調査からはストックのデータが得られるのに対し、建築着工統計調査からはフローのデータが得られる。

1️⃣ 目的

調査の目的は、日本における建築物の着工状況（建築物の数、床面積の合計、工事費予定額）を明らかにし、建築行政および住宅行政に関する基礎資料とすることである。

民間建築主の「非居住」は民間企業の事務所、工場などの建築着工をとらえているので、民間設備投資の動向を示すものとして重要な指標である。また、居住用建築物のみならず事務所、店舗、工場など非居住用建築物の着工状況を把握す

ることができるので、建設資材の需要予測にも利用できる。

景気変動との関連においては、新設住宅着工の動きが景気変動に対し先行性があるとされており、建築着工床面積と新設住宅着工床面積が、第4部で説明する景気動向指数の先行系列として利用されている。また、住宅（居住専用建築物）の戸数、非住宅（事務所、店舗、工場など）の棟の数、工事費予定額なども、景気の先行指標となっている。

2 沿革

1872年に内務報告令が定められ、これにより**市街地建築物法**（1919年法律第37号）の適用区域内における建築物について統計調査を実施したのが現在の建築着工統計調査のはじまりで、これが終戦時まで継続した。

戦後は1945年に建築調査令が、さらに1947年に臨時建築等制限規則が定められ、築造許可届、割当資材、着工および竣工に関する調査が実施された。

その後、着工される建築物および住宅の統計については、1950年4月より統計法に基づき建築動態統計調査規則（1950年建設省令第8号）が施行され、従来の統計方法の改善、信頼度の向上、統計内容の整備充実が図られた。また、同年11月に臨時建築等制限規則が廃止され、同月より**建築基準法**（1950年法律第201号）が施行された。これに伴って従来の許可、届出および竣工統計が廃止され着工のみの統計となり、さらに統計内容が整備された。1951年1月に新たに建築動態統計調査規則（1950年建設省令第44号）が施行され、届出統計として建築物滅失統計が加えられ、建築物の増減両面の統計調査の整備が図られ今日に至っている。

3 期日

毎月工事着手予定期日の属する月の分がとりまとめられる。

4 対象

建築基準法第15条第1項では、建築主が建築物を建築しようとする場合には、その旨を都道府県知事に届け出なければならないと定められている。ただし、10㎡以下の建築物は対象から除外されている。2022年における対象建築物は55万棟であった。補正調査は、本調査の対象のうち当該月に工事が完了した建築物のなかから約1万3,500を抽出し、本調査と類似の事項を調査するものである。

5 系統

届出や報告をもとに都道府県の建築主事などが必要事項を調査票に転記して、各月分を翌月13日までに国土交通省に送付する方法により行われている。

6 調査事項

建築着工統計調査は5つの調査に区分され、それぞれ以下の項目が調査されている。

(1) 建築物着工統計調査
着工予定期日、工事の予定期間、敷地の位置、建築主、工事種別、構造、建築物の用途、建築物の数、新築の場合における階数、新築工事の場合における敷地面積、床面積の合計、工事費予定額

(2) 住宅着工統計調査
着工予定期日、工事の予定期間、敷地の位置、工事別、住宅の構造、住宅の建築工法、住宅の種類、建て方、利用関係、住宅の戸数、住宅の床面積の合計、新設住宅の資金、建築を伴う除却住宅戸数、建築を伴う除却住宅の利用関係

(3) 補正調査
着工予定期日、工事の完了予定期日、建築主、工事種別、構造、建築物の用途、建築物の数、床面積の合計、工事費予定額、工事の変更、実施床面積の合計、工事実施額

(4) 建築物除却統計調査
除却予定期日、除却場所、構造、建築物の用途、住宅の戸数、建築物の数、床面積の合計、建築物の評価額、除却原因

(5) 建築物災害統計調査
被災市町村名、災害種別、被害区分、建築物の数、住宅の戸数、床面積の合計、構造、建築物の用途、火災件数、建築物の損害見積額

7 結果の公表

月次結果のうち、①建築主別、用途別、構造別の床面積の合計と工事費予定額（全国）、②建築物計の床面積の合計と工事費予定額（都道府県別、地域別、都市圏別）については1か月後の月末に記者発表資料がウェブサイトに掲載される。また、国土交通省で公表資料が無料で配布される。ただし部数は限定されている。さらに、翌月の10日発行の「建設統計月報」（建設物価調査会発行）に詳細結果が掲載される。このように、調査の翌月下旬には結果が判明し、全数調査としては極めて高い速報性がある。

また、①については、年計は毎年1月末に、年度計は4月末に記者発表資料がウェブサイトに掲載される。こちらも国土交通省から公表資料が無料配布されるが部数は限定されている。また、年計は3月10日発行の、年度計は6月10日発行の月報に一部詳細結果が掲載される。さらに、毎年8月発行の年報に詳細結果が掲載される。

8 用語の説明
(1) 建築着工

　建築着工統計は、建築基準法第15条第1項の規定に基づき、建築主から都道府県知事に提出された建築工事の届出を集計して作成されたものであり、10㎡以下の建築物は統計から除外されているため、実際に着工されている建築物の量は統計に表れた数字より多いと見なければならない。

　また、建築着工統計調査の工事費予定額はあくまで建築工事届出時点の予定額であり、完成した時点では工事額が異なることが多いので、建築投資額の実績をとらえる場合は、工事費予定額に補正調査の結果を利用することが必要である。

　建築着工統計では、建築物の床面積や工事費予定額は着工月に全額計算される。したがって、建設工事が工事の進捗に応じて他の生産活動や雇用に波及する状況を見る場合は、工期を加味し、投資ベース（工事の進捗（出来高）ベース）に直すことが必要である。

　一般に、建築工事は梅雨明けの夏から秋に着工が集中し、寒冷地では秋以降着工が減少するなど統計数値は季節によって変動があるため、原数値の前月比を利用することには問題がある。このため、通常は前年同月比を利用して増減を判断しているが、前年に大きなプロジェクトなどの大規模工事が着工されたりすると、その影響で伸び率が小さくなったりすることがある。このようなことから、建築着工の変動を見るには、第5章で解説する季節調整値を利用することが必要である。

　なお、この統計には、ビルという分類はなく、建築物を事務所、店舗等の使途別に分類し、それを構造別、階層別に集計している。

(2) 戸

　居室、台所など独立して居住できるように設備された一棟または区画されたその一部をいう。したがって、アパートやマンションは、一棟一戸ではなく、一棟の中にいくつかの戸が存在することになる。

3. その他のデータ

　建物については**建設工事統計調査**、**建築物等実態調査**、**建築物滅失統計調査**などがあり、いずれも国土交通省によって実施されている。

　住宅については国勢調査でも住居の種類および住宅の建て方について調査している。

　住宅・土地統計調査の法人版は**法人土地基本調査**と呼ばれ、国土交通省が所管している。同調査は1993年から実施されている。同調査には**法人建物調査**が附帯している。

さらに、国や地方公共団体は土地登記制度や課税制度に基づいて作成した**土地登記簿**や**課税台帳**からも業務統計が作成されている。総務省の**固定資産の価格などに関する概要調書**は、土地、家屋等に係る固定資産税の納税義務者数、面積、決定価格等を個人・法人の区分に従い記載している。法務省の**登記統計調査**は、土地・建物に関する登記の件数および個数を調べている。

　農地については、農林水産省が、作物統計調査の面積調査で耕地面積と各作物の作付（栽培）面積を調べている。5年に1度、農林業センサスでも経営耕地面積を調査している。農林業センサスでは林野面積も調査している。

　住宅価格については第7章および第15章で解説する。

　土地の価格である地価については、実際の土地取引で実現された**実勢価格**、国土交通省が毎年4月に地価公示制度に基づいて土地価格の公的基準として調査している**公示価格**、国税庁が相続税および贈与税の課税算定の基準として設定している**路線価**、総務省や地方公共団体が固定資産税算出の基準として設定している**固定資産税評価額**が代表的である。

　建築・土地に関する統計調査の個々のデータは、地理情報データと接合することにより用途が拡大する。地理情報データとしては、東京都都市計画地理情報システムデータ、株式会社ゼンリンが作成する建物ポイントデータや住宅地図、NTT空間情報株式会社が作成するGEOSPACE地番地図などが候補となる。

　建物・土地については、人工衛星、カメラ等を通じて外から観察することにより得ることができるデータが多い。公開されているデータのなかにはGoogle Street View、Google Earth等がある。

第5章　労働・賃金

　経済において労働は土地、資本と並ぶ3つの生産要素の一つである。
　また、私たちの多くは、生活に必要な財およびサービスを生産したり、消費するのに必要な収入を得るため、経済活動に参加、すなわち就業している。国勢調査でも各個人の就業構造に関する調査事項が盛り込まれているが、きわめて基本的な事項に限定されている。たとえば、高齢者の雇用促進や、女性の介護・育児の負担を軽減し、働きやすい環境を作るための雇用対策や福祉対策を促進するためには、就業構造に関するもっと多様なデータが必要である。また、就業構造については、特定時点の状況のみならず時間的変化という視点も重要であり、とくに迅速な対応が求められる雇用対策・経済対策等の基礎資料としては、月単位の統計が欠かせない。その際、働いている人だけでなく働いていない失業者や学生などの状況も重要である。また、働いている人の状況は、世帯の側だけでなく、企業などの働く場からも調査することができる。
　さらに、働いている人の人数はもとより、その収入、とくに雇用者に対する賃金は、企業収益に影響し、経済循環の中で消費や投資を通じて生産活動に反映するという側面もある。

1. 労働力調査

　労働力調査は、就職・不就職の実態を明らかにするために、世帯を対象に働いていない人を含めて毎月総務省統計局により実施されている。失業率はこの調査結果から計算される。
　失業率をはじめとする労働統計の国際基準はInternational Labour Organization（ILO）が定めている。それにはILO自身が採択する条約および勧告とその傘下の国際労働統計家会議が採択する決議およびガイドラインがある。

1 目的
　調査の目的は、国民の就業および不就業の状態を明らかにすることである。

2 沿革
　1946年9月に開始されたが、約1年間は試験的期間であった。これは、General Headquarter（GHQ）が戦後の混乱した社会経済の実態を把握するために経済統計の作成を求める覚書を受けて実施されたものであった。本格的に実施されたのは1947年7月のことである。

労働力調査特別調査は、毎月実施している労働力調査を補完する目的として1949年12月に開始された。このため、その時々の経済情勢に即した雇用・失業問題の最も重要な領域に焦点を合わせることから、調査内容は毎回変更された。

　労働力調査特別調査は年に1～2回行われてきたが、労働力調査の見直しに伴い、労働力調査に統合され、2002年に廃止された。労働力調査において、従前の労働力調査の調査事項は基礎調査票、労働力調査特別調査の調査事項は特定調査票で把握されることになった。

3 期日

　調査日は毎月末日現在であるが、12月は26日現在である。
　ただし、「就業状態」、「仕事の種類」および「1週間の就業時間」は調査日を末日とする1週間であり、**調査週間**と呼ばれている。

4 対象

　国勢調査の調査区のなかから総務大臣が指定する約2,900調査区が調査地域とされている。

　これらの調査区のなかから抽出する単位は、一つの世帯が居住することができる建物または建物の一部であり、住戸と呼ばれている。住戸に居住する約4万世帯の世帯員約15万人（うち15歳以上約10万人）が調査される。

　同一調査区は4か月継続して調査される。また、調査区は1年後の同じ時期にふたたび調査される。調査区の交替は、一斉ではなく、全体をA、B、C、Dの四つに区分し、毎月1区分ずつ行われる。このように調査対象を部分的に入れ替えていく方法は**ローテーション**方式と呼ばれ、調査結果の段差を小さくする上で有用である。一方、調査世帯は、同一調査区が調査される4か月を前半の2か月と後半

【図12】労働力調査の調査対象の構成

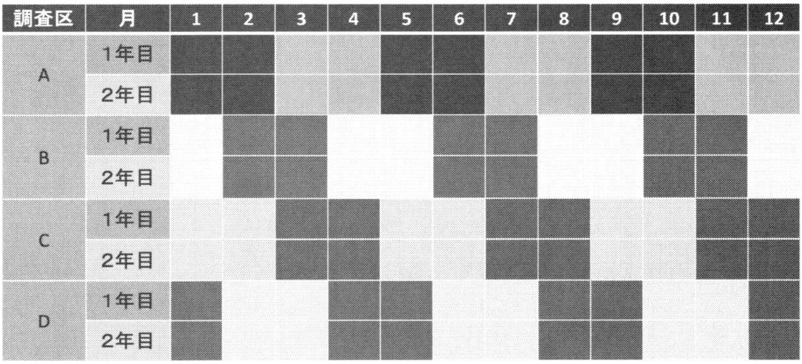

色の濃い月が前期、薄い月が後期

の2か月に分けて交替され、1年後の調査においても、原則として同時期に1年目の調査対象が調査される。(図12)

したがって、調査対象世帯は計4か月調査に回答することになるが、これらの間に毎月回答しなければならない調査票は基礎調査票だけであり、特定調査票は2年目の2か月目のみに回答することになっている。

労働力調査では、指定された調査区を調査しはじめる月の前月に住戸のリストを作成する。抽出単位として住戸を用いる理由は、かりに世帯や個人のリストを作成すると、調査時点までに、転出、転入、死亡などによりリストに比較的大きな変更が発生するおそれがあるからである。

5 系統
① 総務省統計局は国勢調査の調査区のなかから調査地域を選定し、都道府県に指定
② 都道府県は、その調査区の実情を把握し、担当調査員を配置、指導
③ 調査員は、担当調査区の境界の確認を行うとともに、最初に調査が行われる月の前月の15日現在で調査区内のすべての住戸を把握して**抽出単位名簿**と呼ばれる世帯名簿を作成し、指導員に提出
④ 指導員は、抽出単位名簿を用い、指定された抽出方法により調査を行う住戸を選定して調査員に指定
⑤ 調査員は、指定された住戸を調査週間の始まる前に訪問し、その住戸に住んでいる世帯を確認し、個々の世帯ごとに調査票を配布して記入を依頼
⑥ 調査票を配布された個々の世帯は、必要な事項を所定の方法によって記入
⑦ 調査員は、調査票を回収し、自宅で審査・整理して指導員に提出
⑧ 指導員は、提出された調査票を審査して独立行政法人統計センターへ提出

6 調査事項
基礎調査票、特定調査票それぞれについて調査事項は以下のとおりである。
(1) 基礎調査票
① すべての世帯員について
　男女の別、世帯主との続柄、出生の年月
② 15歳以上の世帯員について
　氏名、配偶の関係、調査週間の就業状態、所属の事業所の名称、経営組織および事業の種類、所属の企業全体の従業者数、仕事の内容、勤めか自営かの別および勤務先における呼称、雇用契約期間の定めの有無および1回当たりの雇用契約期間、調査週間の就業時間および就業日数、1か月間の就業日数、最近の求職活動の時期、就業の可能性、探している仕事の位置づけ（主にす

る仕事かまたはかたわらにする仕事か)、求職の理由
③世帯について
15歳以上の世帯員の数および男女別・年齢階級別15歳未満の世帯員の数、世帯員の異動状況（2か月目調査の世帯のみ調査）

(2) 特定調査票
①15歳以上の世帯員について
氏名、在学、卒業等教育の状況、仕事からの年間収入
②就業者について
短時間就業および休業の理由、就業時間増減希望の有無、現職についた時期、(非正規を対象に)現職の雇用形態についている理由、転職などの希望の有無、就業時間の増加および仕事の追加の可否、前職の有無
③失業者について
求職活動の方法、求職活動の期間、探している仕事の形態、就職できない理由、前職の有無
④非労働力人口について
就業希望の有無、非求職の理由、希望するまたは内定している仕事の形態、就業の可能性、前職の有無
⑤前職のある者について
前職をやめた時期、前職の従業上の地位および雇用形態、前職の事業の内容、前職の仕事の内容、前職の企業全体の従業者数、前職をやめた理由

7 結果の公表

　原則として調査月の翌月末の火曜日または金曜日の午前8時30分から公表され、労働力調査報告（速報）が発行される。その後、月報および年報が刊行される。特定調査票の結果は3月分の結果をまとめて四半期に1回公表される。

8 用語の説明

(1) 有業者方式と労働力方式
　有業者方式とは、ふだんの状態によって人口を分類しようとするものであり、社会の構成員である各人は、工場労働者であるとか、主婦であるとか、学生であるといった社会内における一定の身分を保有しているという考えに基づいている。これに対して、**労働力方式**とは、調査時における活動状況を調査しようとするものであり、ある一定の期間に少しでも収入になる仕事をしたか否かという真実に基づいて就業者か否かを決定しようとするものである。有業者方式ではどんな人かという観点から人口を分類するが、労働力方式では何をしたかという観点から人口を分類することになる。

両者を比べると、有業者方式には、調査の時期や調査時の偶発的状況に影響されることが少ないという利点がある一方、定義に曖昧さが残り回答者の意識に左右される部分が大きいという欠点があり、労働力方式には、逆に調査の時期や偶発的状況に影響されやすいという欠点と、定義が厳密であるという利点がある。国勢調査と労働力調査では労働力方式を採用している。

(2) 就業者

　いわゆる働いている人であり、雇用者、自営業主、家族従業者に区分される。**雇用者**とは、会社、団体、官公庁あるいは自営業主や個人の家庭に雇われて賃金給料をもらっている人および会社、団体の役員をいう。雇用者は、期間を定めず、または1年を超える期間を定めて雇われる**常雇**、1月以上1年以内の期間を定めて雇われている**臨時雇**、日々または1月未満の契約で雇われている**日雇**の三つに区分される。

　また、就業者は、従業者と休業者にも区分される。**従業者**とは、調査週間に収入を目的とする仕事を少しでも（1時間以上）した人であり、1時間以上仕事をしていれば仕事の内容は問わない。すなわち、学生がたまたまアルバイトをした場合、主婦がパートタイムの仕事や内職をした場合、個人経営の商店や農家で家族が仕事の手伝いをした場合なども仕事をしたことになる。ただし、収入を目的とするとあるので、家事や育児は仕事にはならない。一方、**休業者**は、仕事を持っていながら調査期間中は病気や休暇などのため仕事をしなかった人である。雇用者の場合は、仕事を休んでいても賃金・給料の支払を受けることになっている人であり、日雇労務者などは休業者とはならない。また、自営業主の場合は、仕事を休み始めてからの期間が30日にならない人をいう。家族従業者の場合は、自分で仕事を持っているとみなされないので休業者とはならない。

(3) 失業者

　各国とも**失業者**を、①仕事を持たず、②現在就業可能で、③仕事を探していた、すなわち求職活動をしていた、の3要件を満たす者とし、これを労働力調査や職業紹介機関などの登録者数によって把握している。ただし、過去に行なった求職活動の結果を待っていることも求職活動に含める。**求職活動**とは、求職サイトや公共職業安定所に申し込んだり、求人広告・求人情報誌などを見て応募したり、学校・知人などの斡旋・紹介を依頼したり、事業所の求人に直接応募したりすることをいう。また、自営の仕事をはじめようとしている人は、賃金・資材の調達など事業をはじめる準備をしていれば、求職活動をしていたとする。いずれの場合も、何か具体的な活動をしていることが要求される。

　労働力調査によって失業者を把握する場合には、ILO基準に準拠した定義で把握しているが、ILO基準でも細部まで明確な定義がなされていないため、国によって多少の違いがある。

日本の失業者の定義もILO基準に基づいているが、以下の点には注意が必要である。
①求職活動期間
日本では、2017年まで調査期間の1週間に求職活動を行なった人と以前に求職活動を行いその結果を待っている人を**完全失業者**としているが、2013年に採択された国際労働統計家会議の決議を踏まえ、2018年から1か月（4週間）以内に求職活動を行なった人を失業者として併せて公表している。
②就職内定者
ILO基準では、就業内定者は求職活動をしていない場合であっても失業者である。日本では、求職活動を行なっていない就業内定者は非労働力人口に含まれるのに対し、就職内定者を失業者に含める国がある。この場合、1か月（4週間）以内の就業内定者を対象とするのが一般的である。

一般に、失業者には需要不足型失業、摩擦的失業、構造的失業などの種類があるとされている。**需要不足型失業**とは、景気の低迷などで労働力に対する需要が減った場合に生ずる失業であり、**摩擦的失業**とは、転職をする際に、求人情報が十分に得られないなど労働市場が効率的に機能しないために一時的に生ずる失業である。**構造的失業**とは、労働力の需要と供給が、地域間、産業間、年齢間などでアンバランスである場合に生ずる失業である。

(4) 労働力人口
就業者と完全失業者を合わせた人口を**労働力人口**と呼ぶ。これに対して、子供や学生などその他の人口を**非労働力人口**と呼ぶ。

(5) 失業率
失業者数を労働力人口で割った値である。

(6) 追加就労希望就業者
就業者であるが、週35時間未満しか働かず、就業時間を追加することができ、またそれを希望している人である。

(7) 潜在労働力人口
就業者でも失業者でもない者のうち、次のいずれかに該当する者である。
①拡張求職者
1か月以内に求職活動を行っており、すぐではないが、2週間以内に就業することができる人である。
②就業可能非求職者
1か月以内に求職活動を行っていないが、就業を希望しており、すぐに就業することができる人である。

(8) 様々な失業率
失業率については、公式系列のほかに、図13のように、就業者の中で時間の変

更を希望する者を失業者に加えたり、潜在労働力人口を失業者に加えるなど、参考系列として国際比較が可能になるように様々な失業率が計算されている。

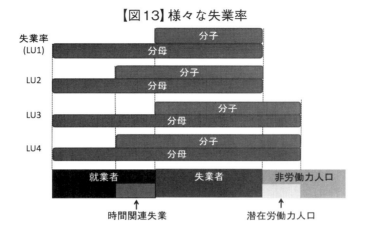

【図13】様々な失業率

(9) 非正規

会社、団体等の役員を除く雇用者は、勤め先での呼称により「正規の職員・従業員」、「パート」、「アルバイト」、「労働者派遣事業所の派遣社員」、「契約社員」、「嘱託」、「その他」に区分されている。「正規の職員・従業員」以外をまとめて「非正規の職員・従業員」としている。

(10) 季節調整値

失業者数と失業率には4月に高く12月に低いなど1年間（12か月）を周期とする季節的な変動がある。これを含めて毎月の動きを見ると、たとえば12月に大幅に失業率が下がるなど、大局的な動きに対する誤解が生ずることとなる。このため、労働力調査では**センサス局法Ⅱ-X12ARIMA**という方法を使って、就業者数、失業者数、失業率などの季節的な変動が取り除かれている。

同法では、これらの各系列の変動が、①経済の成長などに伴い、長期的に上昇・下降するような**趨勢変動**、②景気の循環に伴う変動などほぼ一定の周期をもつ周期変動で、周期が12か月を超える**循環変動**、③12か月を周期とする**季節変動**、④これらの三つ以外の突発的な出来事や標本誤差による**不規則変動**、の4つの要因から構成されるものとし、原数値を③の季節変動で割ることにより季節調整をする。

9 調査対象の選定方法
　層化2段確率比例系統抽出法による。
　ここでの「2段」抽出の意味は、まず国勢調査の調査区を抽出して、次に各調査区から住戸を抽出することである。調査区の抽出は、刑務所・拘置所などのある地区、自衛隊区域、駐留軍地域、水面調査区を除いて行われる。また「層化」とは、地域ブロック別に調査区の特性によっていくつかのグループに分類し、各層で独立に抽出することである。調査区の特性とは、たとえば、世帯主が建設業の就業者である世帯の比が0.6以上であるとか、金融・保険業の雇用者である世帯の比が0.1以上であることを示す。さらに、「系統」とは、調査区に一連番号をつけて等間隔に選定することを意味している。最後に、「確率比例抽出」は換算世帯数に比例して抽出することである。

10 結果数値の推定方法
　結果数値の推定方法は、基本的には、結果数値それぞれに対して抽出率の逆数を乗じて加える線形推定による。労働力調査では、まず各層で独立に推定を行い、次に、各層における推定値を足し合わせて全体の推定値としている。その後、比推定として、各推定値に対して推計人口と呼ばれる補助的な情報を人口の推定値で割った値が乗じられる。
　なお、刑務所・拘置所などのある調査区および自衛隊区域については、法務省、防衛省からそれら施設内の居住者の資料を得て集計に加えられる。

2. 就業構造基本調査

　労働力調査が労働力方式で特定期間の就業・不就業の実態を調査するものであるのに対し、有業者方式によりふだんの就業・不就業の状態を調査する調査が**就業構造基本調査**である。就業構造基本調査は、総務省統計局が所管し5年に1度しか行われないが、標本数が多いために結果は多角的であり、都道府県別にも表示される。

1 目的
　調査の目的は、ふだんの就業・不就業の状態を調査し、日本の就業構造の実態、就業異動の実態、就業に関する希望などを明らかにすることにより、各種行政施策の基礎資料を得ることである。
　とくに副業に関する集計結果は、国民経済計算や県民経済計算などの基礎資料としても利用される。

2 沿革

1956年に開始され、3年ごとに調査が行われた。1979年調査は前回調査から2年目に実施され、1982年調査以降5年に1度実施されている。

3 期日

10月1日現在であり、最近では2022年10月1日現在で調査が行われた。

4 対象

2022年調査では、調査地域は国勢調査の調査区のなかから総務大臣が指定する約3万4,000調査区であり、約54万世帯の15歳以上の世帯員約108万人が対象である。2017年の調査と比べて世帯員数に大きな変化はない。むしろ世帯数を52万世帯から増やすことにより同数の世帯員数を確保している。

5 系統

2022年調査の調査系統は次のとおりである。
① 総務省統計局は国勢調査の調査区のなかから調査地域を選定する方法を都道府県に指定
② 都道府県は国勢調査の調査区のなかから調査地域を選定し、市町村に指定
③ 市町村は、その調査区の実情を把握し、担当調査員を配置、指導
④ 調査員は、担当調査区の境界の確認を行うとともに、調査区内のすべての世帯を把握して世帯名簿を作成し、指導員に提出
⑤ 指導員は、世帯名簿を用い、指定された抽出方法により調査を行う住戸を選定して調査員に指定
⑥ 調査員は、指定された世帯を9月23日以降調査日前に訪問し、個々の世帯ごとに調査票を配布して記入を依頼
⑦ 調査票を配布された個々の世帯は、必要な事項を記入し10月23日までにオンラインまたは調査員に提出することによって回答
⑧ 調査員は、調査票を回収し、自宅で審査・整理して指導員に提出
⑨ 指導員は、提出された調査票を審査して独立行政法人統計センターに提出

6 調査事項

　2022年調査の調査事項は次のとおりである。2017年調査と比べて、「テレワークの実施状況」、転職希望者の「希望する仕事の種類」、主な仕事以外の仕事、すなわち副業に関する「仕事の内容」、「就業の規則性」、「週間就業時間」が追加され、利用ニーズの低い「1年前の就業・不就業状態」、「前職の雇用契約期間の定めの有無・一回当たりの雇用契約期間」が削除された。

（1）15歳以上の世帯員について
　（a）全員について
　　ア　基本事項について
　　　氏名、男女の別、配偶者の有無、世帯主との続柄、出生の年月、就学状況・卒業時期、学校の種類、居住開始時期、転居の理由、転居前の居住地、収入の種類、ふだんの就業・不就業状態
　　イ　訓練・自己啓発について
　　　職業訓練・自己啓発の有無、職業訓練・自己啓発の種類
　　ウ　育児・介護の状況について
　　　育児の有無、育児の頻度、育児休業等制度利用の有無・育児休業等の種類、介護の有無、介護の頻度、介護休業等制度利用の有無・介護休業等の種類
　（b）有業者について
　　ア　主な仕事について
　　　従業上の地位・勤め先での呼称、起業の有無、雇用契約期間の定めの有無・一回当たりの雇用契約期間、雇用契約の更新の有無・回数、勤め先の経営組織、勤め先の名称、勤め先の事業の内容、仕事の内容、企業全体の従業者数、年間就業日数、就業の規則性、週間就業時間、テレワークの実施状況、年間収入、就業開始の時期、就業開始の理由、現在の就業形態についている理由、就業時間または就業日数の調整の有無、転職または追加就業等の希望の有無、転職希望の理由、希望する仕事の形態、希望する仕事の種類、求職活動の有無、就業時間延長等の希望の有無、前職の有無
　　イ　主な仕事以外の仕事について
　　　主な仕事以外の仕事の有無、従業上の地位・勤め先での呼称、勤め先の事業の内容、仕事の内容、就業の規則性、週間就業時間
　　ウ　前職について
　　　離職の時期、就業継続年月、離職の理由、従業上の地位・勤め先での呼称、前職の雇用契約期間の定めの有無・一回当たりの雇用契約期間、勤め先の事業の内容、仕事の内容
　　エ　初職について
　　　現職または前職と初職との関係、初職の就業開始の時期、初職の従業上の

地位・勤め先での呼称
（c）無業者について
ア　就業の希望等について
就業希望の有無、就業希望の理由、希望する仕事の種類、希望する仕事の形態、求職活動の有無、非求職の理由、求職期間、就業希望時期、就業非希望の理由、1年前の就業・不就業状態、就業経験の有無
イ　前職について
離職の時期、就業継続年月、離職の理由、従業上の地位・勤め先での呼称、前職の雇用契約期間の定めの有無・一回当たりの雇用契約期間、勤め先の事業の内容、仕事の内容
ウ　初職について
現職または前職と初職との関係、初職の就業開始の時期、初職の従業上の地位・勤め先での呼称
(2) 世帯について
世帯全体の年間収入、年齢別世帯人員

7 結果の公表
2022年調査の結果は、2023年7月13日に、ウェブサイト等から公表された。

8 用語の説明
(1) **有業者**
　ふだん収入を得ることを目的として仕事をしており、調査日以降もしていくことになっている人、および仕事は持っているが、現在は休んでいる人である。
　なお、家族従業者は、収入を得ていなくても、ふだんの状態として仕事をしていれば有業者としている。
(2) **無業者**
　ふだん収入を得ることを目的として仕事をしていない人、すなわち、ふだんまったく仕事をしていない人およびときどき臨時的にしか仕事をしていない人である。

9 調査対象の選定方法
　2022年調査では、第1次抽出単位を国勢調査の調査区、第2次抽出単位を住戸とする層化2段確率比例系統抽出法が用いられた。
　まず、国勢調査の調査区を6層に分類した上で、層・都道府県ごとに、全調査区の15歳以上人口を累積し、累積した15歳以上人口に対して確率比例系統抽出により調査区が抽出された。ただし、労働力調査と同様、特別な調査区は除かれた。

次に、各標本調査区について、調査員が調査区内の全住戸を確認して作成した名簿を居住者無、居住者有の順に配列し、居住者無の住戸が除外された。これをもとに、標本調査区ごとに、1を抽出起番号、居住者有の住戸数を15で除し小数点以下を切り上げた値を抽出間隔として、等確率系統抽出法により住戸が抽出された。抽出された住戸数が15未満の場合は、最初に抽出された住戸の次の住戸以降の配列について、抽出住戸数が15になるまで同様に再度抽出が行われた。

10 結果数値の推定方法

2022年調査では、基本的には、抽出率の逆数を乗じて加える線形推定による。ただし、人数については2022年国勢調査の人口を人口動態調査、住民基本台帳人口移動報告などで補正することにより2022年10月1日現在で推計された人口を基準とする比推定が用いられた。比推定の区分は調査地域、男女、年齢階級、単身・非単身である。

3. 毎月勤労統計調査

労働者の状況は、労働者の居住地からだけでなく、企業、事業所等の勤務先からも把握することができる。ここでは、日本の労働および賃金の基本的な統計の一つとして厚生労働省によって実施される**毎月勤労統計調査**を概観する。なお、同調査は、事業所規模5人以上の全国の結果を毎月公表する**全国調査**、都道府県の結果を毎月公表する**地方調査**、事業所規模1～4人の事業所を対象に年1回実施する**特別調査**からなる。

1 目的

調査の目的は、雇用、給与および労働時間についてその全国的な変動を明らかにすることである。調査結果は、失業給付のうち求職者給付の基本手当日額の算定に用いる賃金日額の範囲等の改訂、労働災害の休業補償の額の改訂、労災保険の保険給付の額の改訂、離職後の診断によって業務上の疾病が認められた場合等の平均賃金の算定、景気動向指数、国民経済計算の推計における雇用者報酬の算定、公共工事設計労務単価の算定等に利用されている。

2 沿革

毎月勤労統計調査は、1923年7月に実施された職工賃金毎月調査および鉱夫賃金毎月調査に端を発している。1944年7月には常用労働者30人以上を対象に現在の名称で内閣統計局によって開始された。1951年3月に労働省に移管され、幾次かの改正が行われ現在に至っている。この間、1951年から地方調査が、1957年7

月から、従来の全国調査を全国甲調査とした上で、全国乙調査（常用労働者5〜29人）と特別調査（同1〜4人）がそれぞれ開始され、1952年からは建設業を、1971年1月（地方調査は1972年4月）からはサービス業を調査産業に含めている。

3 期日
　全国調査および地方調査については、毎月末現在について行われ、給与締切日の定めがある場合には、毎月最終給与締切日現在について行われる。
　特別調査は、毎年7月末現在について行われ、給与締切日の定めがある場合には、7月の最終給与締切日現在について行われる。ただし、「特別に支払われた現金給与額」については、調査を実施する年の前年の8月1日から調査を実施する年の7月31日までの期間について行われる。

4 対象
　農林漁業および公務を除く産業に属する事業所のうち、全国調査では常用労働者数5人以上の事業所約3万3,000、地方調査では地方の常用労働者数5人以上の事業所約4万3,000、年1回の特別調査では常用労働者数1〜4人の事業所約2万2,000である。
　常用労働者数30人以上の事業所については、2018年1月分以降、原則として、毎年、全体の調査事業所の3分の1ずつ入れ替え、各組は約3年間継続するローテーション方式による。ただし、廃止事業所や30人未満へ規模縮小となった事業所の補充を行うため、毎年1月に追加指定を行っている。
　常用労働者数5〜29人については、半年ごとに全体の調査事業所の3分の1ずつ入れ替え、各組は18か月間継続するローテーション方式による。

5 系統
　全国調査と地方調査の系統は次のとおりである。
①厚生労働省は、30人以上の事業所については事業所母集団データベースのフレームに基づいて作成した名簿から、5〜29人の事業所については経済センサスの調査区に基づき全国を約7万に分けて設定した毎勤調査区から、調査対象を選定する方法を都道府県に指定
②都道府県は調査対象の事業所および調査区の実情を把握し、担当調査員を配置、指導
③5,000人以上の事業所については厚生労働省が直接郵送で、5,000人未満の事業所については都道府県から、30人以上の事業所には郵送で、30人未満は調査員が訪問し、調査票を配布して記入を依頼
④調査票を配布された個々の事業所は、必要な事項を記入し、30人以上の事業所

はオンラインまたは郵送で、5～29人の事業所はオンライン、郵送または調査員回収により、5人未満の事業所は調査員回収により提出
⑤調査員は、回収された調査票を自宅で審査・整理して都道府県知事に提出
⑥都道府県は、提出された調査票を審査して、全国調査および特別調査については、調査票を複写して1部を当該都道府県労働基準局に、他の1部を厚生労働省に提出。地方調査については、都道府県が集計を実施
⑦全国調査および特別調査の集計は厚生労働省にて実施

6 調査事項

　毎月勤労統計調査の調査事項は以下のとおりである。
　主要な生産品または事業の内容、調査期間、操業日数、企業規模、男女別常用労働者数・出勤日数・実労働時間数（延べ時間数）・現金給与額（パートタイム労働者についてはそれらの男女計の内訳）、変動状況、所定外労働時間数
　特別調査については、主要な生産品または事業の内容、調査期間、調査期間末日の常用労働者数、企業規模に加え、常用労働者ごとの氏名、男女の別、通勤・住み込みの別、家族労働者であるかどうかの別、年齢、勤続年数、出勤日数、1日の実労働時間数、きまって支給する現金給与額、昨年の8月1日から今年の7月31日までに特別に支払われた現金給与額

7 結果の公表

　毎月、速報集計時点までに提出された調査票に基づき、調査月の翌々月10日までに主要なものが速報として公表される。その後、確報の集計時点までに提出された調査票を加えて再集計され、翌月分の速報の公表前または公表と同時に確報が公表される。
　夏季賞与については9月分確報公表までに、年末賞与については翌年2月分確報公表までに、それぞれ公表される。
　給与階級に関する事項は毎年、10月分確報公表までに公表される。
　特定の年の水準を100とする指数や季節による変動を取り除いた季節調整値も公表されている。
　地方調査については、都道府県において、毎月、調査月の翌々月中に集計結果が公表される。ただし、速報と確報の2回に分けて公表される場合は、全国調査と同様に、調査月の翌々月中に主要なものが速報として公表され、その後、翌月分の速報の公表前または公表と同時に確報が公表される。
　特別調査については、調査を実施した翌年1月末までに公表される。

8 用語の説明
(1) 現金給与額
　賃金、給与、手当、賞与その他の名称の如何を問わず、労働の対価として使用者が労働者に通貨で支払うもので、所得税、社会保険料、組合費、購買代金等を差し引く前の金額である。退職を事由に労働者に支払われる退職金は含まれない。

　特定の時点を100として計算した現金給与総額指数は名目賃金指数であり、物価変動の影響を取り除いた実質賃金指数も計算されている。

(2) 常用労働者
　①期間を定めずに雇われている、
　②1か月以上の期間を定めて雇われている、
　のいずれかに該当する者である。

　なお、日々または1か月未満の期間を定めて雇われている労働者、すなわち常用労働者でない労働者を**臨時労働者**と呼ぶ。

(3) パートタイム労働者
　常用労働者のうち、
　①1日の所定労働時間が一般の労働者より短い、
　②1日の所定労働時間が一般の労働者と同じで1週の所定労働日数が一般の労働者よりも少ない、
　のいずれかに該当する者である。

(4) 一般労働者
　常用労働者のうち、**パートタイム労働者**を除いた者である。

(5) 労働異動率
　労働移動は、企業または事業所における労働者の採用・復職による入職、退職・解雇・休職による離職、同一企業事業所間の転勤による入職または離職の動きをいう。**労働異動率**には、入職率と離職率があり、**入職率**は、同一企業内の事業所間異動（転勤）も含む月間の増加労働者数を前月末全労働者数で除した値、離職率は、減少労働者数を前月末全労働者数で除した値である。

9 調査対象の選定方法
　常用労働者30人以上の事業所については、事業所母集団データベースの年次フレームに基づいて作成した事業所全数リストを抽出のための母集団フレームとし、そこから都道府県、産業、事業所規模別に標本事業所が無作為に抽出されている。

　常用労働者5～29人の事業所の標本抽出法は2段抽出法である。第1段は、経済センサス基礎調査の約22万の調査区を約7万に分けて設定した毎勤調査区を母集団フレームとし、抽出に当たってはこれを5の層に分け、各層ごとに所定の抽出率によって調査区が抽出されている。第2段は、抽出した調査区について、あら

かじめ、5～29人規模事業所の名簿が作成され、次に、この名簿から産業別に標本事業所が無作為に抽出されている。

10 結果数値の推定方法

　基本的に、調査結果は、当該事業所の抽出率の逆数を乗じて合計されることで得られるが、以下の推定比率による補正が行われる。

　まず、産業、事業所規模ごとに前期末における母集団労働者数を本調査を通じて報告された労働者数の合計で割り、推定比率が計算される。ここで、母集団労働者数は、前期分調査から推定された期末推定労働者数に雇用保険データを利用して前期中に発生した事業所の新設・廃止に伴う労働者数の増減が反映されたものであるが、経済センサスの結果が得られた時にはそれを使用して作成される。

　次に、労働者数、実労働時間の合計、現金給与支給総額、延べ出勤日数それぞれについて、産業、事業所規模別合計値が計算され、推定比率が乗じられる。

　これにより計算された実労働時間の合計、現金給与支給総額、延べ出勤日数のそれぞれが労働者数で割られ、一人当たり労働時間、一人当たり現金給与支給額、一人当たり出勤日数が計算される。

　最後に、上記で計算した各種推定値が合計または加重平均されて産業計、事業所規模計の推定値が計算される。

　毎月勤労統計調査においては、時系列的なデータ比較を可能にするため、標本事業所の抽出替えに伴い、新旧の標本差により生じるギャップが修正され、増減率などは過去にさかのぼり修正される。

4. 賃金構造基本調査

賃金構造基本調査は、常用労働者の賃金を職種、年齢、勤続年数など様々な角度から分析できる調査であり、厚生労働省によって実施されている。

1 目的

調査の目的は、主要産業に雇用される常用労働者の賃金の実態を明らかにすることである。調査結果は、民間企業における賃金決定等の資料として広く利用されているほか、最低賃金の決定、労災保険の年金額の算定の資料として、また、雇用・労働に係る国の政策検討の基礎資料として活用されている。

2 沿革

1948年に個人別賃金調査として開始されて以来毎年実施されている。

3 期日

調査は毎年7月1日から31日までの間に実施される。

勤め先における呼称、年齢、勤続年数などについては毎年6月30日現在、実労働日数、きまって支給する現金給与額などについては6月30日までの1か月間について調査される。ただし、給与締切日の定めがある場合には、それぞれ、6月の最終給与締切日現在、それ以前の1か月間について調査される。

また、前年1年間の賞与、期末手当等特別給与額については、1月1日から1年間の給与額が調査される。ただし、この期間の中途において雇用された労働者のうち、7月1日以前に雇用された者については、雇用の日から1年間、7月2日以降に雇用された者については、雇用の日から6月30日までの給与額が調査される。

4 対象

調査地域は全国であるが、一部の島しょ地域が除外されている。

賃金構造基本調査では、事業所と労働者を対象に調査をしている。調査対象となる事業所は、毎月勤労統計調査と同一の産業に属する常用労働者5人以上の民営企業に係る事業所と10人以上の国営または地方公営企業に係る事業所約8万である。調査対象となる労働者はこれらの事業所に属する約170万人である。

5 系統

厚生労働省と報告者の間でオンラインにより行われる。

紙の調査票の配布を希望する企業・事業所に対しては、厚生労働省が民間事業者に委託して調査票を配布・回収する。ただし、必要に応じて都道府県労働局も

しくは労働基準監督署の職員または調査員が回収することもある。
記入内容は独立行政法人統計センターに送られる。

6 調査事項
賃金構造基本調査では、事業所と労働者に関して調査をしているが、それらの調査事項は以下のとおりである。
(1) 事業所に関する事項
名称および所在地、主要な生産品の名称または事業の内容、事業所の常用労働者数、事業所の臨時労働者数、企業全体の常用労働者数
(2) 労働者に関する事項
労働者の男女の別、雇用形態、就業形態、最終学歴、新規学卒者の区別、年齢、勤続年数、役職（10人以上規模のみ）、職種、経験年数、実労働日数、所定内実労働時間数、超過実労働時間数、きまって支給する現金給与額、超過労働給与額、昨年1年間の賞与・期末手当等特別給与額、在留資格

7 結果の公表
翌年の3月頃に、ウェブサイト等から公表される。
通常、労働者全体の賃金の水準や増減の状況をみるときは毎月勤労統計調査が用いられ、男女、年齢、勤続年数や学歴などの属性別にみるとき、また、賃金の分布をみるときは、賃金構造基本調査が用いられる。
対象となる労働者の条件が異なると賃金が異なるのは当然である。たとえば、年月を経ると労働者が高齢化して賃金も上昇する傾向があるが、それを賃金水準の上昇とみなすのは問題である。このため、賃金を時系列または地域間で比較するには、男女別、年齢別、学歴別などにより労働者の条件をできるだけ均一にすることが必要である。

8 用語の説明
(1) 標準労働者
学校卒業後直ちに企業に就職し、同一企業に継続勤務しているとみなされる労働者を**標準労働者**としている。具体的には、年齢から勤続年数を引いた数が、最終学歴が中学卒の場合は15、高校卒の場合は18、高専・短大卒の場合は20、大学卒の場合は22または23となる者としている。通常、学歴が高くなるほど勤続開始年齢が高くなるので勤続年数が同じになるように調整している。
(2) 労働費用
労働者を雇用することによって生ずる一切の費用であり、現金給与のほか、退職金、法定福利費、法定外福利費、募集費、教育訓練費その他の労働費用（現物

給与など）が含まれる。
(3) フィリップス曲線
　一般に、賃金の変化率と失業率の間にはトレードオフの関係、すなわち、賃金の変化率の低下と同時に失業率の上昇が生じることが経験的に知られている。横軸に失業率、縦軸に賃金変化率をとり、グラフに表すと右下がりの曲線を描くことができる。これはその発見者の名にちなんで**フィリップス曲線**と呼ばれている。

9 調査対象の選定方法
　事業所を第1次抽出単位、労働者を第2次抽出単位とする層化2段抽出法による。
　事業所の層は、都道府県別、産業別および事業所規模別に定められており、事業所の抽出率は層ごとに定められる。
　労働者の抽出率は、100人以上の事業所については産業および事業所規模別に、100人未満の事業所については事業所規模別に定められている。

10 結果の推計方法
　抽出率の逆数を乗じて拡大する線形推定による。

5. その他のデータ

　国勢調査の中で、労働に関する調査事項は多く、2020年調査では就業状態、所属の事業所の名称および事業の種類、仕事の種類、従業上の地位、従業地または通学地、従業地または通学地までの利用交通手段が調査された。
　このほか、入職、離職、転入の状況について調査する**雇用動向調査**、全国約600か所の公共職業安定所で扱う求人、求職、就職の状況（新規学卒者に関するものを除く。）を毎月とりまとめ、求人倍率等の指標を作成し、公表している**職業安定業務統計**があり、いずれも厚生労働省によって実施されている。
　求人倍率は、1人の求職者に対してどれだけの求人があるかを示す指標であり、公共職業安定所で扱う求職数および求人数のデータから、次のように計算される。
　有効求人倍率 = 有効求人数 ÷ 有効求職者数
　新規求人倍率 = 新規求人数 ÷ 新規求職者数
　ここで、**新規求人**とは、その月に受け付けた求人であり、前月から未充足のまま繰り越された求人と新規求人との合計を**有効求人**という。また、**新規求職**は、その月に受け付けた求職申し込みであり、**有効求職**とは、前月から繰り越してひきつづき求職している人と新規求職者との合計をいう。有効求人倍率は、動きが安定していて方向が読みやすく、また、景気の動向とほぼ一致した動きを示す。求人倍率としては、通常、有効求人倍率が用いられる。一方、新規求人倍率は労働

力需給状況の変化の先行的な動きをとらえることができるとされている。

　また、このほか、以下に掲げた、有効求人のうちのどれだけ充足したかを示す**充足率**、有効求職のうちどれだけ就職したかを示す**就職率**もよく用いられる指標である。

　充足率＝充足数÷有効求人数
　就職率＝就職件数÷有効求職者数

　本章では雇用に関する調査と賃金に関する調査を取り上げたが、労働については、ほかに、休日制度、職場環境などの労働条件、労使関係、労働災害などに関する調査も存在する。

　なお、労働・賃金に関する意識調査も多数存在するが、就職情報会社が学生などを対象に人気企業、就職意識などを調査したものが対象数数万～数十万と大規模である。

第6章　生活・行動

　生活、行動には仕事、学習、消費、食事、睡眠など様々な側面がある。人間の生活・行動は経済学にとっても重要であり、近年行動経済学が注目されている。ここでは、特定の側面に特化するのでなく、日常的な生活・行動の状況を包括的に把握する調査について概観する。

1. 国民生活基礎調査

　国民生活基礎調査は、国民の生活で不可欠な健康、所得、福祉などの状況について世帯票、健康票、所得票、貯蓄票および介護票の5種類の調査票で把握するものであり、厚生労働省が所管している。

1 目的
　保健、医療、福祉、年金、所得、介護など国民生活の基礎的事項を調査し、厚生行政の企画および運営に必要な基礎資料を得ることである。

2 沿革
　この調査は、従来の厚生行政基礎調査、国民健康調査、国民生活実態調査、保健衛生基礎調査を統合したものである。1986年を初年として3年ごとに大規模な調査が実施され、中間の各年は小規模な調査が実施されてきた。小規模調査の調査票は世帯票と所得票のみである。

　なお、1995年の調査では、阪神・淡路大震災の影響により、兵庫県については調査が実施されなかった。2011年の調査では、東日本大震災の影響により岩手県、宮城県および福島県について調査が実施されなかった。そのうち福島県は2012調査からも除外されている。2016年の調査では、熊本地震の影響で熊本県が除かれた。さらに、2020年には新型コロナウイルスの影響で調査そのものが中止された。

3 期日
　最近では、世帯票、健康票および介護票については、2022年6月2日、所得票および貯蓄票については、2022年7月14日に大規模な調査が実施された。ただし、所得については、2021年1月1日から12月31日までの1年間の所得が、貯蓄・借入金については、2022年6月末日現在の貯蓄額・借入金残高が調査された。

4 対象

　2022年調査においては、世帯票および健康票については、国勢調査区から層化無作為抽出された5,530調査区、介護票については、この5,530調査区から層化無作為抽出された2,500調査区、所得票および貯蓄票については、この5,530調査区に設定された単位区から無作為に抽出された2,000単位区が対象となった。ここで、**単位区**とは、推計精度の向上、調査員の負担平準化等を図るため、一つの国勢調査区を約30世帯になるように地理的に分割したものである。

　上記の調査地域内のすべての世帯、世帯員が調査対象であり、世帯票、健康票については、それぞれ約27万7千世帯、約68万8千人、介護票については、**介護保険法**（1997年法律第123号）の要介護者および要支援者約6千人、所得票、貯蓄票については、それぞれ約5万世帯、約12万5千人となる。

5 系統

　2022年調査の調査系統は次のとおりである。
①厚生労働省は国勢調査の調査区のなかから調査地域を選定し、都道府県に指定
②都道府県は、世帯票、健康票および介護票については保健所に、所得票および貯蓄票については福祉事務所に、調査地域を指定
③保健所および福祉事務所は、その地域の実情を把握し、担当指導員および調査員を配置、指導
④調査員は、調査地域の境界の確認を行うとともに、地域内のすべての世帯に対して調査票を配布して記入を依頼
⑤世帯は調査票に必要事項を記入
⑥記入内容はオンラインで保健所または福祉事務所に提出。調査票は調査員が回収することも可能で、その場合には調査員が自宅で審査・整理して保健所または福祉事務所に提出。いずれも困難な世帯は厚生労働省に郵送
⑦保健所または福祉事務所は、提出された調査票を審査して世帯票、健康票および介護票については7月21日までに、所得票および貯蓄票については8月16日までに厚生労働省へ提出

6 調査事項

　2022年調査の調査事項は次のとおりである。
(1) 世帯票
　(a) 世帯に関する事項
　世帯員数、世帯を離れている人の状況、住居の種類と建て方、室数、床面積、家計支出総額

(b) 世帯員に関する事項

最多所得者、世帯主との続柄、男女の別、出生年月、配偶者の有無、医療保険の加入状況、公的年金・恩給の受給状況、（小学校入学前の人について）乳幼児の保育状況、（6歳以上の人について）手助けや見守りの要否、（手助けや見守りを必要としている人について）日常生活の自立の状況、自立の状況になってからの期間、要介護認定の有無、主に手助けや見守りをしている方の同別居の状況・続柄・男女の別・年齢階級、（15歳以上の人について）教育の状況、公的年金の加入状況、別居している子の有無、最も近くに住んでいる別居の子の居住場所、5月中の仕事の状況、（仕事をしている人について）1週間の就業日数等、就業開始時期、仕事の内容、勤めか自営かの別、勤め先での呼称、企業規模・官公庁の別、（仕事をしていない人について）就業希望の有無、希望する就業形態、すぐに仕事につけるか、仕事を探しているか、仕事につけない理由

(2) 健康票

男女の別、出生年月、入院・入所の状況、自覚症状、治療状況、通院・通所の状況、傷病名、（6歳以上の人に）日常生活への影響、1日中床についた日数、健康状態、苦労していること、（12歳以上の人に）悩みやストレスの状況、悩みやストレスの相談状況、1日の平均睡眠時間、睡眠による休養の充足度、精神状況、（20歳以上の人に）飲酒頻度・量、喫煙頻度・量、健康のために実行していること、健康診断の受診状況、未受診の理由、がん検診の受診状況、（20歳以上の女性の人に）子宮・乳がん検診の受診状況

(3) 所得票

男女の別、出生年月、2021年の所得の種類別金額、2021年の所得税の課税状況、2022年度の住民税の課税状況、2021年の社会保険料支払状況、2021年度の固定資産税・都市計画税、自動車税等の支払状況、2021年の企業年金、個人年金等の掛金の支払状況、2021年の仕送り状況、（世帯主または世帯を代表する人に）暮らしの状況

(4) 貯蓄票

世帯に関する貯蓄の種類、貯蓄現在高、貯蓄の増減の状況、借入金残高

(5) 介護票

回答者の区分、介護が必要な人の男女の別および生年月日、要介護度、介護が必要となった原因、1日の平均的な介護時間、受けている介護内容と介護者、5月中に利用した介護サービス・自己負担額・介護費用の出所、（介護サービスを利用しない人に）介護サービスを受けない理由、（65歳以上の介護が必要な人について）市町村民税課税状況

7 結果の公表

2022年調査は、2023年7月に公表され、2024年3月に報告書が刊行された。調査結果は都道府県別にも表示された。

8 用語の説明

(1) 等価所得

等価所得とは、世帯の所得を世帯人員数の平方根で割って調整したものをいう。世帯人員数そのもので割らないのは、世帯人員が少ないほうが生活コストが割高になることに配慮しているからである。

(2) 可処分所得

可処分所得とは、所得から所得税、住民税、社会保険料、固定資産税・都市計画税および自動車税等を差し引いたものである。「所得」はいわゆる税込みで、「可処分所得」は手取り収入に相当する。

(3) 等価可処分所得

等価可処分所得とは、以下により算出した所得である。

等価可処分所得＝（総所得－拠出金－掛金－仕送り）÷世帯人員数の平方根

(4) 相対的貧困率

貧困線に満たない世帯員の割合をいう。**貧困線**とは、等価可処分所得の中央値の半分の額をいう。

なお、相対的貧困線のほかに、国際的には絶対的貧困線も定められており、時々の購買力平価を踏まえて2024年3月時点においては1人1日2.15ドルで生活することを意味し、それ未満で生活することを絶対的貧困と呼ぶ。

9 調査対象の選定方法

(1) 世帯票・健康票

抽出方法は、国勢調査区を抽出単位とする層化集落抽出法である。集落抽出法を用いる公的統計調査は珍しい。調査区の層化は、産業および人口集中・非集中の区分により行われる。調査区は、大規模調査年には都道府県・指定都市ごとに一定数が系統抽出され、簡易調査年には都道府県・指定都市ごとの国勢調査区数に比例するように系統抽出されている。

(2) 所得票・貯蓄票

抽出方法は、世帯票のために抽出された国勢調査区から更に調査区が抽出され、各調査区から1単位区が無作為抽出される層化3段抽出法である。**単位区**とは、国勢調査の基本単位区のように、統計精度の向上、調査員の負担平準化等を図るため、一つの国勢調査区を地理的に分割したものである。

(3) 介護票

抽出方法は、世帯票のために抽出された国勢調査区から更に調査区が抽出される層化2段抽出法である。調査区は、都道府県・指定都市ごとの世帯票の調査区数に比例するように系統抽出されている。

🔟 結果数値の推定方法

集落抽出法が用いられているので、基本的には報告された値の合計がその調査区の推定値となる。

2022年調査では、人数については2022年6月1日現在推計人口を基準とする比推定が用いられた。基準人口は都道府県・東京都区部・指定都市別に区分されたものである。また、所得、貯蓄等の金額についても同じ区分で国勢調査の調査区数を基準とする比推定が用いられた。

2. 社会生活基本調査

戦後、日本では経済の高度成長の結果、国民の生活水準はいちじるしく向上した。しかし、1970年代頃から経済成長率では表わせない生活の質の向上が議論されるようになった。

社会生活基本調査は、このような時代の産物であり、それまでは仕事中心の調査が主流をなす中で、生活時間の配分と自由時間の活動という視点から、むしろ余暇活動に焦点を当てるものとして誕生した。同調査は総務省統計局が所管している。

国際的には Time Use Survey として知られる調査である。

1️⃣ 目的

調査の目的は、国民の生活時間の配分および自由時間における主な活動（スポーツ、学習・研究、社会的活動、趣味・娯楽、旅行・行楽）について調査し、国民の社会生活の実態を明らかにすることにより、各種行政施策の基礎資料を得ることである。

調査結果は、社会福祉施策の立案に加え、余暇時間の増加に伴い利用が増えている様々なレジャー・文化施設の充実などゆとりある豊かさを求める施策などの立案、さらには、余暇活動の活性化、家事労働やボランティアなどの実態把握に用いられている。無償労働の貨幣評価の基礎データとしても利用されたことがある。特に、最近は、仕事と生活の調和（ワーク・ライフ・バランス）の推進、男女共同参画、少子高齢化対策の検討のための基礎資料としても利用されている。

2 沿革

社会生活基本調査は、国民生活を経済的側面だけでなく、総合的に把握し評価しようという動きを背景に、1976年から5年ごとに実施されている。

3 期日

調査期日は10月に存在し、最近では2021年10月20日現在で調査された。

曜日ごとの結果を集計するため、標本調査区が無作為に8つのグループに分けられ、グループごとに10月16日から10月24日までの9日間のうち連続する2日間が調査日として指定された。

4 対象

2021年調査では、約9万1,000世帯の10歳以上の世帯員約19万人が対象とされた。

5 系統

2021年調査の系統は次のとおりである。
①総務省統計局は国勢調査の調査区のなかから調査地域を選定し、都道府県に指定
②都道府県は、その調査区の実情を把握し、担当調査員を配置、指導
③調査員は、担当調査区の境界の確認を行うとともに、調査区内のすべての世帯を把握して世帯名簿を作成し、指導員に提出
④指導員は、世帯名簿を用い、指定された抽出方法により調査を行う世帯を選定して調査員に指定
⑤調査員は、指定された世帯を調査日前に訪問し、個々の世帯ごとに調査票を配布して記入を依頼
⑥調査票を配布された個々の世帯は、必要な事項を記入し、オンラインにより、または調査員に提出
⑦調査票を回収した調査員は、自宅で審査・整理して指導員に提出
⑧指導員は、提出された調査票を審査して独立行政法人統計センターに提出

6 調査事項

社会生活基本調査で最も重要な調査事項は生活時間の配分である。調査票は2種類存在し、調査票Aは、行動の種類が睡眠や仕事などあらかじめ20の分類に決められており、それらに対する時間を15分ごとに書き込む**プリコード方式**、調査票Bは、回答者が行動の種類と対応する時間を書き込み、回収後に分類を行う**アフターコード方式**である。調査票Aは事後の分類事務がなく、早く集計できるた

め、大規模な調査が可能となり、地域別、または個人や世帯の属性別の詳細な結果が得られる。調査票Bは分類区分を細かく設定することで、行動の詳細な把握ができるため、諸外国の生活時間との比較が可能となる。

2021年調査における具体的な調査事項は以下のとおりである。

(1) 調査票A

（a）すべての世帯員に関する事項

世帯主との続柄、出生の年月または年齢、在学、卒業等教育または保育の状況

（b）10歳未満の世帯員に関する事項

育児支援の利用の状況

（c）10歳以上の世帯員に関する事項

氏名、男女の別、配偶の関係、ふだんの健康状態、学習・研究活動の状況、ボランティア活動の状況、スポーツ活動の状況、趣味・娯楽活動の状況、旅行・行楽の状況、生活時間の配分

スマートフォン等情報通信機器の日常生活への密着性を詳細に把握するため、生活時間配分を把握する際に、スマートフォン・パソコンなどの使用状況を15分ごとに把握できるようになっている。

（d）15歳以上の世帯員に関する事項

慢性的な病気および長期的な健康問題の状態、日常生活への支障の程度、介護の状況、就業状態、就業希望の状況、従業上の地位、勤務形態、年次有給休暇の取得日数、仕事の種類、所属の企業全体の従業者数、ふだんの1週間の就業時間、希望する1週間の就業時間、仕事からの年間収入

（e）世帯に関する事項

世帯の種類、10歳以上の世帯員数、10歳未満の世帯員数、世帯の年間収入、不在者の有無

(2) 調査票B

（a）すべての世帯員に関する事項、（b）10歳未満の世帯員に関する事項および（e）世帯に関する事項は調査票Aと同じである。他の事項は、以下のとおり、調査票Aより少し簡素化されている。

（c）10歳以上の世帯員に関する事項

氏名、男女の別、配偶の関係、ふだんの健康状態、生活時間の配分

（d）15歳以上の世帯員に関する事項

慢性的な病気および長期的な健康問題の状態、日常生活への支障の程度、介護の状況、就業状態、従業上の地位、勤務形態、年次有給休暇の取得日数、仕事の種類、ふだんの1週間の就業時間、希望する1週間の就業時間、仕事からの年間収入

7 結果の公表

2021年調査の結果のうち調査票Aについては2022年8月に、調査票Bについては2022年12月に公表された。

8 用語の説明
（1）1次活動
　睡眠、身の回りの用事、食事である。増加傾向にある。
（2）2次活動
　通勤・通学、（収入を伴う）仕事、学業（学生が学校の授業やそれに関連して行う学習活動）、家事、介護・看護、育児、買物である。減少傾向にある。
（3）3次活動
　移動（通勤・通学を除く）、テレビ・ラジオ・新聞・雑誌、休養・くつろぎ、学習・自己啓発・訓練（学業以外）、趣味・娯楽、スポーツ、ボランティア活動・社会参加活動、交際・付き合い、受診・療養、その他である。増加傾向にある。
（4）家事関連時間
　家事、介護・看護、育児、買物に要する時間である。

9 調査対象の抽出方法

2021年の調査では層化2段確率比例系統抽出法が用いられている。

まず、国勢調査の調査区のなかから約7,600調査区が抽出された。調査票Aに係る調査区と調査票Bに係る調査区は、独立に抽出が行われ、調査区数はそれぞれ7,152および424である。

まず、国勢調査の調査区が、都道府県ごとに次の基準により配列された。
①大都市圏に含まれるか否か
②人口集中地区に含まれるか否か
③市町村の人口階級
④市町村コード
⑤調査区の特性
⑥国勢調査調査区番号

ただし、調査票Bについては上記の①、④および⑥のみが基準とされた。

この配列をもとに、地域ごとに全調査区の人口が累積され、累積された人口に対して確率比例系統抽出法により、調査区が抽出された。

次に、各標本調査区について、調査員が調査区内の全世帯を訪問して作成した世帯名簿を基に乱数によって抽出起番号が決められ、調査区ごとに定められた抽出率を用いて12世帯が抽出された。

⑩ 結果数値の推定方法

　2021年調査では、基本的には、抽出率の逆数を乗じて加える線形推定による。ただし、人数や延べ時間については2021年10月1日現在推計人口を基準とする比推定が用いられた。比推定に用いる基準人口は地域別、男女別、年齢階級別に区分されたものである。

3. その他のデータ

　21世紀になり、厚生労働省が同じ調査対象を何年にもわたり追跡する**縦断調査（パネル調査）** を実施している。その中には、2001年と2010年に出生した子供の成長・発達の様子や、子育てに関する環境や意識、行動の変化を把握する調査、2002年と2012年を開始年として成年者の結婚、出産、就業等の実態および意識の経年変化の状況を把握する調査などがある。パネル調査は調査期間が長いので、調査対象の移住、死亡などにより毎年調査対象数が少なくなる傾向があり、またそれに伴う調査結果の偏りも問題となる。

　生活は個人間の多様性が大きいので、意識調査が充実している分野である。内閣府が実施している世論調査の中では、生活向上感、満足度、見通し、力点などについて調査する**国民生活に関する世論調査**、社会に対する意識や生活の中での満足度などを調査する**社会意識に関する世論調査**が、それぞれ調査対象数が1万と、比較的大規模であり、毎年実施されている。さらに、野村総合研究所は1997年以降、3年に1度、**生活者1万人アンケート調査**で1万人強を対象（回収数約1万）に価値観、人間関係などを調査している。地方自治体のなかには、各家庭の需要や意識を把握して行政に反映させるためにすべての世帯を対象に広報紙に自計式調査票を掲載することによりセンサスともいえる意識調査を実施しているところがあるが、回収率は低い。

　生活時間については、社会生活基本調査のほかに、NHK放送文化研究所が放送番組を編成するために1960年から5年に1度実施する**国民生活時間調査**がある。同調査では、テレビを見ながら他の行動を行う場合のように、二つ以上の行動を行う「ながら行動」の実態を把握することができる。同調査では1995年からそれまでのアフターコード方式からプリコード方式に変更された。

　今や生活と情報通信は切り離せない時代になってしまったが、これについては、**通信利用動向調査**から、スマートフォンやインターネットなどの利用状況を把握することができる。同調査は、通信サービスの利用状況、情報通信関連機器の保有状況等を世帯、企業の両面から把握するために総務省によって毎年実施されている。

　しかし、今や生活の中で最も身近な統計は、Googleを通じた検索に伴う該当件

数、YouTube の視聴件数や評価件数などウェブサイトの中で自動的に計算される統計であろう。情報通信を通じた行動は、簡単に大規模統計として計算され、利用者にも還元されている。

第7章　家計・価格

　世帯はそれぞれが所有する労働、土地、資本といった生産要素を企業や政府に提供することで所得を得て、それを商品（財・サービス）の消費に当てたり、貯蓄に回したりして日々の生計を営んでいる。世帯のこのような経済的側面が家計である。

　世帯の収入と貯蓄については、国民生活基礎調査の所得票と貯蓄票から把握することができる。しかし、家計には支出という側面もある。消費支出は景気動向を左右する。商品やサービスの価格を調査することも重要である。価格は消費生活に強い影響を及ぼすからである。しかも支出や価格は経済の体温計ともいえる物価の基礎データでもある。このようなことから、これらの情報を間断なく迅速に公表することに対するニーズも強い。

1. 家計調査

　家計調査は、世帯の収入と支出を調査するものであり、総務省統計局によって毎月実施されている。この調査結果によって、世帯の得た収入や貯蓄がどのようなものにいくら支出されたか、その支出の仕方が収入額や世帯人員または職業などの違いによってどう異なっているか、あるいは、地域別に所得水準、消費水準、消費構造の差異はどうなっているかなどが明らかになる。

1 目的

　調査の目的は、国民生活における家計収支の実態を毎月明らかにすることである。

　調査結果は、経済政策の基礎資料、需要予測、給与ベース算定、国民経済計算、公共料金改定、消費者物価指数のウエイトの算定など、広く利用されている。

2 沿革

　最初の近代的家計調査は1916年に高野岩三郎が主宰して実施された「東京ニ於ケル二十職工家計調査」である。初めて家計簿に世帯自身が記入する自計方式が採用された。最初の全国規模の家計調査は1926年に1年間実施され、1931年に再開された後、第2次世界大戦のさなかの1943年まで実施された。

　戦後の家計調査はGHQの指令に基づき1946年にはじめられた消費者価格調査（Consumer Price Survey）から再開された。この調査の大きな特徴は、戦前が一定の基準に該当する世帯を公募する典型調査であったのに対し、日本の公的統計

調査の中で初めて標本抽出理論に基づき調査世帯を無作為抽出する標本調査法が導入されたことであった。

　しかし、この調査は家計の購入価格しか調べていなかったため、1948年から並行して勤労者世帯収入調査が行われた。1950年頃になると、戦後経済も落ち着き、ヤミ市場や物々交換も次第に下火になってきたので、物価の調査は小売店舗から調査することとし、それに伴い同一世帯について収支両面を同時に調べる現在の家計調査に切り替えられた。1951年から消費実態調査と改称されたが、1953年からはふたたび家計調査と改称され、1962年に郡部を対象範囲に含め、1985年から無職世帯の収入についても把握するなど次第に対象範囲を拡大している。さらに、1999年からは、これまで農家経営統計調査等において調査されてきた農林漁家世帯を調査対象に含めて実施されることとなった。2002年からは、調査対象に単身世帯が含められた。また、二人以上の世帯については、新たに貯蓄・負債の保有状況および住宅などの土地建物の購入計画に関する調査が開始された。

3 期日

　調査は毎月行われる。調査世帯は、原則として6か月間継続して調査される。諸外国にも類似の調査は存在するが、日本のように毎月調査している国はまれである。

　調査票には、世帯票、家計簿、年間収入調査票、貯蓄等調査票の4種類があり、このうち、世帯票は、調査開始月に調査員が各世帯に質問し、それに基づいて調査員が記入する。家計簿は毎月前半と後半の2期に分けて記入するようになっており、記入の済んだ家計簿は半月分ずつ調査員が集める。年間収入調査票は、調査開始月の翌月の前半に調査世帯が記入開始月を含めた過去1年間の収入をまとめて記入する。

　貯蓄・負債は調査開始後3か月目の1日現在で調査される。

4 対象

　調査地域は、全国から選ばれた168の調査市町村（東京都区部は1として計算。以下同じ）のなかから更に選ばれた約1,400単位区である。**単位区**とは、国勢調査の調査区のうち隣接する二つの調査区をまとめたものであり、1単位区には約100世帯が含まれる。

　調査市は原則として交替しないが、町村は2～6年ごとに一定の方法で交替する。また、単位区は毎月12分の1ずつ交替する。さらに、調査世帯は、二人以上の世帯については6か月、単身世帯については3か月継続して調査され、順次、新たに選定された世帯と交替する**ローテーション方式**が採用されている。

　調査世帯は、調査地域のなかから選ばれた約9,000世帯である。

ただし、①学生の単身世帯、②病院・療養所の入院者、矯正施設の入所者等の世帯、③料理飲食店、旅館または下宿屋（寄宿舎を含む）を営む併用住宅の世帯、④賄い付きの同居人がいる世帯、⑤住み込みの営業上の使用人が4人以上いる世帯、⑥世帯主が長期間（3か月以上）不在の世帯、⑦外国人世帯は、世帯としての収入と支出を正確に計ることが難しいなどの理由から、除外されている。

5 系統

調査の系統は次のとおりである。
①総務省統計局は調査地域を選定し、都道府県に指定
②都道府県は、その調査区の実情を把握し、担当調査員を配置、指導
③調査員は、担当単位区の境界の確認を行うとともに、地域内のすべての住戸を把握して世帯名簿を作成し、指導員に提出
④指導員は、世帯名簿を用い、指定された抽出方法により調査を行う世帯を選定して調査員に指定
⑤調査員は、指定された世帯を調査週間の始まる前に訪問し調査票を配布して記入を依頼
⑥調査票を配布された個々の世帯は、必要事項を記入し、オンラインによりまたは調査員に提出
⑦調査員は、調査票を回収し、自宅で審査・整理して指導員に提出
⑧指導員は、提出された調査票を審査して独立行政法人統計センターへ提出

6 調査事項

(1) 世帯票

(a) 世帯について

種類、番号、最初に抽出されたか否か、住所、電話番号、世帯主の氏名、記入開始日、記入終止日、住居の所有関係、面積、居住室数・畳数、建築時期（持ち家のみ）、家族で同居していない者の数、世帯の形態、主な食事の形態、世帯人員、就業人員

(b) 世帯員について

氏名、世帯主との続柄、男女の別、年齢、就業の有無、本業の勤め先の名称・事業内容・本人のしている仕事の内容・雇用者数または使用人数・給与支給予定日、副業等の状況、在学者の学校の種別、専修学校、各種学校・塾など

(2) 家計簿

家計簿には毎月の収入と支出を記入するが、勤労者・無職以外の世帯は支出のみを記入する。それは商店などの場合、営業上の収入と家計収入を切り離してとらえることが難しいという問題があるからである。収入は、世帯主の収入ばかり

でなく、その世帯の収入すべてについて、その種類と金額を記入する。また、支出は毎日の買物や料金支払など一つ一つについて品名と用途を詳しく書き、金額と数量を記入する。記入欄は、①口座自動振替による支払、②口座への入金（給与・年金等）、③現金収入または現金支出、②クレジット・電子マネーなど現金以外による購入に区分されている。

(3) 年間収入調査票

家計簿から得られる収入については、個人営業世帯などの世帯については毎月の収入を調査していないこと、調査世帯が6か月で交替するため、各世帯が1年間にどれだけ収入があったのかわからない、という問題がある。これらを補うため、全世帯について世帯全体の過去1年間の収入を定期収入、賞与・その他の臨時収入、営業年間利益、内職年間収入、公的年金・恩給、農林漁業収入、その他の年間収入、現物消費の見積り額（自家産物や自分の店の商品を家計で消費した分の見積り額）別に調査している。

(4) 貯蓄等調査票

二人以上の世帯のみが対象である。

調査事項は、預貯金現在高、借入金あるいは月賦・年賦の未払残高、住宅などの建物や土地を購入したり建物を新築する計画である。

なお、預貯金現在高は、①ゆうちょ銀行を含む銀行、信用金庫・信用組合・農業共同組合・労働金庫等の金融機関、②生命保険・損害保険・簡易保険、③貸付信託・金銭信託、④株式、⑤債券、⑥投資信託などの種類別に調査している。借入金あるいは月賦・年賦の未払残高は、住宅の購入・建築・増改築または土地の購入のためとそれ以外に区分し、それぞれ公的機関、民間機関、その他別に調査している。また、月賦・年賦の未払残高も調査している。

7 結果の公表

二人以上の世帯の調査結果は、主に、地域・世帯・収入区分ごとに1世帯当たり1か月間の収支金額にまとめられ、原則として調査月翌々月上旬に公表される。また、年平均の結果をまとめた年報が翌年6月頃に刊行される。

単身世帯および総世帯の家計収支に関する結果ならびに二人以上の世帯の貯蓄・負債に関する結果は、四半期ごとに公表される。

8 用語の説明

(1) 用途分類・品目分類

用途分類とは、世帯で購入した財やサービスを、その世帯で使うか、それとも贈答用や接待用として他の世帯のために使うかという使用目的によって分類する方法であり、交際のための費用（世帯外の人に対して支出する贈答、接待費）だ

けをまとめて交際費に分類する。一方、**品目分類**とは、こうした使用目的にかかわらず、同じ財やサービスは同じ項目に分類する方法である。たとえば、贈答用のメロンに対する支出が属する上位分類は、用途分類なら交際費、品目分類なら食料になる。

これらの分類を行うために収支の内容ごとにコード付けが行われる。一例として図14にぎょうざの収支コードを示す。ぎょうざを購入したのであれば、生ぎょうざであっても、焼きぎょうざであっても「ぎょうざ」に分類される。しかし、家庭で調理をするためにぎょうざの皮を購入したのであれば「ぎょうざ」でなく「他の麺類」になる。また、ぎょうざを飲食店で外食すると、「中華食」になる。

【図14】家計調査におけるぎょうざの収支コード

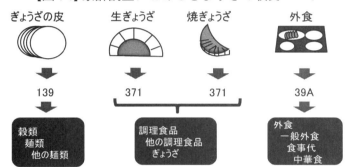

(2) 実質化

収入や支出の本当の伸びを見るために、これらから消費者物価の上昇分を取り除いたものであり、生活が実質的に向上した度合いを示す。

(3) 実収入

いわゆる税込み収入で、世帯員全員の現金収入を合計したものである。経常収入と特別収入からなり、経常収入には勤め先からの収入、事業・内職収入、財産収入、社会保障給付、仕送り金が含まれ、特別収入には受贈金、その他の実収入が含まれる。なお、給与などの銀行振込みについては、給与を現金でもらってすぐに預貯金したとみなし、金額を家計収入として計算し、その後、銀行などへ預け入れたという形をとっている。ポイントは、その利用時点で利用分だけ発生する収入に相当するものとして扱われている。

(4) 消費支出

いわゆる生活費のことで、食料、衣料、電気・ガスなど日常の生活を営むに当たり必要な物やサービスを購入して実際に支払った金額をいう。消費支出を大別すると、食料、住居、光熱・水道、家具・家事用品、被服および履物、保健医療、交通・通信、教育、教養娯楽、その他の消費支出となる。

なお、用途が明確な定期券、ビール券などは、その都度消費を把握するのが困難なため、購入時に消費したものとみなす。また、汎用性のある商品券などは現金とみなし、使用時に消費したものとする。さらに、クレジットカードでの購入は月賦または掛買いとして取り扱っている。電子マネーは決済手段の一つとして現金と同様の取扱いとされている。現金を電子マネーに変えるチャージについては、変化がないものとして、収入や支出に影響はない。

(5) 非消費支出
税金や社会保険料など消費者の自由にならない支出である。

(6) 実支出
消費支出と非消費支出を合計した支出である。実支出以外の支出は、いわば「見せかけの支出」で、預貯金、投資、財産購入、借金返済など、手元から現金が支出されるが、一方で資産の増加あるいは負債の減少を伴うものである。住宅の購入や住宅ローンの返済などはここに含まれる。

(7) 支出弾力性
食料や被服などある費目の**支出弾力性**とは、消費支出総額が1％変化する時に各商品が何％変化するかを示した指標である。

一般に、二つの経済量の関連を、増加率または減少率の比で表わした値を**弾力性**または**弾性値**と呼ぶ。たとえば、所得が1％変化する時にある費目の支出が何％変化するかを表した指標は**所得弾力性**と呼ばれる。ある消費財の価格が1％変化するときの需要の変化率は**価格弾力性**と呼ばれる。

支出弾力性が1未満の支出項目は**基礎的支出**（必需品的なもの）に分類され、食料、家賃、光熱費、保健医療サービスなどが該当する。1以上の支出項目は選択的支出（贅沢品的なもの）に分類され、教育費、教養娯楽用耐久財、月謝類などが該当する。

(8) 平均消費性向
可処分所得に対する消費支出の割合である。

(9) 黒字
黒字は**実収入**から**実支出**を差し引いた額であり、マイナスの場合は赤字を意味する。これは、可処分所得から消費支出を差し引いた額に等しい。また、黒字は、預貯金、保険、財産、有価証券、繰越金などの純増額と借金、月賦、掛買いなどの純減額との合計でもある。

(10) 黒字率
可処分所得に対する黒字の割合である。

(11) エンゲル係数
消費支出に占める食料費の割合で、エンゲル係数が低いほど生活水準は高いとされる。

(12) 消費動向指数：Consumption Trend Index（CTI）
（a）世帯消費動向指数（CTIミクロ）
毎月の家計調査の結果に、後述する家計消費状況調査および家計消費単身モニター調査の結果を合成した支出金額について、基準年の消費支出の平均月額を100とする指数で表したものである。（図15）

（b）総消費動向指数（CTIマクロ）
日本における世帯全体の消費支出総額（GDP統計の家計最終消費支出に相当）の推移を推測する指数である。当月の消費支出総額について基準年の消費支出総額の平均月額を100とする指数で表している。毎月の世帯消費動向指数、サービス産業動向調査結果、商業動態統計調査結果、第3次産業活動指数および鉱工業指数の動向から、季節調整済みの家計最終消費支出に相当する消費支出総額の推移を時系列回帰モデルによって推測している。世帯数の増減の影響が含まれ得る。なお、サービス産業動向調査と商業動態統計調査は第9章で、第3次産業活動指

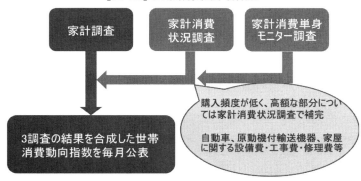

【図15】世帯消費動向指数

【図16】総消費動向指数

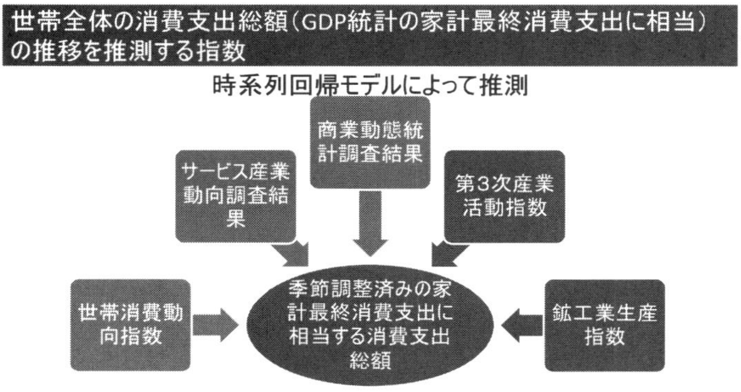

数と鉱工業指数は第15章で説明する。(図16)
(13) 五分位
　五分位階級とは、すべての世帯を毎月の実収入(現金収入)、世帯主の定期収入、世帯の年間収入などにより収入の低い方から高い方へと順番に並べ、それを世帯数の上で5等分して五つのグループをつくった場合の各グループのことで、収入の低いほうから高いほうへと、順次**第Ⅰ、第Ⅱ、第Ⅲ、第Ⅳ、第Ⅴ五分位階級**という。各階級について収入と支出をまとめたものが五分位階級別結果であり、所得階層別に家計収支を見たり、所得の格差の動きを見たりする際に有用である。

(14) 中位数、最頻値
　貯蓄現在高階級別世帯分布は平均値よりかなり低い方に偏った分布になっている。二人以上の世帯について2022年の貯蓄現在高について見ると、1世帯当たり平均の貯蓄保有額は1,901万円とかなり高くなっているが、すべての世帯の真ん中に位置する世帯の貯蓄保有額である中位数は1,091万円、最も多くの世帯が位置する階級である最頻値は100万円未満となっている。

9 調査対象の選定方法
　層化3段抽出法による。ここでの「3段」抽出の意味は、まず市町村を抽出して、各市町村から単位区を抽出し、各単位区から世帯を抽出することである。

　まず、市町村の168層への区分の仕方は次のとおりである。

　都道府県庁所在市および政令指定都市については各市を1層とし52層に分けられている。人口5万以上の市については直近の国勢調査の結果に基づき、地方、都市階級に分けられた後、①人口集中地区人口比率、②人口増減率、③産業的特色、④世帯主の年齢構成を考慮して74層に分けられる。また、人口5万未満の市および町村は、地方で分けた後、①地理的位置(海沿い、山地等)、②世帯主の年齢構成を用いて計42層に分けられる。原則として、各層から調査対象世帯数(二人以上の世帯数)をウエイトとした確率比例抽出法にて1市町村が抽出される。

　次に調査市町村ごとに単位区が無作為に選ばれる。

　調査員は、1人で2単位区を受け持って、それぞれの単位区の全居住世帯の名簿が作成される。指導員はその名簿をもとに、二人以上の世帯については各単位区の調査対象世帯の中から6世帯が選定され、単身世帯についてはいずれかの単位区から1世帯が無作為に選定され、交代後は他方の単位区から1世帯が無作為に選定される。このとき、日頃から家計簿をつけている世帯だけが選ばれるのでなく、ふだん家計簿をつけていない世帯も含めたなかから選ばれる。調査世帯は日々家計簿をつけてもらう必要があるため、世帯の事情により調査を引き受けられない場合もあるが、その代替の世帯も偏りの起こらないように無作為に抽出される。

10 結果数値の推定方法

調査事項ごとの推定値は調査世帯の当該項目の値を加重平均することにより求められる。加重平均のウエイトは、市町村内の調査世帯数に対する調査世帯になりうるすべての世帯数の比率などにより作成される。また、年平均は月別結果の単純平均として算出される。

2. 全国家計構造調査

家計調査は、その主な目的が全国平均の家計収支の時系列の動きを明らかにすることにあるため、調査規模が小さく、詳細な構造分析を行うことができない。**全国家計構造調査**は、家計調査からは得られない詳細な結果を得るために、標本数を増やし、世帯属性別あるいは地域別に家計の実態を種々の角度から分析できるように設計されており、総務省統計局が所管している。この調査は、①世帯票、②家計簿、③個人収支簿、④耐久財等調査票、⑤年収・貯蓄等調査票により行われる。

1 目的

調査の目的は、家計における消費、所得、資産および負債の実態を総合的に把握し、世帯の所得分布および消費の水準、構造等を全国的および地域別に明らかにすることである。

調査結果は、国民生活の諸問題に対し国や地方公共団体が行う諸施策の企画・立案、国民経済計算における国民所得などの推計や家計資産のマクロ推計、生計費の地域差の測定、消費者物価の地域差指数の作成などに利用されている。

2 沿革

1959年調査以来、全国消費実態調査として5年ごとに実施されてきた。

2019年に名称を一新して全国家計構造調査を実施するに当たり、以下の見直しが行われた。

- 単身世帯の標本規模を拡大し、単身モニター調査を統合し、単身世帯および単身世帯を含めた総世帯の統計精度を向上し、統計を充実
- 世帯票、年収・貯蓄等調査票、家計簿を調査する基本調査と、家計簿を除いて調査する簡易調査の2つの区分で実施し、所得・家計資産に関する統計精度を向上
- 家計簿の記入期間を3か月から2か月に短縮し、耐久財等調査票を廃止するとともに、家計調査の調査世帯を組み込むことにより、報告者負担を軽減し、調査事務を合理化・省力化

3 期日

最近では、2019年において10月および11月の2か月間について実施された。

4 対象

市町村調査と都道府県調査の2種類がある。同時期に実施されている家計調査の調査内容を適用することにより報告者の負担の総量を減らしている。

(1) 市町村調査

約40,000世帯を対象に家計簿、年収・貯蓄等調査票および世帯票の3種類の調査票に回答を依頼する**基本調査**と、約44,000世帯を対象に年収・貯蓄等調査票および世帯票の2種類の調査票に回答を依頼する**簡易調査**が存在する。

(2) 都道府県調査

家計調査に回答している世帯に以下のいずれかの調査を依頼している。

(a) 家計調査世帯特別調査

約6,000世帯を対象に基本調査の調査事項のうち、家計調査と重なる事項を除いた項目を1枚(両面)の調査票で調査する。

(b) 個人収支状況調査

約900世帯を対象に、通常の家計調査では捉えきれていない個人の判断で自由に使えるお金の収支内容を、世帯員1人1人に配布する個人収支簿で調査する。

これらの調査と全国単身世帯収支実態調査を縦横に利用することにより、所得資産、家計総合集計、個人収支集計が行われ、それらを図示すると図17のようになる。

【図17】全国家計構造統計の調査・集計体系

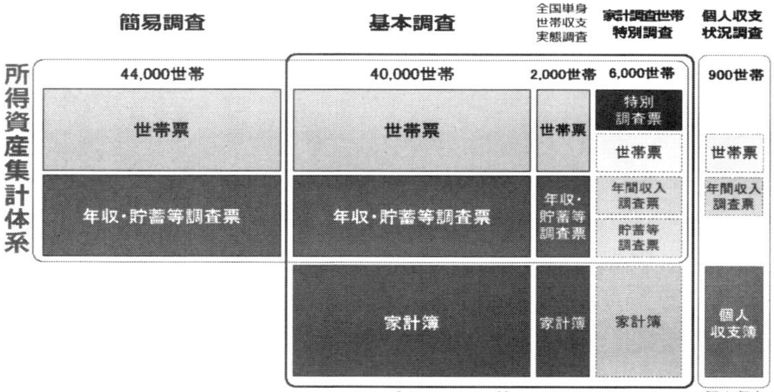

出典:2019年全国家計構造調査 家計収支に関する結果 結果の概要、総務省統計局、2021年

5 系統

　家計調査は市町村を経由することなく都道府県のみを経由して行われているが、全国家計構造調査は調査対象数が多いので市町村を経由する。2019年の市町村調査は以下のとおりである。

①総務省統計局は国勢調査の調査区のなかから調査をする調査区を選定する方法を都道府県に指定
②都道府県は国勢調査の調査区のなかから調査をする調査区を選定し、市町村に指定
③市町村は、その調査区の実情を把握し、担当調査員を配置、指導
④調査員は、担当調査区の境界の確認を行うとともに、調査区内のすべての世帯を把握して世帯名簿を作成し、指導員に提出
⑤指導員は、世帯名簿を用い、指定された抽出方法により調査を行う住戸を選定して調査員に指定
⑥調査員は、指定された世帯を調査日前に訪問し、個々の世帯ごとに調査票を配布して記入を依頼
⑦調査票を配布された個々の世帯は、必要な事項を記入し、オンライン、郵送または調査員に提出することによって回答
⑧調査員は、必要に応じて調査票を回収し、自宅で審査・整理して指導員に提出
⑨指導員は、提出された調査票を審査して独立行政法人統計センターへ提出
　都道府県調査については家計調査と同様である。

6 調査事項

　2019年調査における世帯票の調査事項は世帯構成、世帯員の就業・就学状況、現住居の状況、現住居以外の住宅・土地（住宅用）の保有状況、毎月の家賃支払

【表1】全国家計構造調査　調査事項

	基本調査	簡易調査	家計調査世帯特別調査	個人収支状況調査
収入および支出に関する事項	○		△	○
年間収入および仕送り金に関する事項	○	○	○	△
貯蓄現在高に関する事項	○	○	○	○
借入金残高に関する事項	○	○	○	○
世帯および世帯員に関する事項	○	○	○	△
現住居に関する事項	○	○	△	△
現住居以外の住宅および宅地に関する事項	○	○		
毎月の家賃支払額、毎月の住宅ローンの返済額	○	○	△	△

△は家計調査から情報を入手

額、毎月の住宅ローンの返済額である。家計簿と個人収支簿では調査期間中の収入および支出に関する事項が調べられ、年収・貯蓄等調査票では年間収入および仕送り金に関する事項、貯蓄現在高に関する事項、借入金残高に関する事項が調べられた。家計調査世帯特別調査では世帯票を簡素化した内容に加え、要介護・要支援認定の状況、年間収入および仕送り金に関する事項が調べられた。

調査事項を4種の調査ごとに整理すると表1のとおりである。

7 結果の公表

2019年調査の結果は、2021年2月の家計収支に関する結果を皮切りに2023年3月までに順次公表された。

8 用語の説明

帰属家賃とは、実際には家賃の受払いを伴わない自己所有住宅（持ち家住宅）について、通常の借家や借間と同様のサービスが生産され消費されるものと仮定して、それを市場価格で評価した家賃である。帰属家賃の意義は第17章で解説する。

9 調査対象の選定方法

市町村調査では、層化3段抽出法を基本としているが、一段目の抽出で、市部ではすべての市、東京23区が対象となるが、郡部では約200の町村が抽出される。したがって、厳密には市部では層化2段抽出法となる。2段目の抽出では、各市町村から国勢調査の調査区が無作為に抽出され、隣接した調査区と併せて**調査単位区**が設定される。基本調査では、約100世帯ごとに、簡易調査では約50世帯ごとに地域を区切って調査単位区が選定される。3段目の抽出では、各調査単位区から二人以上世帯が10世帯、単身世帯が2世帯無作為に抽出される。

家計調査世帯特別調査では、調査を実施する年の11月1日現在、家計調査を行っている市町村のうち、所定の一般単位区および寮・寄宿舎単位区において11月が家計調査の家計簿の記入期間となっている世帯がすべて調査世帯となる。

また、個人収支状況調査では、家計調査の家計簿の記入が調査を実施する年の9月または10月に終了した二人以上の世帯の中から、調査単位区ごとに2世帯が調査世帯として無作為抽出される。

10 結果数値の推定方法

2019年調査では、調査事項ごとの推定値は調査世帯の当該項目の値を加重平均することにより求められる。加重平均のウエイトは、市町村内の調査世帯数に対する調査世帯になりうるすべての世帯数の比率などにより作成される。とくに単

身世帯については、2019年労働力調査による地方別、男女別、年齢階級別単身世帯数が用いられる。

3. 小売物価統計調査

次に、価格に関する調査のなかから代表的なものを紹介する。日常生活の中で価格が強く意識されるのは、小売店で食料品、衣料品、家具、電気製品、医薬品、身の回り品などの商品を購入したり、スマートフォンの通信料、理髪料、洗濯代、授業料などのサービス料金の支払をするときである。**小売物価統計調査**は、商品の小売価格、サービス料金および家賃を毎月調査しているもので、総務省統計局が所管している。同調査は、商品の小売価格とサービスの料金を調査する**価格調査**と家賃を調査する**家賃調査**に区分される。また、価格調査は、調査員が目で見た情報を収集する観察調査が取り込まれている。

厳密にいうと、上記は小売物価統計調査の動向編であり、他に地域別の価格水準や、店舗形態による価格差を提供するための構造編が存在する。本節は動向編を中心に解説し、構造編に言及する必要がある場合にはその旨特記することにする。

◨ 目的

調査の目的は、国民の消費生活上重要な商品の小売価格、サービス料金および家賃を全国的規模で直接店舗などから調査して、市町村別の価格資料を得るとともに、これに基づいて第15章で解説する消費者物価指数その他物価に関する資料を作成し、消費生活に関する経済諸施策の基礎資料を提供することである。

◪ 沿革

小売物価は、戦後しばらくの間、公定価格とヤミ価格が併存する中で売る側から調べることができなかった。このため、この間は消費者価格調査により買う側から調査された。

その後、インフレーションが沈静化し、食糧事情もよくなり、配給統制も主食とごく少数の品物に限られてきたため、売る側から調べる小売物価統計調査が1950年6月から実施された。調査地域は都道府県庁所在都市および帯広、高崎、松本、浜松、松阪、防府、今治、都城の8都市であったが、1972年7月から郡部を含めた173市町村に拡大され、全国的な規模の調査となった。その後も調査市町村の追加・廃止がつづき、1995年1月以降は167市町村となっている。

物価構造については、過去、5年ごとに行われる全国物価統計調査により把握されてきたが、地域別価格差、店舗形態別価格および銘柄別価格を毎年把握する

ための調査が構造編として小売物価統計調査に盛り込まれ、2013年から実施されている。これにより、従前の小売物価統計調査は動向編と位置付けられ、全国物価統計調査は2007年調査を最後に中止された。

3 期日

　調査品目の多くは毎月12日を含む週の水曜日、木曜日または金曜日のうちいずれか1日に調査が行われる。ただし、生鮮魚介、生鮮野菜、生鮮果物および切り花は、出回り時期が季節によって違ったり、日々の価格変動が激しいため、毎月5日、12日、22日を含む各週の水曜日、木曜日または金曜日のうちいずれか1日を調査日としている。

　構造編について、地域別価格差調査は、奇数月の12日を含む週の水曜日、木曜日または金曜日のいずれか1日、店舗形態別価格調査と銘柄別価格調査は、偶数月の12日を含む週の水曜日、木曜日または金曜日のいずれか1日を調査日とする。

4 対象

　全国の調査市町村に、商品の価格およびサービス料金を調査する**価格調査地区**と借家の家賃などを調査する**家賃調査地区**が設けられている。

　価格調査では、全国を代表するように選ばれた167市町村に580の価格調査地区が設定され、消費者物価指数の基となる価格が調査されている。

　調査品目として選定されたそれぞれの品目については、原則として一般消費者が最も多く購入する銘柄が調査銘柄として決められている。一定の銘柄を選んで毎月その価格を調査するのは、銘柄の異動によって価格が撹乱されるのを防ぎ、一定の質の商品の真の価格動向を把握するためである。2020年現在、550品目について調査が行われている。

　また、価格調査では、約2万7,000の調査店舗で実際に販売する平常の価格が調査される。価格取集数は約23万である。ただし、特売期間が1週間以内の安売り価格、災害などによる一時的な異常価格、月賦販売などの価格は調査されない。また、生鮮魚介、生鮮野菜、生鮮果物および切り花は、調査日とその前2日間（計3日間）の中値が調査される。**中値**とは、3日間調査した価格の平均ではなく、価格を高いものから順番に並べたときの真ん中の価格である。特売価格が調査されない理由は、消費者物価指数のもととなる価格は、各品目の代表的な価格であるが、調査日にたまたま行われていた短期間の特売における価格は、必ずしも当月の代表的な価格とはいえず、このような価格が採用されるとしたら、消費者物価指数で物価の趨勢を安定して捉えることが困難となるからである。なお、通常、特売の対象となる商品は特定の銘柄に限られるため、このような特売価格は、当該品目全体の価格の代表という点からも問題がある。

一方、家賃は民営と公営に分けて調査されている。民営は、全国の167調査市町村における約1,200の家賃調査区内のすべての借家・借間世帯、約2万8,000世帯について、家賃・間代および面積などが調査される。民営家賃は月々変動するものではないので、調査市町村ごとに決められている家賃調査地区は、すべて毎月調査されるのではなく、①1月、4月、7月、10月、②2月、5月、8月、11月、③3月、6月、9月、12月の3つのグループに分けられ、毎月3分の1が調査される。公営は、調査市町村内に所在するすべての公営住宅を対象にその業務を担当する機関、すなわち住宅・都市整備公団、都道府県、市町村、都道府県住宅供給公社、市住宅供給公社、都道府県住宅協会（住宅公社）および市町村住宅協会に対して調査が行われる。

　構造編においては、銘柄別価格調査の対象が東京都区部から、店舗形態別価格調査の対象が東京都区部を除く46の道府県庁所在市から、地域別価格差調査の対象がその他の市の中で動向編の対象でない91市から合せて約3,000店舗が選ばれて価格が調査されている。

5 系統

　価格調査については、調査員が毎月担当する調査地区内の調査店舗等に出かけ、代表者から商品の小売価格、サービス料金等を聞き取り、時には自ら商品価格を観察して、その結果を調査員端末に入力する。ただし、水道料などの公共料金や入院費などは、都道府県または市町村内で価格・料金が均一またはほぼ均一なので、都道府県が調査し、電気代や鉄道運賃などは、全国または広域で価格・料金が均一なので、総務省統計局が調査する。

　家賃調査については、原則として調査世帯を訪問し、世帯主から家賃、延べ面積等を聞き取り、同様に調査員端末に入力する。家賃についても、都道府県営住宅、市町村営住宅、都道府県住宅供給公社住宅、市住宅供給公社住宅の賃貸住宅については都道府県が調査し、独立行政法人都市再生機構所管の賃貸住宅については総務省統計局が調査する。

　調査員による調査は端末を用いてオンラインで行われる。調査員は、担当するすべての価格等の入力を終了した後、総務省統計局に調査したデータを送信する。なお、入力に際して誤りを防ぐために調査員端末には即時チェック機能が付されている。そして、総務省統計局および都道府県でこのデータの審査を行う。

6 調査事項

　価格調査、家賃調査ごとの調査事項は以下のとおりである。
(1) 価格調査
　商品の価格、サービスの料金

(2) 家賃調査
　（a）民営
　世帯番号、住宅の述べ面積、家賃、異動の有無、家賃の変動理由
　（b）公営
　戸数、延面積、家賃総額、料金改定の理由

7 結果の公表

　主要品目の都市別小売価格（都道府県庁所在市および人口15万以上の市）は、原則として翌月の19日を含む週の金曜日に公表されている。東京都区部および全国統一価格品目の価格は、原則として当月の26日を含む週の金曜日に公表されている。

　構造編は毎月調査されているが、その結果は、年1回年平均値として、原則として調査年の翌年の6月末日までに公表される。

8 用語の説明

(1) 品目と銘柄

　商品およびサービスについての名称または種類を**品目**といい、その品目についての属性などを**銘柄**という。たとえば、「ぶどう」という品目に対して「デラウェア」や「巨峰」などが銘柄である。

(2) 基本銘柄

　銘柄の選定に当たっては、あまり高級品に偏ったり、逆に粗悪品に偏ったりしては、その品目の価格変動を代表することにならない。**基本銘柄**とは、市場に出回っている銘柄の状況を調査したり、業界の資料を検討したり、専門家の意見などを聴くことにより、継続的に調査することとして設定した全国に共通する一定の銘柄である。

　小売物価統計調査は価格の全国的な時系列比較を主なねらいとして調査が設計されているので、基本銘柄の価格は特定地域のその品目の価格を代表しているとはいえない場合もあることに注意が必要である。

(3) 市町村銘柄

　基本銘柄が調査市町村において出回りが少なく、また、調査市町村の価格を代表するのに不適当な銘柄であったりすることがある。その場合には、品質、規格、容量などが基本銘柄に最も近く、かつ、その地域におけるその商品の価格の代表性があり、継続的に調査が可能な銘柄を、その市町村の調査銘柄として設定し、調査する。

9 調査対象の選定方法

　まず、価格調査および家賃調査の調査市町村の選定に当たっては、各地の結果利用の便を考慮し、全国の市町村のうち、まず県庁所在都市、川崎市、相模原市、浜松市、堺市および北九州市が調査都市となる。それ以外の市町村は、地理的位置、人口、産業的特色などにより116層に分割され、各層から1市町村ずつ抽出される。

　食料、家事用消耗品など主として消費者が居住地区近辺で購入する品目は、地区間で価格差がみられる。このような品目はA品目と呼ばれている。価格調査では、調査市町村全域がA品目の価格取集数と同数に分割され、それぞれが価格調査地区として設定されている。価格調査地区は全国で約580あり、店舗は事業所の一種なので、第8章で解説する経済センサスの調査区がいくつか組み合わされたものである。各価格調査地区内で、調査品目ごとに販売数量または従業者規模等の大きい店舗の順に、価格取集数に応じた店舗が調査店舗として選定されている。なお、B品目は主として取扱店舗が各市町村の中心的な商店街にある品目で、店舗間で価格差がみられる品目、C品目は地区間または店舗間で価格差が比較的小さい品目である。

　調査品目ごとに、調査員や都道府県職員が最新の状況を確認した上で調査地区内にある代表的な店舗・宿泊施設が調査対象として有意抽出されている。

　したがって、調査地区にあるディスカウント店が最も販売量が多い代表的な店舗である場合には調査店舗となり、ディスカウント店であるからといって調査対象にならないということはない。また、無作為抽出による標本調査で生じる標本誤差という概念は存在しない。

　世帯を対象とする家賃調査では、調査市町村内の国勢調査調査区を抽出単位とし、調査市町村ごとに所定数が確率比例抽出法により抽出され、家賃調査地区として設定されている。家賃調査地区数は全国で1,233である。家賃調査地区は、民営借家世帯数や属性分布の母集団の変化に対応するため、原則として5年ごとに設定替えが行われている。

10 結果数値の推定方法

　結果は都市ごとに表示され、基本的に報告されたデータを都市ごとに平均した値である。

　小売物価統計調査の結果は、組み合わされて消費者物価指数や消費者物価地域差指数に反映されるので、第15章を参照していただきたい。

4. その他のデータ

　家計について、総務省統計局は、家計調査の結果を補足するために、**家計消費状況調査**を行い、世帯を対象に購入頻度が少ない高額商品の消費やICT関連消費の実態を毎月調査している。同様に、**家計消費単身モニター調査**は、家計調査の単身世帯結果を補完・補強するため、単身世帯の消費動向を毎月把握する調査である。調査対象は、業務を受託した民間事業者が保有・管理する登録モニター等の調査協力世帯の中から選ばれる。モニター調査は有意抽出に基づいている点に注意が必要である。また、内閣府経済社会総合研究所は、消費者の意識の変化等を迅速に把握し、景気の動向判断の基礎資料とするため、**消費動向調査**を四半期に1回実施している。同調査の結果において、「暮らし向き」、「収入の増え方」、「雇用環境」、「耐久消費財の買い時判断」の4項目の消費者意識指標（季節調整値）を単純平均し、**消費者態度指数**と呼んでいる。

　消費については分野ごとの調査も多く、観光庁が国内の日本人に対して**旅行・観光消費動向調査**、外国人に対して**訪日外国人消費動向調査**を実施している。

　他方、価格については、食品の小売店における価格の動向を迅速に把握するため、農林水産省が食品価格動向調査を野菜、加工食品、食肉・鶏卵、魚介類別に実施している。この調査の頻度は高く、毎月、特に野菜については毎週実施されている。

　近年、小売店のレジにおいて商品に付いているバーコードをスキャナで読み取ることで、リアルタイムに近い形で店側にデータが収集・蓄積されている。これを日本では**ポスデータ**（Point of Sales Data）、海外では**スキャナデータ**（Scanner data）と呼ばれ、各種の家計・価格統計にも活用されている。

　エネルギーについては、資源エネルギー庁が**石油製品価格調査**を実施して毎週給油所小売価格を、毎月給油所以外の民生用灯油価格、産業用価格（軽油・A重油（重油の中では最も粘度が低く、茶褐色の製品））および卸価格（ガソリン・軽油・灯油）を調べている。

　また、電子商取引利用の発展・拡大による経済社会の変化や影響等を分析するため、経済産業省が**電子商取引実態調査**を毎年実施している。同調査の対象には消費者だけでなく、企業も含まれている。

　購買力平価は、一国の通貨と他国の通貨の交換比率の一種である。1単位の通貨が各種の財およびサービスを購入することができる能力のことを通貨の**購買力**と呼び、二つの通貨の交換比率は、それぞれの通貨の購買力が等しくなるように計算して求められる。たとえば、同じハンバーガーが日本で200円、アメリカ合衆国で2ドルであるとすれば、ハンバーガーの購入に関して200円と2ドルは同じ購買力を有している。この関係を1ドル当たりで示したものが購買力平価であり、

このハンバーガーに関しては1ドル＝100円と表すことができる。

購買力平価は、日本の物価水準が外国よりも相対的に下落すれば改善する。たとえば、日本でハンバーガーの価格が200円から150円に下がり、アメリカ合衆国での価格が一定であるとすれば、1ドル当たりの購買力平価は、日本からみて100円から75円に改善する。逆に、日本の物価水準が外国よりも相対的に上昇すれば、購買力平価は悪化する。

日本とアメリカ合衆国でハンバーガーを購入する場合、もし円とドルが購買力平価と同じレートで交換することができるならば、日本で購入してもアメリカ合衆国で購入しても同じ金額を支払うことになり、日米でハンバーガーの価格水準は同じということになる。しかし、為替レートが1ドル150円の場合、日本で200円のハンバーガーをアメリカ合衆国では300円を払わなければ購入することができないことから、ハンバーガーの日本の価格水準はアメリカ合衆国の200÷300＝0.67倍となる。このような倍率を**内外価格差**と呼び、一般に、内外価格差＝購買力平価÷為替レートで表わされる。この関係は、生計を営むために必要な財やサービスの入った買物かごで考えても同様である。したがって、生計費の購買力平価が為替レートよりも円安（円高）であれば、日本の物価水準は比較的対象国より割高（割安）であることになる。

マクドナルドのビッグマックは多くの国に存在し、品質があまり変わらないことから、購買力平価の目安に用いられ、イギリスの経済専門誌「エコノミスト」によるビッグマック指数として知られている。

輸送費、公式の貿易障壁（関税など）が存在しない競争市場だと、同じ財が違う国で販売されてもその価格は同じ通貨で表したら同じになるという**一物一価の法則**が存在する。現実には完全なる競争市場は有り得ないので一物一価の法則は厳密には成り立たない。しかし、価格と為替レートは購買力平価で予想される関係から大きくずれないことが知られている。ある国で財とサービスが一時的に他より高価になると、その通貨と商品の需要が下落して購買力平価に合うように為替レートと国内価格が下がり、安価になるとその逆の状態が生じるからである。

世界銀行等は、最貧国の内6か国における国別貧困ライン、すなわちそれ以下では最低限の栄養、衣類、住まいのニーズが満たされない水準が1人当たり1日約1ドルになることを発見し、これが最初の国際貧困ラインである1日1ドルの根拠となった。国際貧困ラインは先述の絶対的貧困線に相当し、2017年における購買力平価をもとに換算され、1日2.15ドルになった。

第8章　企業・事業所

これまでは、どちらかというと世帯や個人を対象に実施される統計調査を中心に説明してきた。第8章と第9章は事業所を対象にする生産者側のデータに着目する。

事業所を対象にする統計調査も数多い。とくに最近では、企業全体として把握し、もって企業活動の実態を知る必要性が強まった。企業活動は、複数の事業所で行われることもあれば、バーチャルオフィスになっていて活動の拠点が存在しないもの、世帯と区別がつかないところで行われているものなど多様化している。また、企業活動の実態は景気の判断材料にもなりうる。

把握の仕方は統計調査とは限らない。特にEUでは、行政記録を中心にデータをビジネスレジスタに蓄積し、それから必要な統計を作成している。

また、企業や事業所を対象とする統計については、世帯を対象とする統計と比べてデータ収集をオンラインで行うことが多い。

本章では、各種組織の経営の実態をとらえるデータのうち、特定の業態に特化しない横断的なものを紹介することとする。

企業・事業所に関するデータは、21世紀に入って最も大きな変化があった分野である。

1. 事業所母集団データベース

事業所母集団データベースは、ビジネスレジスタの日本版であり、各統計調査の結果と行政記録情報（労働保険情報、商業・登記情報等）を統合し、経常的に更新を行い、すべての企業・事業所情報を捕捉し、最新の情報を保持するデータベースである。

統計法では、事業所に関する情報の集合物であって、それらの情報を電子計算機を用いて検索することができるように体系的に構成したものと定義されている。また、統計法第27条第1項に基づき、行政機関等による正確かつ効率的な統計の作成および統計調査その他の統計を作成するための調査における被調査者の負担の軽減に資することを目的として、基幹統計調査または一般統計調査に係る調査票情報の利用、法人その他の団体に対する照会その他の方法により、事業所母集団データベースが整備されている。

1 収録項目

企業・事業所の名称、所在地、産業分類、従業者数、売上金額（収入）といっ

た基本的な項目をはじめ、ニーズが高いものが収録されている。事業所母集団データベースに登録するデータは後述する経済センサス、経済構造実態調査、企業・事業所を対象とする標本調査、行政記録など各方面に及ぶ。事業所母集団データベースに反映している行政記録は、法務省が毎月把握している商業・法人登記簿情報、厚生労働省が毎月把握している労働保険情報、金融商品取引法に基づく有価証券報告書等の開示書類に関する電子開示システム、すなわちElectronic Disclosure for Invesors' NETwork（EDINET）などである。

2 役割

事業所母集団データベースの役割としては、蓄積されたデータから新たな統計を作成することのほかに、今後実施する統計調査の枠組み（フレーム）にもなる。（図18）枠組みとしては、母集団情報であるばかりでなく、調査対象となる企業・事業所を管理し、同一の企業・事業所に調査の負担が偏らないように、調査間で調査対象の重複排除をするためにも役立つ。

【図18】事業所母集団データベースの役割

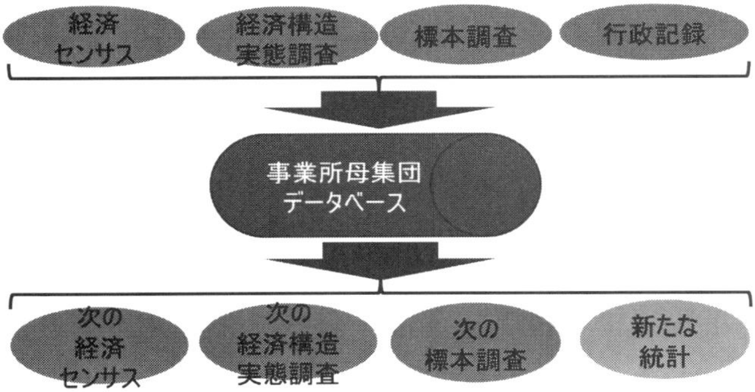

3 構造

事業所母集団データベースは統計調査、行政記録ごとに整理されているが、事業所ごとに共通コードが定められており、それを基に情報を連結することができる。（図19）年次フレームとして毎年7月頃に公表されている結果は、共通コードを基に連結したデータから集計したものである。

事業所母集団データベースにおける産業は個々の事業所または企業ごとに分類されている。しかし、事業所や企業の中には複数の産業にまたがる業務を行ったり商品を作成しているところもある。たとえば、パン屋の多くはパンを焼いて販売をしている。つまり、製造業（パン製造業）であれば小売業（パン小売業（製造小売））でもある。場合によると店内で飲食ができるように飲食サービス業（他に分類されない飲食店）を兼ねたり、パンの作り方を教える学習支援業（その他

の教養・技能教授業）も担う。配達をすれば運輸業（貨物軽自動車運送業）でもある。このような場合、事業所や企業の産業は主な業務に格付けられる。

【図19】統計的ビジネスレジスタの作り方

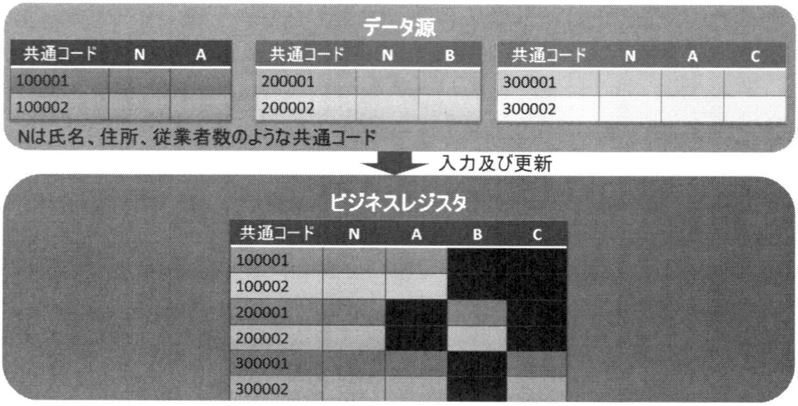

2. 経済センサス

　21世紀に入り経済統計に関する主な統計調査は経済構造統計に集約され、そのデータを供給する調査は経済センサスを中心に、経済センサスが実施されない年を次節で説明する経済構造実態調査で埋めることが基本とされた。

　経済センサスは、日本のすべての企業と事業所を調査する国勢調査の企業・事業所版である。経済センサスには、企業・事業所の基本的構造を明らかにする基礎調査と、企業の経済活動の状況を明らかにする活動調査がある。基礎調査は前身の事業所・企業統計調査を所管していた総務省が所管しているが、活動調査は、従前は経済産業省が単独で調査していた製造業や卸売業，小売業の経理項目が含まれることから、総務省と経済産業省が共管している。

　経済センサスを実施している国は、アメリカ合衆国や中国などいくつか存在するが、EUではビジネスレジスタから企業・事業所に関する統計が作成されている。

1 目的

　基礎調査は、日本のすべての産業分野における事業所の活動状態等の基本的構造を全国および地域別に明らかにすることを目的としている。

　他方、**活動調査**は、全産業分野の売上（収入）金額や費用などの経理項目を同一時点で網羅的に把握し、日本における企業・事業所の経済活動を全国的および

地域別に明らかにすることを目的としている。

いずれの調査も、企業・事業所を対象とする各種統計調査の母集団情報、すなわち事業所母集団データベースを整備することも目的としている。

利用状況を簡単に述べると次のとおりである。まず、地方消費税の清算、地方交付税交付金の配分をはじめ、国土総合利用計画、産業の適正配置計画、都市開発整備計画、公共・文化施設などの整備計画、地域防災計画などの立案など、国はもとより都道府県、市町村などにおける様々な行政施策を計画・立案する際に基礎資料として利用される。また、国民経済計算の推計や産業連関表の作成に当たっては、基本数として利用されている。

2 沿革

1947年に、GHQは、賃金、雇用といった観点から実施されてきたそれまでの年次勤労統計調査に代えて、産業構造の実態、事業活動の状況等を明らかにする事業所統計調査を実施するよう指令を出した。これを受け、臨時国勢調査と同時に第1回事業所統計調査が実施された。

翌年（1948年）第2回事業所統計調査が実施されたが、これは事業活動というよりも賃金に関する調査を目的としたものであり、名称も事業所賃金調査とし、現金給与額のほか、労働日数、労働時間などが主要な調査内容であった。

1951年に実施された第3回調査以降は、事業所統計調査としてふたたび事業所に関する基本的な事項が主な内容となり、1981年までは3年ごと、その後5年ごとに実施された。また、5年ごとに実施された後は、調査から3年目に当たる年に簡易な方法による調査が行われた。

経済情勢の変化に伴い、企業活動も多様化したことから、1996年調査から、調査の名称を事業所・企業統計調査として、企業全体の活動状況をはじめとして、国際化、多角化、資本系列の状況を把握するために、外国資本比率、親会社・子会社・関連会社の有無、海外支店の数などの企業に関する調査事項を追加した。また、従来の企業に関する各種の統計調査の企画・実施に資するため、その母集団情報として従来の事業所の名簿に加えて企業の名簿を整備することとした。

しかし、産業を対象とする大規模統計調査は、産業分野ごとに、各府省によりそれぞれ異なる年次および周期で実施されてきた。このため、既存の大規模統計調査の結果を統合しても、同一時点における国全体の包括的な産業構造を把握することができない状況にあった。また、国民経済に占める割合が高くなっているサービス分野の統計が不足しており、GDPを推計するための基礎統計として、全産業をカバーする一次統計の情報を整備することが必要であった。このため、「経済財政運営と構造改革に関する基本方針2005」（いわゆる「骨太の方針」）（2005年6月21日閣議決定）において経済活動を同一時点で網羅的に把握する経済セン

サスの実施が提言された。これに基づき、事業所・企業統計調査を中心に、経済に関連した大規模統計調査の統廃合、簡素・合理化が行われ、2009年に経済センサス—基礎調査が、2012年に経済センサス—活動調査が実施された。その後、両調査とも約5年の周期で実施されている。ただし、国および地方公共団体の事業所を対象とする調査は毎年実施されている。これらの調査結果は事業所母集団データベースに蓄積されている。（図20）

【図20】経済センサスと事業所母集団データベース

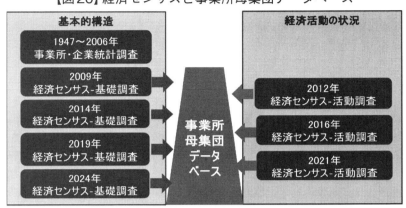

3 期日

最近では、2019年基礎調査が、2021年に活動調査がいずれも6月1日に実施された。

4 対象

2021年活動調査では、調査の期日において、国内に所在するすべての民営の事業所および国・地方公共団体の事業所（約650万）が調査の対象となった。ただし、農業，林業および漁業に属する事業所で個人の経営に係るもの、家事サービス業と外国公務に属する事業所は除外された。

経済センサスの調査区は、国勢調査の基本単位区を基礎単位として事業所数がおおむね20〜40になるように設定されている。これは、事業所を対象とする各種統計調査の共通の調査地域単位として、経済構造実態調査、賃金構造基本調査などで利用されている。

なお、調査を正確かつ円滑に実施するため、調査票の配布に先立ち、支社を有する企業等を対象に支社等の新設・廃止や事業内容を事前に確認している。

5 系統

経済センサスは、甲調査および乙調査の2種類からなり、**甲調査**は民営の事業所を、**乙調査**は国および地方公共団体の事業所を対象として実施される。

2021年活動調査の調査系統は次のとおりである。

(1) 甲調査

支所等がある企業、単独事業所（純粋持株会社および資本金1億円以上等）などについては、国、都道府県および市が、民間事業所を活用し、企業の本社などに傘下の事業所の調査票を一括で郵送し、企業はオンラインにより回答または記入済みの調査票を調査員に提出する。

単独事業所（純粋持株会社および資本金1億円以上等を除く）、新設された事業所などについては、都道府県知事が任命した調査員が事業所に調査票を配布し、事業所はオンラインにより回答または記入済みの調査票を調査員に提出する。

(2) 乙調査

国の事業所にあっては総務省が、都道府県の事業所にあっては都道府県が、市町村の事業所にあっては市町村が電子メールにより調査票を事業所ごとに配布する。事業所はオンラインにより回答する。

6 調査事項

2019年基礎調査の調査事項は次のとおりである。

(1-1) 甲調査

名称および電話番号、所在地、活動状況、従業者数、事業の種類および業態、年間総売上（収入）金額、開設時期、経営組織、法人番号、単独事業所・本所・支所の別等、組織全体の主な事業の内容、組織全体の年間総売上（収入）金額、資本金等の額

(1-2) 乙調査

名称および電話番号、所在地、活動状態、職員数、主な事業の内容、事業の委託先の名称・電話番号・所在地（既存事業所については一部省略）

2021年活動調査の調査事項は次のとおりである。

(2-1) 甲調査

個人経営、法人でない団体、新設事業所に対する調査事項は以下のとおりである。

名称および電話番号、所在地、開設時期、従業者数、主な事業の内容、経営組織、法人番号、単独事業所・本所・支所の別等、消費税の税込み記入・税抜き記入の別、企業全体の売上（収入）金額・費用総額・費用項目、相手先別収入割合、設備投資の有無および取得額、自家用自動車の保有台数、土地・建物の所有の有無、資本金等の額および外国資本比率、決算月

複数事業所が存在する企業に対しては上記に加えて以下の調査事項も調査された。

企業全体の支所数等、企業全体の事業別売上（収入）金額、商品売上原価、年初および年末商品手持額、建設・サービス収入の内訳、物品賃貸業のレンタル年間売上高およびリース年間契約高、業態別工事種類

他に、産業ごとに異なる事項が調査された。

個人企業に対しては、名称および電話番号、所在地、開設時期、従業者数、主な事業の内容などのほか、事業主の年齢、後継者の有無、営業（操業）日数および時間などの項目も調査された。

所在地や従業者数などの現状については2021年6月1日現在で把握されたが、売上（収入）金額などの経理項目については2020年1年間の状況が調査された。

(2-2) 乙調査

名称および電話番号、所在地、職員数、主な事業の内容

なお、事業所の名称および電話番号は、調査対象となる事業所の調査漏れの防止、重複して調査された事業所の発見および調査票の内容検査の際に記入の不備が見つかった場合の照会などに使用された。また、事業所母集団データベースに使用された。一方、本所・本社・本店の名称および電話番号は、企業単位に本所と支所をまとめる、いわゆる**名寄せ**のための情報として使用された。また、名寄せされた情報は、企業の名簿として整備され、企業を対象とする各種統計調査を実施するための母集団情報として利用された。

7 結果の公表

2019年基礎調査の結果は、速報、確報別に公表され、速報集計結果は2020年6月に、確報集計結果は2020年12月に公表された。

2021年活動調査の結果も、速報、確報別に公表され、速報集計結果は2022年5月に、確報集計結果は2022年9月から2023年6月までの間に順次公表された。

8 用語の説明

(1) 事業所

物の生産またはサービスの提供が事業として行われている一定の場所のことであり、いい換えれば、営利・非営利にかかわらず、その事業を行うことにより収入を得て、人が働いている個々の場所のことをいう。すなわち、**事業所**とは、一般に事務所、店舗、工場、営業所、銀行、学校、病院、寺院、旅館などと呼ばれているものをいう。たとえば個人で自家営業している大工、左官、個人タクシーの運転手などのように、事業を行う場所が一定していない場合には、その人の自宅を事業所とみなす。売上がない事務所なども従業員（ボランティアを除く）が

いれば事業所となる。

(2) 従業者

当該事業所に所属して働いているすべての人をいう。したがって、他の会社などの別経営の事業所へ出向または派遣している人も含まれる。一方、当該事業所で働いている人であっても、他の会社などの別経営の事業所から出向または派遣されているなど、当該事業所から賃金・給与（現物給与を含む）を支給されていない人は従業者に含めない。

なお、個人経営の事業所の家族従業者は、賃金・給与を支給されていなくても従業者としている。

国勢調査では就業者を世帯からとらえるのに対し、経済センサスでは事業所からとらえるので複数事業所で働く同一人はそれぞれの職場でカウントされる。一方、今やテレワークは一般的な就業形態だが、企業・事業所に属することなく家庭で内職をしている人は経済センサスでは就業者としてとらえられない。

(3) 会社

株式会社、有限会社、相互会社、合名会社、合資会社、合同会社および外国の会社をいう。

ここで、外国の会社とは、外国において設立された法人の支店、営業所などで、**会社法**（2005年法律第86号）の規定により日本で登記したものをいう。なお、日本で外国人が経営する会社や外国の資本が経営に参加しているいわゆる外資系の会社は、外国の会社ではない。

(4) 売上（収入）

商品等の販売額または役務の提供によって実現した売上高、営業収益、完成工事高などをいう。有価証券、土地・建物、機械・器具などの有形固定資産など、財産を売却して得た収入は含めない。なお、金融業、保険業の企業等、会社以外の法人および法人でない団体の場合は経常収益としている。

(5) 売上原価

商品仕入原価、製造原価、完成工事原価、サービス事業の営業原価および減価償却費（売上原価に含まれるもの）の総額である。

(6) 付加価値

付加価値とは、企業等の生産活動によって新たに生み出された価値のことで、生産額から原材料等の中間投入額を差し引くことによって算出することができる。活動調査においては、企業等の**純付加価値額**は、以下の計算式を用いて算出されている。

　純付加価値額 ＝ 売上（収入）金額 － 費用総額 ＋ 給与総額 ＋ 租税公課
　費用総額 ＝ 売上原価 ＋ 販売費および一般管理費

純付加価値額の「純」は固定資産に係る減価償却費を除いていることを意味し、

純付加価値額に減価償却費を加えたものは**粗付加価値額**と呼ばれる。「売上（収入）」という概念がない金融業、保険業は、「売上（収入）金額－費用総額」の代わりに「経常収益－経常費用」を用いる。政治団体や宗教についてはこの部分を計算しない。

また、事業所に関する付加価値額は、上記計算式で算出した企業等全体の付加価値額を、その企業等を構成している本所および支所それぞれに対し、事業従事者数に応じてあん分することにより集計されている。

(7) 設備投資

(a) 有形固定資産（土地を除く）

土地を除く有形固定資産に新規に計上した額で、建物および附属設備、構築物、機械および装置、船舶、車両および運搬具、建設仮勘定、耐用年数が1年以上の工具、器具、備品およびこれらのリース資産（売買取引と同様の会計処理をしたもの）をいう。建設仮勘定から振替によって計上した固定資産額は含まない。

(b) 無形固定資産（ソフトウェアのみ）

ソフトウェアに対する投資のうち、無形固定資産に新規に計上した額をいう。

3. 経済構造実態調査

経済センサス―活動調査は5年に一度、西暦末尾が1と6の年に実施されているが、**経済構造実態調査**はそれを補完するために一定規模以上の企業・事業所を対象に総務省統計局と経済産業省によって、経済センサス―活動調査が実施される年を除く年において毎年行われている。一方、規模が小さい企業・事業所については、5年に一度、西暦末尾が4と9の年に実施される経済センサス―基礎調査から基本的な情報を得ている。経済センサス―活動調査を中心として、その他の年を経済構造実態調査と経済センサス―基礎調査から作成される基幹統計を**経済構**

【図21】経済構造統計の仕組み

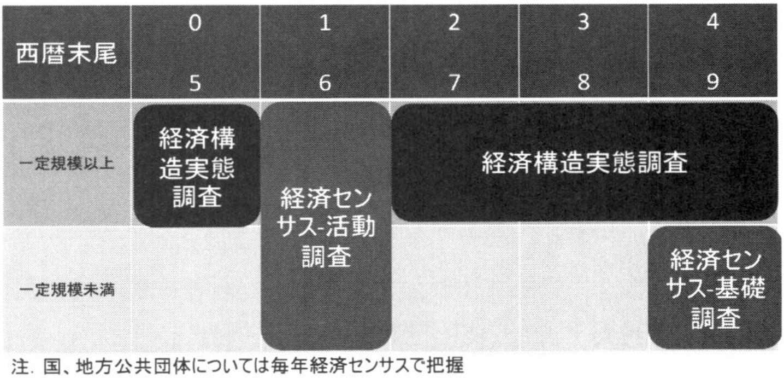

西暦末尾	0　5	1　6	2　7	3　8	4　9
一定規模以上	経済構造実態調査	経済センサス-活動調査	経済構造実態調査	経済構造実態調査	経済構造実態調査
一定規模未満					経済センサス-基礎調査

注．国、地方公共団体については毎年経済センサスで把握

造統計と呼ぶ。これらを図示すると図21のようになる。

1 目的
　日本の幅広い産業における企業等の経済活動の状況を明らかにし、国民経済計算、特にGDP統計の精度向上や企業の経営判断に資することである。

2 沿革
　2019年に第9章で説明するサービス産業動向調査のうち構造調査に相当する拡大調査、商業統計調査および特定サービス産業実態調査の3調査を統合・再編することによって誕生した。製造業については、工業統計調査の結果を取り込むことによって統計が作成されていたが、2022年から工業統計調査そのものが統合された。

3 期日
　経済センサス―活動調査と同様、毎年6月1日現在で実施される。経理項目等の一部の調査事項は前年1月から12月までの1年間について調査される。ただし、経済センサス―活動調査の実施年には行われない。

4 対象
　一定規模以上のすべての法人企業が対象である。一定規模以上とは、日本標準産業分類に掲げる産業に属する企業について、同分類における大分類、中分類または小分類ごとに売上高を上位から累積し、当該分類に係る売上高総額の8割を達成する範囲に含まれる約27万企業である。
　ただし、個人経営の企業と次の産業に属する企業が除かれている。
- 「大分類N―生活関連サービス業，娯楽業」のうち、「中分類79―その他の生活サービス業」(「小分類792―家事サービス業」に限る。)
- 「大分類R―サービス業(他に分類されないもの)」のうち、「中分類93―政治・経済・文化団体」、「中分類94―宗教」および「中分類96―外国公務」
- 「大分類S―公務(他に分類されるものを除く)」

　製造業については、同分類における大分類、中分類、小分類または細分類ごとに売上高(製造品出荷額等)を上位から累積し、当該分類に係る売上高(製造品出荷額等)総額の9割を達成する範囲に含まれる約12万2千事業所に対して、特別な調査が行われる。

5 系統
　調査は民間事業者に委託され、民間事業者が対象となる企業・事業所を抽出し、

調査票を郵送する。企業・事業所は必要事項をオンラインまたは郵送で回答する。

6 調査事項

経済構造実態調査の調査事項は次のとおりである。

名称・電話番号および法人番号、所在地、経営組織および資本金等の額、消費税の税込み記入・税抜き記入の別、企業全体の売上（収入）金額・費用総額および費用項目、企業全体の主な事業の内容、企業全体の事業活動・生産物の種類、事業活動・生産物の種類別の売上（収入）金額、企業全体の年間商品販売額および商品売上原価、企業全体の年初および年末商品手持額、企業全体の事業別費用の割合、事業別費用の内訳、事業所の名称および電話番号・所在地・主な事業活動・従業者数・売上（収入）金額

（製造業を主な業態として営んでいる事業所に関する調査事項）

名称・電話番号および法人番号、経営組織、資本金額または出資金額（会社に限る）、従業者数、消費税の税込み記入・税抜き記入の別、人件費および人材派遣会社への支払額、原材料・燃料・電力の使用額、委託生産費、製造等に関連する外注費および転売した商品の仕入額、有形固定資産、製造品在庫額、半製品・仕掛品の価額および原材料・燃料の在庫額、製造品出荷額、在庫額等、製造品出荷額等に占める直接輸出額の割合、主要原材料名、工業用地および工業用水、作業工程

（卸売業，小売業を主な業態として営んでいる事業所に関する調査事項）

年間商品販売額

（新たに追加した事業所に関する調査事項）

新設事業所の開設時期

7 結果の公表

調査実施の翌年3月頃から順次公表される。

8 用語の説明

年間商品販売額

購入した商品を販売した額をいう。そのうち、購入した商品を別の業者に販売したものを**卸売販売額**、個人や家庭に販売したものを小売販売額としている。

製造業事業所に関する用語

(1) 現金給与総額

1年間に常用労働者に対しきまって支給された基本給、諸手当などの給与と期末賞与などの特別に支払われた給与の額とその他の給与の額の合計である。

(2) 原材料使用額

主要原材料、補助材料、購入部分品、容器、包装材料、工場維持用の材料および消耗品などの使用額であり、原材料として使用した石炭、石油なども含まれる。また、下請工場などに原材料を支給して製造加工を行なわせた場合には、支給した原材料の額も含まれる。

(3) 製造品出荷

1年の間に事業所が所有する原材料によって製造されたものでその事業所から出荷した場合をいう。同一企業に属する他の事業所へ引き渡したもの、自家使用されたもの、委託販売に出したものも含まれる。

(4) 有形固定資産

土地、建物および構築物、機械および装置、船舶、車両、運搬具、耐用年数1年以上の工具、器具および備品などである。

(5) 付加価値額

付加価値額＝製造品出荷額等＋(製造品年末在庫額－製造品年初在庫額)＋(半製品および仕掛品年末価額－半製品および仕掛品年初価額)－(推計酒税、たばこ税、揮発油税および地方揮発油税額＋推計消費税額)－原材料使用額等－減価償却額により計算される。ただし、従業者数29人以下については、調査事項の関係から、粗付加価値として製造品出荷額等－(推計酒税、たばこ税、揮発油税および地方揮発油税額＋推計消費税額)－原材料使用額等のみで計算される。

4. 法人企業統計調査

企業の経理面の経営状況を数量的にとらえるために、貸借対照表、損益計算書などの財務諸表を用い、そこから財務諸指標を算出して収益性、安定性などを見ることがある。**法人企業統計調査**は、法人企業を対象に財務諸表の形式で経営内容を調査するものであり、財務省財務総合政策研究所によって実施されている。

1 目的

調査の目的は、日本における法人の企業活動の実態を明らかにするとともに、法人を対象とする各種統計調査のための基礎となる法人名簿を整備することである。

2 沿革

1948年より金融業、保険業を除く営利法人を対象に年次調査が開始され、1950年には資本金200万円以上の法人を対象に四半期別調査が開始された。その後、1973年に四半期別調査の対象企業が資本金1,000万円以上に切り上げられた。2018年度調査から金融業、保険業が調査対象に含められている。

3 期日
年次別調査と四半期別調査が存在する。
(1) 年次別調査
毎年4月から翌年3月までの1年間が上期（4月〜9月）と下期（10月〜3月）に区分され、各期中に決算期の到来した法人について、当該決算の計数が調査される。
(2) 四半期別調査
毎年4月から翌年3月までの1年間が第1四半期（4月〜6月）、第2四半期（7月〜9月）、第3四半期（10月〜12月）、第4四半期（1月〜3月）に区分され、各四半期末の仮決算の計数が調査される。

4 対象
年次別調査は営利法人等（日本に本店を有する合名会社、合資会社、株式会社および有限会社）約3万7,000を対象に実施される。四半期別調査はこのうち資本金、出資金または基金1,000万円以上の約3万1,000の営利法人等を対象に実施される。

5 系統
①財務省は財務局、福岡財務支局、財務事務所、小樽出張所、北見出張所および沖縄総合事務局（以後財務局等と呼ぶ。）に調査票の発送を委託
②財務局等は調査票を法人に郵送
③各法人は調査票に記入した後、財務局等にオンラインまたは郵送で提出

6 調査事項
年次別調査、四半期別調査の調査事項は以下のとおりである。
(1) 年次別調査
法人名・所在地等、業種別売上高、資産・負債および純資産、損益、剰余金の配当、減価償却費、費用、役員・従業員数
ただし、金融機関に対しては「業種別売上高」が「経常収益」となり、「店舗数」も調査する。
(2) 四半期別調査
法人名・所在地等、業種別売上高、資産・負債および純資産、固定資産の増減、投資その他の資産の内訳（銀行業、生命保険業および損害保険業を除く）、損益、人件費

7 結果の公表

年次別調査の結果については、上期調査と下期調査の結果を通算した上、翌年度9月初旬に公表される。

四半期別調査の結果については、調査対象四半期後3か月目の初旬に公表される。

8 用語の説明

用語の定義は、財務諸表等の用語様式および作成方法に関する規則（1963年大蔵省令第59号）に準拠している。

(1) 法人

日本に本店を有する合名会社、合資会社、株式会社および有限会社である。

調査の対象には、日本に主たる事務所を有する信用金庫、信用金庫連合会、信用協同組合、信用協同組合連合会、労働金庫、労働金庫連合会、農林中央金庫、信用農業協同組合連合会、信用漁業協同組合連合会、信用水産加工業協同組合連合会、生命保険相互会社および損害保険相互会社が含まれている。

(2) 手元流動性

期首および期末における現金、預金に有価証券を加えた金額の平均額を売上高（年額換算）で割った額である。

(3) 売掛手形売掛金回転期間

期首および期末における売掛手形と売掛金に受取手形割引残高を加えた金額を売上高（月額換算）で割った額である。

(4) 貸借対照表

企業の財政状態を明らかにするため、一定時点（貸借対照日）におけるすべての資産、負債および資本（資産から負債を引いた純資産）を記載したものである。借方側は企業資本の運用形態である各種の資産が、また貸方側にはその調達源泉である負債と資本が記載されている。

(5) 損益計算書

企業の経営成績を明らかにするため、一会計期間に属するすべての収益とこれに対応するすべての費用を記載したものである。原則としてこれらは発生源泉に従って明瞭に分類され、総額により記載される。収益と費用の差し引きによって求められた当期純損益は、貸借対照表の資本（純資産）の増減となって反映される。

9 調査対象の抽出方法

資本金額が高い法人はすべて対象となり、低い法人は標本抽出されている。標本は4月から2年間継続して対象となり、半数ずつ入れ替えられている。

(1) 金融業，保険業以外の業種

　資本金1,000万円未満、1,000万円以上2,000万円未満、2,000万円以上5,000万円未満、5,000万円以上1億円未満、1億円以上5億円未満、5億円以上10億円未満、10億円以上の資本金階層別、業種別に層化される。資本金5億円未満の各階層は等確率系統抽出により抽出され、資本金5億円以上は全数抽出される。

(2) 金融業，保険業

　他業種と比べて階層区分が粗く、全数抽出の下限が低い。

　資本金1,000万円未満、1,000万円以上1億円未満、1億円以上10億円未満、10億円以上の資本金階層別、業種別に層化される。資本金1億円未満の各階層は等確率系統抽出により抽出され、資本金1億円以上は全数抽出される。

10 結果数値の推定方法

　調査事項ごとの推定値は、資本金階級別、業種別に、当該事項の集計値に調査法人に対する調査対象となりうるすべての法人の数または資本金累計額の比率を乗じて求められる。

5. 短観（全国企業短期経済観測調査）

　企業を対象に行う調査のなかには、業況感、売上、在庫、資金繰りなど企業活動全般について調査する**ビジネスサーベイ**と呼ばれるものがある。この中でとくに著名なものは、日本銀行が企業動向を適切に把握するために実施する**短観（全国企業短期経済観測調査）**である。調査事項には、業況判断（「良い」か「悪い」か）、在庫判断（「過大」か「不足」か）、需給判断（「需要超」か「供給超」か）、雇用人員判断（「過剰」か「不足」か）、設備投資計画などが含まれ、企業動向に関する幅広い内容が対象となっている。

　短観は全国短観のほかに金融機関調査、持株会社等に関する調査および「海外での事業活動」に関する調査があるが、当節では全国短観を中心に概観する。

1 目的

　全国短観は全国の企業動向を的確に把握し、金融政策の適切な運営に資するために行われている。

2 沿革

　国内最初のビジネスサーベイは、日本興業銀行（当時）が、1951年に西ドイツ（当時）のifo経済研究所の景気テストを手本に開始した産業界の短期観測である。日本銀行は、これを継承・改定した上で、1957年に主要短観を開始した。その後、

1974年に全国短観を開始し、2004年には全国短観を大幅に見直すとともに主要短観を廃止し、現在に至っている。

３ 期日
毎年３月、６月、９月、12月に行われている。

４ 対象
全国の資本金２千万円以上の民間企業である。ただし、金融機関、経営コンサルタント業および純粋持株会社は除かれている。また、学術・開発研究機関、医療業など、営利性があまり強くなく、景気動向との関連が弱いとみられる業種は、調査の非対象業種として除外されている。

５ 系統
日本銀行本店（調査統計局）から、すべての調査対象企業に対し、書面調査表またはオンライン利用に係るID等が郵送により配布される。回答を記入した調査表は、回収基準日までに日本銀行本店（調査統計局）にオンライン、郵送等により返信される。その後、回答データは日本銀行本店（調査統計局）でシステムに入力され、確認・集計される。なお、日本銀行が実施する調査の調査票は「調査表」と呼ばれている。

６ 調査事項
(1) 判断項目
　業況、国内での商品需給、海外での商品需給、商品在庫水準、商品の流通在庫水準、生産・営業用設備、雇用人員、資金繰り、金融機関の貸出態度、Commercial Paper（CP）の発行環境、借入金利水準、販売価格、仕入価格
(2) 年度計画
　売上高、輸出、為替レート（円／ドル）、為替レート（円／ユーロ）、経常利益、当期純利益、設備投資額、土地投資額、ソフトウェア投資額、研究開発投資額
(3) 物価見通し
　販売価格の見通し、物価全般の見通し
(4) 新卒者採用状況
　新卒採用者数（６月、12月調査のみ）

７ 結果の公表
調査月の翌月初めから中旬に２日間にかけて公表される。１日目には概要と要旨が、２日目には詳細な計数を収録した資料が公表される。公表時間は、日本の金

融資本市場の取引が活発化する午前9時の直前の8時50分になっている。

8 用語の説明

業況判断DI（Difusion Index） とは、「良い」と答えた企業から「悪い」と答えた企業の数を引いたものを全体の数で割ったものである。

9 調査対象の抽出方法

調査対象企業は原則として2～3年に1度見直されている。

調査対象企業は、売上高の標準誤差率が、基準の範囲（製造業3％、非製造業5％）内に収まっていること等の基準を設け、層化抽出により調査母集団の中から抽出されている。300～400程度の推計層の合計数を目途として、調査母集団を31業種×3企業規模（大・中堅・中小）の93区分に分類した上で、各区分について、調査母集団企業の売上高のばらつきが小さくなるように、1～6層の推計層が設定されている。その上で、推計層ごとに、資本金および売上高を基準に更に細かな2～4層のミニマム層が設定されている。

抽出された企業に対しては、あらかじめ調査協力の可否を確認し、事前に調査協力の承諾を得られた企業のみを調査対象企業としている。倒産や合併等による調査対象企業の減少に伴う統計精度の低下を防ぐため、統計精度は原則として年1回チェックされ、統計精度が低下している場合には調査対象企業は追加される。

10 調査結果の推定方法

調査対象企業からの回答に抽出率の逆数を乗じて母集団全体の集計値が推計されている。

6．その他のデータ

経済構造実態調査は一定規模以上の事業所が対象であったが、総務省統計局は、個人企業の経営の実態を明らかにするために、毎年**個人企業経済調査**を実施している。2022年の調査は、経済センサス—活動調査と同時実施され、個人企業特有の調査事項は両調査で共通の調査票に盛り込まれた。

また、経済産業省が所管する企業活動の実態については、**経済産業省企業活動基本調査**によって毎年明らかにされている。中小企業庁も、中小企業を巡る経営環境の変化を踏まえ、中小企業全般に共通する財務情報、経営情報および設備投資動向等を把握するため毎年**中小企業実態基本調査**を実施している。

日経平均株価は民間統計であるが、世界のマーケットが注目している日単位で作成される統計であり、IMFに報告されるSpecial Data Dissemination Standard

Plus（SDDSプラス）に含まれている。また、帝国データバンクは倒産件数を毎月発表している。

ビジネスサーベイについて、内閣府経済社会総合研究所と財務省財務総合政策研究所が共管で、企業活動の原状と先行き見通しに対する企業経営者の判断を調査し、財政金融政策の運営の基礎資料を得るために**法人企業景気予測調査**を実施している。同調査からは景況、生産・販売設備、資金繰りなどについて「上昇」と回答した企業から「下降」と回答した企業の割合を引いた**Business Survey Index（BSI）**という指標が作成されている。

中小企業については、経済産業省中小企業庁が実施する中小企業景況調査がビジネスサーベイの典型的な例である。

また、ビジネスサーベイは民間の統計調査が充実している分野である。とくに、金融機関が取引先について調査しているものが多い。日本開発銀行は、資本金1億円以上の民間法人企業を対象に設備投資実績、実績見込みおよび計画について調査する**設備投資計画調査**を半年に1度実施している。中小企業についても同様で、中小企業金融公庫は、当公庫直接貸与先のなかから抽出した1万2,000社に対し、売上、販売・仕入価格、従業員、DIなどについて調査する**中小企業動向調査**を四半期に1度実施している。また、経済構造実態調査の結果から無作為抽出した中小企業3万社に対して設備投資実績および計画について調査する**中小製造業設備投資動向調査**を半年に1回実施している。全国信用金庫協会は当金庫の取引先の中小企業から抽出した1万6,000社に対し、業況、売上額、DIなどについて調査する**全国信用金庫景気動向調査**を四半期に1度実施している。

第9章　生産・流通

　経済センサスと経済構造実態調査は、産業構造を横断的に把握し、比較するためにも重要な情報源となっている。製造業については、経済構造実態調査で特別な調査が行われ、より精緻な情報を得ることができる。

　他方、事業所や企業の活動を産業ごとにとらえた統計調査も存在している。とくに、第1次産業については大規模センサスが存在している。そのほかの産業についても、たとえば電気、ガス、水道ごと、あるいは銀行、保険会社、不動産会社ごと、というように細分化された業態、業種または業務ごとに独自の統計が存在しているが、業務統計の形態をとっているものが多い。

　本章では特定産業について事業所側からとらえる統計調査と行政記録を網羅的に概観することとする。

1. 農林業センサス

　近年、第1次産業の構成比は、従業者数で見ても国内総生産で見ても比較的小さい。しかし、世界的には、第1次産業は大きな比重を占めており、センサスを実施する国は多い。特に、SDGsの中でGoal 2が飢餓ゼロになっていることから、地域別指標の作成に向けてセンサスが果たす役割は大きい。

　農林業や漁業の実態は事業所側のみからではとらえることはできず、むしろ農家や漁家のような世帯を単位に営まれていることが多いことから、両センサスでは、世帯と事業所の双方を調査しており、その意味でも他のセンサスや産業関連データにはない特徴を備えている。

　当節では、このうち農林水産省が実施する農林業センサスについて概観する。

1 目的

　農林業センサスの目的は、日本の農林業の生産構造、農林業の生産の基礎となる諸条件等を総合的に把握することによって、農林業の基本構造の現状と動向を明らかにし、農林行政諸施策および農林業に関して行う諸統計調査に必要な基礎資料を整理するとともに、1930年に発効した経済統計に関する国際条約に基づき国連食料農業機関、すなわちFood and Agriculture Organization（FAO）が提唱する**世界農林業センサス計画**に参加し、農林業の国際比較に必要な統計を整備することである。

2 沿革

　最初の農業センサスは1938年に行われた農家一斉調査である。第２次世界大戦中にはセンサスとして調査を実施することができなかったが、戦後、1946年に農家人口調査、1947年に臨時農業センサス、1949年に農地統計調査が相次いでセンサスとして実施された。1950年にFAOが世界的規模で提唱した世界農業センサスに参加し、日本における農業センサスの基礎が固まった。その後10年ごとに世界農業センサスに参加するとともに、その中間年次に、日本独自の農業センサスを実施することになった。1990年には、農業サービスの実態を明らかにするために、農業サービス事業体調査がセンサス体系に取り込まれた。

　一方、林業センサスは、1960年から農林業センサスの一環として10年ごとに実施されている。

　事業体を対象とする調査について2000年世界農林業センサスまで農業と林業を別々に調査していたが、2005年農林業センサスでは、農林業を経営の視点から同一の調査票で把握する調査体系に改め、農林業経営体を調査対象とした農林業経営体調査として実施された。また、調査周期についても、従来10年周期で実施されていた林業に関する調査が農業に関する調査と同様に5年周期で実施されることとなった。

3 期日

　２月１日現在である。ただし、沖縄県においては調査年の前年の12月１日現在である。また、林業地域調査については８月１日現在である。作付面積や販売金額のように、期間を定めて状況を問う調査事項については、主として調査日からさかのぼること過去１年間の状況について回答することとなっている。

　最近の調査は2020年に実施されている。

4 対象

　農業経営体調査については、農林産物の生産を行うまたは委託を受けて農林業作業を行い、生産または作業に係る面積・頭羽数が一定規模以上の農林業生産活動を行う者（組織の場合は代表者）が対象である。

　農山村地域調査については、全国の市町村や農業集落（全域が市街化区域の農業集落を除く）が対象である。農業集落の意味は用語の説明に記した。

5 系統

　調査は主に自計申告方式により行われるが、農業集落精通者は調査員の面接聞き取りによる回答も可能である。2020年調査の調査系統は次のとおりである。

（1）農業経営体調査
　農林水産省―都道府県―市町村―指導員―調査員―調査対象
　調査員が聞き取りにより調査対象を判定し、調査票の記入を依頼し、記入した調査票を回収した。調査対象はオンラインによる回答も選択することができる。
（2）農山村地域調査
　農林水産省から市町村および農業集落精通者にオンラインまたは郵送により実施された。農業集落については農業集落精通者が調査票に記入する。回答を得られない農業集落精通者に対してのみ地方統計組織から調査員が訪問した。

6 調査事項

2020年調査における調査事項は次のとおりである。
（1）農業経営体調査
　農業労働力、経営耕地面積、農作物の作付面積、家畜の飼養状況、農産物の販売金額、農作業受託の状況、農業生産関連事業、林業労働力、保有山林面積、素材生産量、林産物の販売金額、林業作業の委託および受託等
（2）農山村地域調査
（市町村に対して）総土地面積・林野面積
（農業集落に対して）寄り合いの実施状況、地域活動の状況、地域資源の保全・活用状況、実行組合の有無

7 結果の公表

　2020年調査については、概数値は2020年11月末、確定値は2021年3月末までに公表された。それ以降も、詳細結果が随時公表された。

8 用語の説明

（1）農家
　原則として2月1日（沖縄県は前年12月1日）現在の経営耕地面積が10アール以上の農業を営む世帯であるが、経営耕地面積がこれに達しなくても調査期日前1年間における農産物販売金額が15万円以上あった世帯を含む。ここで、農業を営むとは、営利または自家消費のための耕種、養蚕、養畜または自家生産の農産物を原料とする加工を行うことをいう。
（2）世帯員
　原則として住居と生計をともにしている人のことであり、その意味では国勢調査などと同じである。しかし、国勢調査では不在期間が3か月以上にわたるような出稼ぎをしている人などは、その家の世帯員とせず、出稼ぎ先で調査することになっているのに対し、農林業センサスでは、不在期間が1年未満の場合は世帯

員としている。これは、国勢調査の第1のねらいが人口を正確に把握することであるのに対し、農林業センサスの第1のねらいは、農林家の経済的性格を区分することだからである。

(3) 農業経営体

次のいずれかを満たす農業を営む事業体である。
（a）経営耕地面積が30アール以上あるもの
（b）農作物の作付面積または栽培面積、家畜の飼養頭羽数または出荷羽数、その他の事業の規模が基準以上であること（露地野菜作付面積が15アール等）
（c）経営耕地面積がこれに達しなくても調査期日前1年間における農産物販売金額が50万円以上あるもの

(4) 林業経営体

次のいずれかを満たす林業を営む事業体である。
（a）権限に基づいて育林または伐採を行うことができる山林の面積が3ヘクタール以上。ただし、立木竹のみを譲り受けて行う伐採を除く。
（b）委託を受けて行う育林もしくは素材生産または立木を購入して行う素材生産。ただし、素材生産については、調査期日前1年間に200㎥以上の素材を生産した者に限る。

(5) 農業集落

自然発生的な地域社会であり、家と家とが地縁的、血縁的に結び付き、各種の集団や社会関係を形づくってきた農村における基礎的な地域単位である。

農林業センサスでは、農業集落の範囲を属性的にとらえ、一定の土地（地理的な領域）と家（社会的な領域）とを成立要件とした農村の地域社会であるという考え方をとり、「市町村区域の一部において農業上形成されている地域社会」と定義している。ただし、北海道と沖縄県については、他の都府県の場合と異なり、行政区の範囲をもって農業集落としている。

(6) 販売農家と自給的農家

農家については、近年、兼業化や世帯員の高齢化が進展する中で、生計の大部分を農外所得、年金などに依存し、農業生産は自給的なものにとどまる小規模な農家のシェアが高まっている。こうした状況を受け、商品生産を主たる目的として農業を営む**販売農家**と飯米自給などを主たる目的としている**自給的農家**に区分している。具体的には、販売農家は、経営耕地面積が30アール以上または1年間の農作物販売金額が50万円以上の農家であり、自給的農家は経営耕地面積が30アール未満かつ1年間の農作物販売金額が50万円未満の農家である。

(7) 経営耕地

経営耕地とは、調査期日現在で農林業経営体が経営している耕地（けい畔を含む田、樹園地および畑）であり、以下の式のとおり、自ら所有し耕作している**自

作地と、他から借りて耕作している**借入耕地**の合計である。土地台帳の地目や面積に関係なく、実際の地目別の面積とした。

　経営耕地 = 所有地（田、畑、樹園地）− 貸付耕地 − 耕作放棄地 + 借入耕地

　なお、**耕作放棄地**とは、以前耕作していた土地で、過去1年以上作物を作付（栽培）せず、この数年の間に再び作付（栽培）する意思のない土地をいう。

2. 漁業センサス

　日本は広大な海に囲まれた島国であることから、漁業は古くから身近な産業として発展してきた。農林水産省が実施する**漁業センサス**は海面漁業調査、内水面漁業調査および流通加工調査に区分される。

1 目的

　調査の目的は、日本の漁業および水産行政の現状を踏まえつつ、漁業の生産および就業構造の変化を明らかにし、行政諸施策の必要かつ的確な基礎資料を提供すること、また、漁業に係る地域統計を整備することにより、地域における統計利用に資するとともに各種水産統計の母集団を整備することである。

2 沿革

　最初の漁業センサスが実施されたのは1949年のことであり、漁業における生産関係を統計的に明らかにするために、初めて、漁業経営体を漁家と企業体に分離して実施された。その後ほぼ5年ごとに実施されている。

3 期日

　2023年調査は、海面漁業調査と内水面漁業調査は2023年11月1日現在、流通加工調査は2024年1月1日現在で実施された。

4 対象

　2023年調査の海面漁業調査、内水面漁業調査および流通加工調査の対象は次のとおりである。

(1) 海面漁業調査

　(a) 漁業経営体調査

　海面に沿う市町村および**漁業法**（1949年法律第267号）第138条第5項の規定により農林水産大臣が指定した市町村の区域内にある海面漁業に係る漁業経営体ならびにこれらの市町村の区域外にある海面漁業に係る漁業経営体で農林水産大臣が必要と認めるもの

（b）海面漁業地域調査
　沿岸地区の漁業協同組合
（2）内水面漁業調査
　（a）内水面漁業経営体調査
　共同漁業権の存する天然の湖沼その他の湖沼で農林水産大臣が定めるものにおいて水産動植物の採捕の事業を営む内水面漁業に係る漁業経営体および内水面において養殖の事業を営む漁業経営体
　（b）内水面漁業地域調査
　水産業協同組合法（1948年法律第242号）第18条第2項に規定する内水面組合
（3）流通加工調査
　（a）魚市場調査
　漁船により水産物の直接水揚げがあった市場および漁船の直接水揚げがなくても、陸送により生産地から水産物の搬入を受けて、第1次段階の取引を行った市場
　（b）冷凍・冷蔵、水産加工場調査
　陸上において主機10馬力（7.5kW）以上の冷蔵・冷凍施設を有し、水産物を凍結し、または低温で貯蔵した事業所（冷凍・冷蔵工場）または販売を目的として水産動植物を他から購入して加工製造を行った事業所および原料が自家生産物であっても加工製造するための作業所または工場と認められるものを有し、その製造活動に専従の従事者を使用し加工製造を行った事業所（水産加工場）。ただし、水産物にのり冷凍網は含まれない。

5 系統

　2023年調査では、海面漁業調査の漁業経営体調査のみ農林水産省から都道府県と市町村を経由し、他の調査は農林水産省の地方組織または民間機関を経由した。調査により調査員が介在することがある。すべての調査でオンラインによる回答が可能となっている。

6 調査事項

（1）海面漁業調査
　（a）漁業経営体調査
　漁業種類、使用漁船、養殖施設その他漁業経営体の経営の状況、個人経営体の世帯の状態および世帯員の漁業就業日数その他の就業状況
　（b）海面漁業地域調査
　資源管理・漁場改善の取組、会合・集会等の開催状況、活性化の取組

(2) 内水面漁業調査
(a) 内水面漁業経営体調査
　漁業種類、使用漁船、養殖施設その他漁業経営体の経営の状況、個人経営体の世帯の状態および世帯員の就業状況
(b) 内水面漁業地域調査
　組合員数、漁場環境、遊漁の状況、活性化の取組
(3) 流通加工調査
(a) 魚市場調査
　魚市場の施設および取扱高等
(b) 冷凍・冷蔵、水産加工場調査
　事業内容、従業者数等

7 結果の公表
　2023年調査の概数値は2024年8月末に、確定値は2024年12月に公表され、それ以降、詳細結果が随時公表される予定である。

8 用語の説明
　漁業経営体とは、調査期日前1年間に、利潤または生活の資を得るために生産物を販売することを目的として、海面において水産動植物の採捕または養殖の事業を営んだ世帯または事業所をいう。ただし、調査期日前1年間の漁業の海上作業従事日数が30日未満の個人漁業経営体は、調査対象に含まれない。

3. サービス産業動向調査

　第3次産業、すなわちサービス産業は産業全体の7割を占めている。また、いくつかの産業分類に該当する。サービス産業動向調査は、サービス産業全体の生産・雇用等の動向を毎月把握する調査であり、総務省統計局が所管している。

1 目的
　調査の目的は、サービス産業の生産・雇用等の動向を把握し、GDPの四半期速報、すなわちQuick Estimation（QE）を始めとする各種経済指標の精度向上等に資することである。

2 沿革
　「経済財政運営と構造改革に関する基本方針2006」（2006年7月7日閣議決定）等における政府の統計整備の方針に基づき、これまで統計の整備が十分でなかった

サービス産業を調査対象として、その活動の動向を包括的かつ適時に把握することができるサービス産業動向調査が、2008年7月に創設された。

2013年には、サービス産業の詳細な産業分類別および地域別の状況を年次で把握することを目的として年1回の拡大調査が開始されたが、拡大調査は2019年から経済構造実態調査に統合された。

3 期日

毎月、月末に最も近い営業日時点における状況が調査されている。

4 対象

対象産業はサービス産業のうち情報通信業、運輸業，郵便業、不動産業，物品賃貸業、学術研究，専門・技術サービス業、宿泊業，飲食サービス業、生活関連サービス業，娯楽業、教育，学習支援業、医療，福祉、サービス業（他に分類されないもの）である。

これらの産業のうち、固定電気通信業、移動電気通信業、公共放送業（有線放送業を除く）、鉄道業、航空運輸業および郵便業（信書便事業を含む）の企業と資本金・出資金・基金が1億円以上のすべての企業約13,000ならびにそれらに属さない約25,000の事業所が調査対象である。

5 系統

調査は総務省統計局が民間調査機関に委託して実施している。原則として、調査票の配布・回収とも郵送で実施しているが、企業等または事業所の希望により、オンラインでの調査票の配布および回収も行っている。調査結果の集計は、独立行政法人統計センターが行っている。

6 調査事項

調査事項は簡素化されており、月間売上高が毎月調査される。1か月目には月末の事業従事者数とその内訳も調査される。さらに、事業所に対しては1か月目に事業所の主な事業の種類も調査される。

7 結果の公表

調査結果は、調査月の翌々月下旬に速報、5か月後の下旬に確報として公表される。

8 調査対象の抽出方法

事業所は事業従事者規模別に層化抽出されているが、各層一定規模以上は全事

業所が調査されている。

9 結果数値の推定方法

売上高および事業従事者数は、事業所および企業等の推定値を合算することにより集計される。ただし、標本抽出された事業所については、売上高や事業従事者数に、産業分類、事業従事者規模別に抽出率の逆数を乗じた上で合算される。

4. その他のデータ

生産・流通については、これまでに説明した統計調査以外にも様々なデータが存在している。これらを主な分類ごとに概観する。

なお、建設業については「第4章　建物・土地」で紹介したデータが生産に関するデータとしても重要な役割を果たしている。また、サービス業の中で、教育・研究、健康・福祉は、生産・流通以外の側面から取り上げるべき部門なので、これらについては章を改めて説明する。

1 農林水産業

農林水産業については、農林業センサス、漁業センサス以外にも様々な統計調査が実施されており、毎年または毎月実施されているものも多い。これらのなかには、農業経営体の経営収支および農畜産物の生産費等を明らかにする**農業経営統計調査**、耕地および作物の生産に関する実態を明らかにする**作物統計調査**などがある。作物統計調査の結果である**作況指数**は、作柄の良否を表す指標のことであり、10アール当たり平年収量に対する10アール当たり収量（または予想収量）の比率である。特に、**水稲収穫量調査**は、国民の主食である米の需給対策や生産対策等の農政推進のために、米の作況指数を中心に収穫の各段階で結果が注目されている。また、作物統計調査では、面積調査において、衛星画像データを活用して農地の区画情報が整備されている。木材製品の生産、出荷等については**木材統計調査**、流通については**畜産物流通調査**、**水産物流通調査**などがある。これらの調査はいずれも農林水産省によって実施されている。

2 製造業

製造業については、経済構造実態調査のほかに、鉱工業生産の動態を明らかにする**経済産業省生産動態統計調査**があり、経済産業省によって一定規模以上の全数調査として実施されている。約1,600品目の鉱工業製品の生産・出荷・在庫の数量や金額、労務（月末従事者）および生産能力・設備などが109種類の調査票により、毎月調べられている。

製造業に関する生産調査は、木材統計調査を農林水産省が、**薬事工業生産動態統計調査**を厚生労働省が、**鉄道車両等生産動態統計調査**を国土交通省が実施するなど、製品により所管が異なる。

3 電気・ガス・熱供給・水道業

電気・ガス・熱供給・水道業については、経済産業省資源エネルギー庁が、工業における石油等の消費の動態を明らかにし、石油等の消費に関する施策の基礎資料を得るために、石油製品工業、鉄鋼業、機械工業など9業種の事業所を対象に毎月実施している**経済産業省特定業種石油等消費統計調査**、ガス事業の生産の実態を明らかにし、ガス事業に関する施策の基礎資料を得るために毎月実施している**ガス事業生産動態統計調査**、電気事業における需要実績、発電電力量および燃料消費実績等を毎月明らかにし、日本の電力の安定供給に資する**電力調査統計**などがある。景気が上昇し、生産活動が活発化すると、工場の電力使用量は増加することから、電力調査統計は景気指標としても利用されている。

さらに、経済産業省資源エネルギー庁は、これらのエネルギー関係の各種一次統計等のエネルギー生産量、転換量、消費量等のデータを組み合わせて、日本に輸入され、あるいは国内で生産され供給された石炭・石油・天然ガスなどのエネルギー源が、どのように転換され、最終的にどのような形態でどの部門や目的に消費されたかを定量的に示す**総合エネルギー統計**を作成している。

水道については、厚生労働省が水道普及率を含めた基本統計を作成・提供している。

4 情報通信業

情報通信については、「第6章　生活・行動」で例示した**通信利用動向調査**の企業編、サービス産業動向調査が典型的なものとして挙げられる。そのほかに、情報通信業に属する企業の活動実態を明らかにし、情報通信業に関する施策の基礎資料を得るため、**情報通信業基本調査**が総務省と経済産業省の共管で実施されている。また、通信・放送産業の振興・健全な発展に寄与するため、**通信・放送産業動態調査**が総務省によって実施されている。

ビデオリサーチ社が作成しているテレビの**視聴率**は、放送業の業績指標であるが、テレビ番組の価値指標として一般にも注目されている。もはやテレビは一方向の通信手段でなく、dボタン等を通じて視聴者の反応を集計する手段になっている。

5 運輸業，郵便業

運輸業の統計調査の多くは国土交通省によって実施されている。まず、乗り物

による輸送統計調査として、自動車については**自動車輸送統計調査**、鉄道については**鉄道輸送統計調査**、船舶については**内航船舶輸送統計調査**、航空機については**航空輸送統計調査**が実施されている。また、首都、近畿および中京の調査区域内の定期券発行所において、定期券を購入する旅客のうち購入する定期券の起点および終点が調査区域内にある者全員を対象とするという意味でセンサスと呼ばれる**大都市交通センサス**が5年に1度実施されている。同調査の目的は、これらの地域の大量公共交通機関の利用実態を調査し旅客の流れの方向および性格、時間別利用状況、乗り換え関係など大量公共交通機関の動的な利用実態を把握するとともに、人口の分布と輸送量の関係、輸送需要構造の変化などを解明して、広域交通圏における公共輸送網整備計画策定の基礎資料とすることである。

普通自動車と小型自動車については、国土交通省が検査、登録を、軽自動車については軽自動車検査協会が検査を行なっているが、日本自動車販売協会連合会や日本自動車工業会がこれらの結果を統計としてまとめている。

国土交通省が公表している鉄道の輸送力に対する輸送人員を表す**混雑率**は、生活指標としても注目されている。自動車については渋滞の長さが重要な情報であるが、高速道路に埋め込まれたトラフィックカウンターによって計測される。

急速に発展している宅配便について、その取扱個数を国土交通省が調査している。2007年における郵政民営化に伴い、ゆうパックも調査の対象となっている。

港湾の実態を明らかにし、港湾の開発、利用および管理に資するため、毎月**港湾調査**が国土交通省によって実施されている。港湾調査からは輸出入に係る取扱貨物量も把握することができる。

6 卸売業，小売業

卸売業，小売業については、経済産業省が事業所および企業の販売活動などの動向を明らかにする**商業動態統計調査**を毎月実施している。また、小売業の実態は購入サイドから把握することもでき、「第7章　家計・価格」で紹介した統計調査が便利である。家計調査の消費支出は、1世帯当たりの平均値であって、耐久財や非耐久財（消耗品）などの財への支出だけでなく、住居（家賃など）、交通費、教育費、診療代などのサービスへの支出も含め、世帯が消費するものが幅広く含まれている。また、贈与金や仕送り金といった他の世帯への移転支出も含まれている。これに対して、販売側の統計である商業動態統計調査の小売業販売額などは、総額であって、基本的に財に関する統計であり、家計調査の消費支出に含まれているサービスへの支出はほとんど含まれていないことに加え、一部事業向け販売分、外国人観光客による消費分なども含まれている。

また、業種別の流通について、**木材流通統計調査**を農林水産省が、**繊維流通統計調査**を経済産業省が実施している。

海外との関係では、財務省が**貿易統計**を作成し、**関税法**（1954年法律第61号）の規定に基づき、日本から外国への輸出および外国から日本への輸入について、税関に提出された輸出入の申告を集計し、毎月公表している。貿易統計は各国共通の基準で作成されなければ全体像を描くことができないことから、国連が1970年に作成し、1981年、1997年、2010年に改定した国際商品貿易統計：概念と定義、すなわちInternational Merchandise Trade Statistics：Concepts and Definitions（IMTS）が存在する。

7 金融業，保険業

　法人企業統計調査に見られるように、以前、金融業，保険業は各種の産業統計において特別な扱いを受けていたが、近年は他産業と同様に扱われている。金融業，保険業の状況については、法令などにより財務省や日本銀行が収集する各種報告をもとに作成される業務統計が多い。そのほかに、郵便貯金および簡易生命保険については独立行政法人郵便貯金簡易生命保険管理・郵便局ネットワーク支援機構、証券については日本取引所グループ、保険については生命保険協会、日本損害保険協会、自動車保険料率算定協会などにより保険契約件数、保険金の支払状況などの業務統計が作成されている。

　また、日本クレジット協会は、シー・アイ・シーの協力を得てクレジット業界の市場規模統計をまとめている。

　金銭を中心に分類した統計もある。**マネーストック**とは、通貨保有主体が保有する現金通貨や預金通貨などの通貨量の残高である。

　通貨としてどのような金融商品を含めるかについては、国や時代によっても異なり、一義的には決まっていないが、日本の場合、対象とする通貨および通貨発行主体の範囲に応じて、M1、M2、M3、広義流動性の4つの指標が日本銀行によって作成・公表されている。

　これらの用語の意味は以下のとおりである。

(1) 通貨保有主体
　一般法人、個人、地方公共団体・地方公営企業を指し、中央政府、中央銀行、預金取扱機関、保険会社、銀行および保険会社の持株会社、政府系金融機関、証券会社、短資会社は含まれない。なお、非居住者は、通貨保有主体には含まれない。

(2) 通貨発行主体
　金融商品を提供している主体

(3) M1
　最も容易に決済手段として用いることができる現金通貨と預金通貨で構成されている。このうち、**現金通貨**は、銀行券発行高と貨幣流通高の合計から金融機関保有現金を控除した残高である。金融機関保有現金を控除しているのは、通貨保

有主体が保有している現金を特定するためである。また、**預金通貨**は、全預金取扱機関の要求払預金から算出した残高である。

(4) M3

M1に、全預金取扱機関の準通貨および譲渡性預金、すなわちCertificate of Deposit（CD）を加えた残高である。なお、準通貨の大半は定期預金が占めている。**準通貨**と呼ばれる理由は、解約して現金通貨ないし預金通貨に替えれば決済手段になる金融商品であり、預金通貨に準じた性格を持つからである。M3対象金融商品を取り扱っている通貨発行主体は、日本銀行および預金取扱機関である。

(5) M2

金融商品の範囲はM3と同じであるが、預金の預け入れ先が国内銀行等に限定されている。

(6) 広義流動性

M3に、何らかの「流動性」を有すると考えられる金銭の信託、投資信託、金融債、銀行発行普通社債、金融機関発行Commercial Paper（CP）、国債、外債を加えた指標である。広義流動性は、相当広範囲の金融商品を含むため、たとえば投資信託を解約して預金に振り替えるような金融商品間の振り替えが生じた場合であっても、比較的安定的に推移する。

株式や債券はマネーストックに含まれない。株式や債券を現金化するにはそれらを売却する必要がある。そして普通、売却には時間がかかったり、仲介人に支払う手数料がかかったりする。そのためにこのような金融資産は銀行預金よりもずっと流動性が低い。

M1、M3、広義流動性の関係を図示すると図22のようになる。

【図22】マネーストック統計

広義流動性
何らかの「流動性」を有すると考えられる金銭の信託、投資信託、金融債、銀行発行普通社債、金融機関発行Commercial Paper (CP)、国債、外債

M3
全預金取扱機関の準通貨および譲渡性預金、すなわちCertificate of Deposit (CD) を加えた残高

M1
現金通貨（銀行券発行高と貨幣流通高の合計から金融機関保有現金を控除した残高）
預金通貨（全預金取扱機関の要求払預金から算出した残高）

株式や債券はマネーストックに含まれない。

マネーストック統計のうち、M1、M2、M3については、日本銀行券発行高、貨幣流通高など日本銀行の業務統計、預金取扱金融機関より収集された調査表等を

利用して作成されている。これに対し、広義流動性については、通貨保有主体別の保有統計が存在しない、平均残高（1か月間の日々の残高の合計をその期間中の日数で除した残高）統計が存在しない等の基礎資料の制約があることから、推計に頼る部分がある。

　銀行券や貨幣（硬貨）がどのくらい流通しているかについて、日本銀行は**通貨流通高**を毎月公表している。通貨流通高は、記念貨を含み、日本銀行保有分を除き、市中金融機関保有分を含んでいる。日本銀行が金融部門を含めた経済全体に供給する通貨を**マネタリーベース**と呼び、日本銀行券発行高、貨幣流通高、日銀当座預金を合計した額である。マネタリーベースに含まれる日銀当座預金や金融機関の保有現金（「銀行券」と「貨幣」）は、マネーストックには含まれない。マネーストックの値をマネタリーベースの値で割ると**信用創造乗数（貨幣乗数）**になる。これは商業銀行に対する企業・家計部門の資金需要を表す。

　日本銀行は**預金・貸出関連統計**も作成しており、預金・現金・貸出金のほか、預金については預金種類別店頭表示金利の平均年利率等、定期預金の預入期間別平均金利、預金者別預金、定期預金の残高および新規受入高などを、貸出については長・短期プライムレート、貸出約定平均金利などを公表している。**短期プライムレート**は、銀行が最も信用力のある企業に対して貸し出しをする貸出期間が1年未満の最優遇貸出金利である。1989年以降、都市銀行が短期プライムレートとして自主的に決定した金利のうち、最も多くの数の銀行が採用した金利および最高、最低の金利を掲載している。**長期プライムレート**は、民間金融機関が、企業に対して資金を1年以上貸付ける際の最優遇貸出金利であり、みずほ銀行が、長期プライムレートとして自主的に決定・公表した金利を掲載している。第18章で述べる**貸出約定平均金利**とは、銀行や信用金庫が個人や企業に資金を貸し出す際の金利を平均したものである。

8 宿泊業，飲食サービス業

　宿泊業については、観光庁が**宿泊旅行統計調査**を実施し、宿泊者数の居住地別内訳や外国人宿泊者数の国籍別内訳を調べている。飲食サービス業については、外食フードサービス協会が外食産業の市場規模を推計している。宿泊業と飲食サービス業は新型コロナウイルスの被害が著しかった。

　金融業と飲食サービス業に限ったことではないが、特定の業界団体が自身の市場規模等をとりまとめた統計は生産・流通統計としての活用が可能である。

第10章　教育・研究

本章では、教育および研究について比較的大規模な調査を紹介する。

教育については、国勢調査をはじめ学歴について聞くものがあるが、調査対象の大半は教育過程を終了している人であり、教育過程のただなかにある生徒を直接調査する方法には限界がある。そこで、教育については、学校、教師、親を対象とするか、またはこれらを介して生徒を対象とする調査が大半を占める。SDGsでも Goal 4 が「質の高い教育をみんなに」となっているように、教育は国際的にも注目されている。

1. 学校基本調査

学校基本調査は、すべての学校について基本的事項を調査したものであり、その意味で全数調査である。文部科学省によって実施され、学校調査、学校通信教育調査、不就学学齢児童生徒調査、学校施設調査、学校経費調査、卒業後の状況調査の6つの調査からなる。

1 目的
調査の目的は、学校に関する基本的事項を調査し、学校教育行政上の基礎資料を得ることである。

2 沿革
学校基本調査のはじまりは学制改革と関連しており、1948年に開始された。

3 期日
毎年5月1日現在で実施される。ただし、学校経費調査については前年度の状況が、卒業後の状況調査については前年度間の卒業者について調査される。

4 対象
調査対象の範囲は、幼稚園、幼保連携型認定こども園、小学校、中学校、義務教育学校、高等学校、中等教育学校、特別支援学校、大学（短期大学を含む）、高等専門学校、専修学校および各種学校、約57,000校すべてである。市町村教育委員会約1,700もすべて対象となる。

5 系統

　文部科学省が直接または都道府県もしくは市町村を通じて調査票を配布する。調査対象が記入した調査票は文部科学省、都道府県または市町村に提出され、市町村は、提出された調査票を審査・整理の上、都道府県に提出する。都道府県は、市町村から提出された調査票を審査・整理し、文部科学省に提出する。文部科学省に提出された調査票は文部科学省が集計する。調査票の配布・提出はオンラインまたは郵送で行う。

6 調査事項
(1) 学校調査
　一例として小学校用は以下のとおりである。
　学校の所在地、学校名、設置者、本校分校の別、へき地等学校指定の有無、小中一貫教育の施設形態、教員数、職員数、教員の本務者のうち休職等教員数・教務主任等の数・指導主事等の数、教員・職員の本務者のうち産休代替等教職員数、私費負担の職員数、学校医等の数、学年別学級別児童数、学年別帰国児童数、外国人児童数
　他に、幼稚園用、幼保連携型認定こども園用、中学校用、義務教育学校用、高等学校用、中等教育学校用、特別支援学校用、専修学校用、各種学校用があり、類似の事項が調べられている。大学・短期大学については、学生教職員等状況票、学部学生内訳票、大学院学生内訳票等に区別されている。

(2) 学校通信教育調査
　高等学校を対象に通信制の課程の状況が調査される。学校調査と類似の事項が調べられている。

(3) 不就学学齢児童生徒調査
　不就学児童・生徒について以下のことが調べられている。
　教育委員会の所在地・名称、教育委員会の設置類型、理由別就学免除者および就学猶予者数、1年以上居所不明者数、学齢児童生徒死亡者数

(4) 学校施設調査
　施設については以下のことが調べられている。
　学校の所在地、学校名、設置者本部の所在地、設置者名、学校種、設置者、私立の幼稚園または幼保連携型認定こども園の設置者、本校分校の別、学校建物面積・土地面積

(5) 卒業後の状況調査
　一例として中学校用は以下のとおりである。
　学校の所在地、学校名、学校種別、設置者別、本校分校の別、中高一貫教育の実施形態、小中一貫教育の施設形態、状況別卒業者数、特別支援学級卒業者の状

況、高等学校（本科）等への入学志願者数、産業別就職者数

他に、高等学校全日制・定時制用、中等教育学校前期課程・後期課程（全日制・定時制）用、特別支援学校中学部用、特別支援学校高等部用、高等学校通信制用、義務教育学校用があり、類似の事項が調べられている。

(6) 学校経費調査

大学等とその附属機関に対して以下の事項が調べられている。

設置者、学校の所在地、学校名、学校種、経費に関する事項、収入に関する事項

7 結果の公表

毎年調査年の8月頃に速報が公表され、12月頃に報告書が刊行されている。

8 用語の説明

就職率

就職希望者に占める就職者の割合であり、調査時点における就職者数を就職希望者数で除したものである。**就職者**とは、正規の職員（1年以上の非正規の職員として就職した者を含む）として最終的に就職した者（企業等から採用通知などが出された者）をいう。**就職希望者**とは、卒業年度中に就職活動を行い、大学等卒業後速やかに就職することを希望する者であり、卒業後の進路として進学、自営業、家事手伝い、留年、資格取得などを希望する者は含まれない。**就職率**の調査時点は、4月1日現在である。

2. 科学技術研究調査

一方、研究については、企業や大学などを対象に総務省統計局によって実施される**科学技術研究調査**がある。

1 目的

調査の目的は、日本の科学技術に関する研究活動の状態を調査し、科学技術振興に必要な基礎資料を得ることである。

調査結果は、科学技術政策大綱の策定や科学技術白書、中小企業白書など、日本における科学技術研究活動の動向の把握と科学技術振興に関する施策のための基礎資料として利用される。

2 沿革

1953年以降毎年実施されている。当初は研究機関基本統計調査と呼ばれていた

が、1960年の調査範囲の拡大に伴い現行の名称に改められた。

1997年からソフトウェア業が追加された。

2002年に調査対象区分の変更、対象産業の拡大等大幅な見直しが実施された。

3 期日

毎年6月1日現在で行われる。

売上高、研究費などの財務事項については、調査日直前の決算日からさかのぼる1年間の実績である。

4 対象

調査の対象は以下のとおりである。

(1) 企業

農業，林業、漁業、鉱業，採石業，砂利採取業、建設業、製造業、電気・ガス・熱供給・水道業、情報通信業、運輸業，郵便業、卸売業，小売業のうち各種商品卸売業、繊維・衣服等卸売業、飲食料品卸売業、建築材料，鉱物・金属材料等卸売業、機械器具卸売業、その他の卸売業、金融業，保険業のうち銀行業、貸金業、クレジットカード業等非預金信用機関（政府関係金融機関を除く）、金融商品取引業、商品先物取引業、補助的金融業等、保険業（保険媒介代理業、保険サービス業を含む）、学術研究，専門・技術サービス業のうち学術・開発研究機関、専門サービス業（他に分類されないもの）、ならびに技術サービス業（他に分類されないもの）およびサービス業（他に分類されないもの）のうち職業紹介・労働者派遣業およびその他の事業サービス業を主たる事業とする資本金1,000万円以上の会社法に規定する会社のほか、研究開発法人、国立大学法人、大学共同利用機関法人、公立大学法人、大学、学校法人および学校設置会社が出資する、当該法人における研究開発の成果または技術に関する研究の成果の活用を促進する民間事業者等との共同研究開発等を行う会社である。

(2) 非営利団体・公的機関

人文・社会科学、自然科学等に関する試験研究または調査研究を行うことを目的とする国・公営の研究機関、特殊法人等、独立行政法人（大学等に含まれるものを除く）および営利を目的としない民間の法人である。

(3) 大学等

学校教育法（1947年法律第26号）に基づく大学の学部（大学院の研究科を含む）、短期大学、高等専門学校、大学附置研究所、大学附置研究施設、**国立大学法人法**（2003年法律第112号）に基づく大学共同利用機関法人および**独立行政法人国立高等専門学校機構法**（2003年法律第113号）に基づく独立行政法人国立高等専門学校機構である。

なお、非営利団体・公的機関は各府省庁と地方公共団体に依頼して作成した資料に基づき、大学等は、文部科学省公表の資料に基づき、国内すべてが対象となる。

企業約13,500、非営利団体・公的機関約1,100および大学等約3,800の合計約18,400が調査対象となっている。

5 系統
総務省統計局から委託を受けた民間事業者が5月中旬に調査対象に調査票を郵送し、調査対象はオンラインまたは郵送により総務省統計局に回答する方法で実施されている。

6 調査事項
科学技術研究調査の調査事項は以下のとおりである。
(1) 調査組織体に関する事項
名称、所在地、法人番号、事業の種類（企業、非営利団体・公的機関のみ）、学校等の種類（大学等のみ）、学問別区分（非営利団体・公的機関、大学等のみ）、従業者数（企業、非営利団体・公的機関のみ）、資本金（企業のみ）、総売上高（企業のみ）、支出総額（非営利団体・公的機関、大学等のみ）
(2) 研究の実施に関する事項（企業、非営利団体・公的機関のみ）
研究の実施の有無、研究の種類
(3) 研究関係従業者に関する事項
研究関係従業者数、専門別研究者数、採用・転入研究者数、転出研究者数
(4) 研究費に関する事項
内部で使用した研究費、外部から受け入れた研究費、外部へ支出した研究費、性格別研究費、製品・サービス分野別研究費（資本金1億円以上の企業のみ）、特定目的別研究費（資本金1億円以上の企業、非営利団体・公的機関、大学等）

性格別研究費とは、理学、工学、農学、保健について研究費を基礎研究費、応用研究費、開発研究費に区別した金額である。特定目的別研究費とは、研究費をライフサイエンス分野、情報通信分野、環境分野などに区別した金額である。
(5) 国際技術交流に関する事項（企業のみ）
輸出入ごとに相手先企業の国籍ごとの金額を調査

7 結果の公表
毎年12月に結果の概要が公表され、翌年3月までに詳細結果が報告書として刊行される。

8 用語の説明
(1) 研究
　事物・機能・現象等について新しい知識を得るために、または既存の知識の新しい活用の道を開くために行われる創造的な努力および探求をいう。ただし、企業および非営利団体・公的機関の場合は、製品および生産・製造工程等に関する開発や技術的改善を図るために行われる活動も研究業務としている。
(2) 研究費
　日本国内における、科学技術に関する研究開発のために支出された費用である。研究関係従事者の人件費、原材料費、研究用施設・設備の取得・維持・補修に関する費用、光熱水道費、火災保険料など、研究活動を支えるために必要なあらゆる費用を含む。
　科学技術研究調査の研究費は、国際比較が可能なように、研究開発に関して経済協力開発機構、すなわちOrganisation for Economic Co-operation and Development（OECD）が作成したFrascatiマニュアルの定義に沿ったものとなっている。
(3) 国際技術交流
　外国との間における特許権、ノウハウの提供や技術指導等、技術の提供または受入であり、**技術貿易**ともいう。

9 調査対象の選定方法
　調査対象のうち企業は、事業所母集団データベースおよび過去の調査結果を基に作成した母集団名簿に基づき、前年の研究活動の有無（2区分）、資本金階級（4区分）および産業（40区分）の各層から所要の企業数が抽出される。資本金10億円以上の企業および前年に研究実績のあった資本金1億円以上10億円未満の企業はすべて調査対象になる。それ以外で資本金1,000万円以上の企業は標本調査として、一定の統計上の抽出方法に基づき選定される。

10 結果数値の推定方法
　企業については、各層ごとに事業所母集団データベースおよび過去の調査結果をもとに作成した母集団名簿の企業数をベンチマークとして推定されている。

3. その他のデータ

　文部科学省が行う学校教育に関する基幹統計調査の中には、学校の教員構成、個人属性、職務態様、異動状況などを調査する**学校教員統計調査**もある。また、学校と保護者を対象に子供の学校教育および学校外活動のために支出した経費の実

態をとらえる**子供の学習費調査**が実施されている。学生を直接調査するものとして、独立行政法人日本学生支援機構は、大学生等の学生生活費、収入状況、奨学金受給状況等の学生生活状況に関する**学生生活調査**を実施している。

　国際的には、OECDが2000年から3年程度間隔でProgram for International Student Assessment（PISA）を行い、各国の15歳の学生に対して、読解、計算、科学、課題解決に関する能力を測定するために世界共通のテストを実施している。

　一方、文部科学省は、公民館、図書館、博物館等を対象に社会教育に関する基幹統計調査も行っており、**社会教育調査**と呼ばれている。

　研究にはイノベーションが関係するが、科学技術・学術政策研究所は科学技術・イノベーション政策に対するOECDを中心とした国際的な協調のもと、企業のイノベーション活動の実態や動向を調査し、科学技術・イノベーション政策の企画、立案、推進および評価に必要な基礎資料を得る**全国イノベーション調査**を行っている。

第11章　健康・福祉

　健康を最も重要と考える人は多い。特に、高齢化が著しい日本では、医療、年金、介護のいずれの分野に対してもニーズが増加している。健康・福祉は、個々のケースで失敗が許されない分野であり、まずは個々のケースごとに最善の方策がなされているかが問題になる。しかし、コロナ禍における新型コロナウイルスの感染者数や死者数に見られるように、人々の日常生活や政策に強く影響を及ぼすデータがある。また、制度の現状を把握し、将来の計画を設計するに際して、データは不可欠であり、数多くの調査が実施されている分野でもある。国際的にも、SDG 3は「すべての人に健康と福祉を」となっている。

1. 医療施設調査

　都道府県間や保険者間の受診率、1件当たり医療費などの格差は、受診側の疾病構造、年齢構成、健康意識などによっても生じるが、医療環境も大きな要因である。このため、医療費の分析には、医療施設数や医療従事者数も重要な情報である。

　医療施設調査は施設面からみた医療調査であり、全医療施設の詳細な実態を把握することを目的とした**静態調査**と、その結果に医療施設の開設、廃止などの状況を順次加減し、医療施設の状況を把握する**動態調査**からなる。

1 目的
　調査の目的は、全国の医療施設（**医療法**（1948年法律第205号）に定める病院・診療所）の分布および整備の実態を明らかにするとともに、医療施設の診療機能を把握し、医療行政の基礎資料を得ることである。

2 沿革
　この調査は、1948年に行われた施設面からみた医療調査を前身としている。1972年までは毎年調査されていたが、1973年に規則が改正され、動態調査が1973年から毎月、静態調査が1975年から3年ごとに実施されることとなった。
　なお、1981年までは12月末現在で調査されていたが、1984年からは後述する患者調査と同じ10月1日に実施され、施設面からも患者の動向が把握されようになった。

3 期日
静態調査は10月1日現在である。
動態調査は開設・変更等のあった都度である。

4 対象
医療法に基づき許可または届出を行なっているすべての病院および診療所であり、2021年の静態調査では、病院8,205、一般診療所10万4,292、歯科診療所6万7,899である。

5 系統
(1) 静態調査
①厚生労働省の指示に基づき都道府県または保健所を設置する市・特別区が医療施設に対して調査票を送付
②医療施設は、調査票に記載した後、都道府県または保健所を設置する市・特別区に対して調査票を返送
③都道府県または保健所を設置する市は、調査票を回収、点検した後、厚生労働省に提出
(2) 動態調査
開設・廃止などの届出の受理・処分について、都道府県または保健所を設置する市・特別区が医療施設動態調査票を作成し、厚生労働省に提出する。

6 調査事項
(1) 静態調査
施設名・施設の所在地、開設者、診療科目、設備、従事者の数およびその勤務の状況、許可病床数、社会保険診療等の状況、救急医療体制の状況、診療および検査の実施の状況、その他関連する事項
(2) 動態調査
施設名・施設の所在地、開設者、診療科目、許可病床数等

7 結果の公表
静態調査については、翌々年の2月に概数が公表されている。
動態調査については、月ごとの概数がおおむね2月後に、年報が翌年9月に刊行されている。
両調査を合わせた確定数は、静態調査の翌々年の4月に公表される。

8 用語の説明
医療施設とは、病院、一般診療所および歯科診療所であり、往診のみの診療所、沖縄県における介輔診療所を含むが、助産所、老人保健施設、保健所は除く。

2. 公的年金加入状況等調査

　医療、年金、介護などの社会保険については、年齢などにより加入が義務付けられているので、厚生労働省では、保険料を支払う被保険者と医療費、年金などの受給者の双方とも登録されており、保険料の徴収と医療費、年金などの支払に必要な情報が管理されている。これらを集計すれば、業務統計としての編成が可能である。

　しかし、社会保険を適正に企画、運営するためには、業務データとして管理していない実態や意識についても把握する必要があり、そのために**公的年金加入状況等調査**が実施されている。

1 目的
　調査の目的は、公的年金加入状況を世帯員個々について調査し、公的年金加入状況・受給状況、世帯の状況、就業状況、公的年金に関する周知度などを把握することにより、年金の事業運営および今後の年金制度の検討のための基礎資料を得ることである。

2 沿革
　1989年以降3年ごとに実施されている。最近では2022年に実施されている。

3 期日
　2022年調査は10月25日～11月14日に実施された。

4 対象
　2022年調査は全国約9万世帯の15歳以上の世帯員である。

5 系統
　2022年調査の調査系統は次のとおりである。
①厚生労働省の委託を受けた日本年金機構が国民生活基礎調査の調査区のなかから調査地域を選定し、担当調査員を配置、指導
②調査員は、担当調査区の境界の確認を行うとともに、調査区内のすべての世帯を調査日前に訪問し、個々の世帯ごとに調査票を配布して記入を依頼

③調査票を配布された個々の世帯は、必要な事項を所定の方法によって記入し、郵送または調査員を通じて提出
④調査員は、回収した調査票を自宅で審査・整理して日本年金機構へ提出
⑤日本年金機構は調査票を収集、検査して厚生労働省に提出

6 調査事項

2022年調査の調査事項は次のとおりである。

氏名、男女の別、生年月日、配偶関係、在学状況、就業状況、公的年金への加入状況、生命保険・個人年金への加入状況、老後の生活設計、年金制度の知識

7 結果の公表

調査年の翌々年に概要が公表されてきた。

8 用語の説明

(1) 加入者

公的年金制度（国民年金制度）に加入している者であり、以下のように区分されている。

(a) 第1号被保険者

公的年金制度の加入者で、下記の第2号被保険者および第3号被保険者以外の者である。自営業者（開業医・弁護士なども含む）や農業・漁業に従事する者およびその家族、パート・アルバイト・内職を行っている者、学生、無職の者等が該当する。加入義務はないが、希望して国民年金に加入している任意加入被保険者も含む。

(b) 第2号被保険者

民間サラリーマン・公務員等を対象とする厚生年金保険の被保険者である。

(c) 第3号被保険者

第2号被保険者に扶養されている配偶者（被扶養配偶者）である。

(2) 非加入者

日本国内に住所を有する20〜59歳の者であるにもかかわらず、公的年金制度に加入していない者である。

9 調査対象の抽出方法

2022年の調査については、国民生活基礎調査の調査区から、1,800地区が抽出され、当該地区内の全世帯の15歳以上の世帯員全員が対象となった。

🔟 結果数値の推定方法
抽出率の逆数を乗じて加えている。

3. 介護サービス施設・事業所調査

21世紀に日本で最も著しく発展した産業は介護サービスではないか。高齢化の進行で要介護者が増える一方で、少子化の影響で支える人々は減少している。家庭では要介護者を抱えきれず施設やサービスを利用するケースが増加している。その意味で、今後もますます重要な産業である。厚生労働省が実施する**介護サービス施設・事業所調査**は、介護サービスに関する主なデータ源の一つである。

1 目的
調査の目的は、全国の介護サービスの提供体制、提供内容等を把握することにより、介護サービスの提供面に着目した基盤整備に関する基礎資料を得ることである。

2 沿革
2000年以降毎年実施されている。

3 期日
毎年10月1日である。ただし、介護保険施設および訪問看護ステーションの利用者については、3年ごとに調査され、最近では2022年に調査されている。

4 対象
介護予防サービス事業所、地域密着型介護予防サービス事業所、介護予防支援事業所（地域包括支援センター）、居宅サービス事業所、地域密着型サービス事業所、居宅介護支援事業所および介護保険施設のすべてが調査対象である。基本票と詳細票があり、基本票は、施設・事業所に関する情報であっても行政情報から把握可能な項目であり、都道府県が対象となる。詳細票は施設・事業所が対象である。

介護保険施設および訪問看護ステーションの利用者の調査について、介護保険施設の入所者は、調査年9月末の在所者の2分の1（介護療養型医療施設である診療所については全員）および9月中の退所者の全員が調査対象である。訪問看護ステーションの利用者は、調査年9月中の利用者の2分の1が調査対象である。

5 系統
厚生労働省から都道府県にはオンラインで、施設・事業所には民間事業者を通じてオンラインまたは郵送で調査が行われている。

6 調査事項
基本票では、施設または事業所の名称、所在地、活動状況が調査される。施設については定員も調査される。

詳細票では、介護保険施設に対して開設・経営主体、在所（院）者数、居室等の状況、従事者数等、居宅サービス事業所等に対して開設・経営主体、利用者数、従事者数等が調査される。

利用者については施設・事業所を対象に要介護度、認知症高齢者の日常生活自立度、障害高齢者の日常生活自立度（寝たきり度）等が調査される。

7 結果の公表
調査年の翌々年の３月までに公表されてきた。

8 用語の説明
介護サービスに従事する職員には非常勤者が多い。このため、業務の総量を把握するため、常勤換算従事者数が計算される。

常勤換算従事者数は、兼務している常勤者（当該施設（事業所）において定められている勤務時間数のすべてを勤務している者）および非常勤者について、その職務に従事した１週間の勤務延時間数（残業を除く）を当該施設（事業所）の常勤の従事者が勤務すべき１週間の勤務時間数（32時間を下回る場合は32時間）で除し、小数点以下第２位を四捨五入した数と常勤の専従職員数の合計である。

9 調査対象の抽出方法
全数調査を基本とするが、訪問介護、通所介護、居宅介護支援事業所および介護予防支援事業所（地域包括支援センター）については詳細票に関する調査のみ標本抽出されている。その際、サービスの種類、都道府県および事業所の規模（通所介護については事業所の規模を除く）を層として層化無作為抽出されている。

10 結果数値の推定方法
抽出率の逆数を乗じて加えられている。

4. その他のデータ

　医療については、供給側の統計調査には、医療施設調査のほかに、**医師・歯科医師・薬剤師調査**、医業経営などの実態を明らかにする**医療経済実態調査**などがある。他方、需要側の統計調査には、医療施設調査により作成される医療施設台帳から抽出した病院および診療所を利用する患者の傷病状況、受療状況、診療費の支払方法などを調査する**患者調査**、受療経験、医療に対する満足度などを調査する**受療行動調査**がある。

　年金については、公的年金加入状況等調査の翌年に、国民年金第1号被保険者について、保険料の納付状況ごとに、その実態を明らかにし、被保険者の国民年金に対する意識、保険料未納の理由など今後の国民年金事業運営に必要な資料を得るための**国民年金被保険者実態調査**が実施されている。また、受給者に対しては、収入、支出、就業状況等の実態を総合的に把握し、年金が受給者の生活の中でどのような役割を果たしているかをとらえる**年金制度基礎調査**がある。

　介護については、国民生活基礎調査の介護票でも調査されている。

　日常生活における健康に焦点を当てる統計調査のなかには、国民の健康状態、栄養摂取量などを調査する**国民健康・栄養調査**がある。また、国民生活基礎調査の健康票からは健康に関する基本的な情報が得られる。

　上記に掲げた統計調査は、すべて厚生労働省によって実施されているものだが、文部科学省が実施するものでこの分野に相当するものに**学校保健統計調査**がある。これは、**学校保健法**（1958年法律第56号）に基づく健康診断により作成される記録に基づく統計であり、毎年実施されている。

　医療の分野では、レセプト、カルテ、健康診断などのデータを電子化して共有し、研究や診療に利用する流れが進展しており、健康ビッグデータと呼ばれている。

　2020年には新型コロナウイルスに関するデータが世界的に注目された。日本でも感染者数、死亡者数、入院治療等を要する者の数、退院または療養解除となった者の数等が都道府県別に毎日更新された。

第12章　その他のデータ

これまでに紹介した以外の分野でも様々なデータが収集されている。また、このような分野の設定の仕方にも様々な方法があり、どのような方法を採用しても重複や脱漏を防ぐのは容易なことではない。

最後に、これまでの記述を振り返った上で、明らかに欠落していた分野について簡単に概略のみを述べることとする。

1. 自然・面積・汚染

自然環境の分野は、調査対象が人間や人工物ではないということもあり、観察、実験、研究に基づくものが大半を占めている。とくに、気象、災害、汚染については、地域全体の平均を求めるというよりは、ある地点を時系列で測定することによりその地点の現状を把握、評価するものが多い。その頻度も、毎日、毎時、さらには間断なく連続的と、社会経済を対象とするデータと比べて極めて高い。

とくに、気温、降水量、風速などの気象庁の気候データは人々の生活と密接な関係があるとともに、気候変動などのグローバルな問題を把握するための基礎資料にもなっている。21世紀に入ってからは、気温の上昇に伴う熱中症、ゲリラ豪雨被害、大型台風被害など気象条件の悪化に伴う被害が各地で発生していることから、この分野のデータを早期に予知・周知するニーズは極めて高くなっている。

環境省が実施する**自然環境保全基礎調査**は、**緑の国勢調査**と呼ばれており、植生、河川、湖沼、海域の状況など、日本の自然環境の現状と改変状況を総合的に把握するために実施されている。また、生物多様性の概況を把握するため、**種の多様性調査**と**生態系多様性地域調査**からなる**生物多様性調査**が実施されている。調査結果は、自然環境保全施策や環境アセスメントなどに広く活用されている。しかし、同調査においては、調査対象はあらかじめ企画者が定めるというよりは調査員の裁量に任される部分が大きい。また、全国平均値を求めるというよりは小地域単位での特性を描き出そうとするものである。したがって、これまでに紹介したデータとは大きく異なる。

夏のツバメ類の調査方法を実例として概観すると、人工的な建造物に巣をつくっているところを見つけ、その場所の様子、巣、鳥の状態等を継続的に観察して調査票に記入するとともに、観察の証拠として巣の状態がわかる写真を撮って調査票に張り付け、専門家による種類の確認を行なった上で集計・分析し、調査結果をとりまとめて公表している。

一方、面積については、国土交通省が調査をしている**全国都道府県市区町村別**

面積調が著名なものである。また、一部農林業センサスでも調査している。農村や山林は商工業地や住宅地などと比較して格段に広く、森林面積とそれに森林以外の草生地面積を加えた**林野面積**などはそこから算出される。また、**総面積**から林野面積と**主要湖沼**（面積1km²以上で人造湖以外の湖沼）**面積**を差し引けば**可住地面積**が計算される。可住地面積は特定地域内の利便施設数を評価する指標の分母に用いられる。このほか、総務省では、課税台帳などに登録された課税客体などに関する調べに基づいて、非課税土地を除いた民有地の面積の合計である**評価総地積**が求められている。

　自然環境の問題については、①大気汚染、水質汚濁、土壌汚染のような従来型の公害に加え、②化学物質汚染、放射能汚染、電磁波公害のような健康被害、③廃棄物、④森林破壊、景観破壊、自然遺産の消滅のような自然破壊、⑤温暖化、オゾン層破壊、酸性雨、生物種の減少、砂漠化のような地球環境問題がある。近年、自然環境に対する関心の強まりと人工衛星やドローンなどによる観測技術の進歩に伴い、業務統計として収集・公表される範囲も広がりつつある。とくに廃棄物の処理の実態については、事業所を対象にデータを収集する地方自治体も見られる。

2. 災害・犯罪・安全

　災害・犯罪データからは、災害・犯罪の件数や程度を地域別に知ることができ、裏を返せば、これらが小さい地域で安全性が高いことになる。しかし、これらのデータが整備される究極の目的は、過去の悲惨な経験を踏まえてより安全な社会を実現することである。諸外国のなかには小地域単位の災害・犯罪に関するデータが必需品のところもあるが、日本でも、地震、噴火、大雨などの災害を経験することにより、データが小地域単位で整理・蓄積された。これらは、地理的背景情報とともにビジュアルに表現される。また、予知情報に見られるように、自然災害に対抗するためのデータも進歩した。これらの多くはいうまでもなく観察、実験、研究に基づくものである。

　特に、2011年の東日本大震災は国際的に災害統計を分野として確立するきっかになった。2015年に国連防災世界会議で採択された仙台防災枠組み2015-2030に沿って、2020年に国際防災機関、すなわちUnited Nations Office for Disaster Risk Reduction（UNDRR）と国際学術会議、すなわちInternational Science CouncilがHazard Definition and Classification Reviewとして危機の定義と分類に関する勧告などをまとめた。

　一方、犯罪に関するデータについても、犯罪発生件数、認知件数、検挙率などの業務統計が警察庁からとりまとめられている。また、交通事故、火事など、人

為的事故に関するデータもそれぞれ警察庁、総務省消防庁から報告されている。いずれも小地域単位で把握されている。

3. 文化・芸術・宗教

　文化・芸術については、文筆家、芸術家、芸能家のような職業別就業者数については国勢調査から、読書、音楽鑑賞、絵画鑑賞などの行動者数については社会生活基本調査から、図書館、博物館、美術館などの入館者数については社会教育調査からというように、切り口によってはこれまでに紹介した調査結果からかなりの情報を入手することができる。

　このほか、出版ニュース社が書籍、月刊誌、週刊誌などの発行部数を、時事映画通信社が映画館数、封切本数、入場者数などを調査している。国・地方公共団体が指定する文化財・記念物の件数については、文化庁が把握している。

　最近は食文化やアニメーションなど、文化の範囲が広がっている。また、文化においてもデジタル化とアーカイブ化が進んでおり、文書や楽譜などの文字や記号に関するデータを入手することができるようになっている。

　宗教については、文化庁が**宗教統計調査**などを実施して宗教団体数や信者数などを把握しているほか、マスコミを中心に意識調査が実施されている。日本では一般的には話題になりにくいが、地球規模では需要の強いデータである。

　さらに、国籍については、5年に1度国勢調査で調査されるとともに、法務省出入国在留管理庁により作成される在留外国人統計から毎月人数を把握することができる。

4. 政治・行政・司法

　政治の入り口は選挙である。選挙は、対象者が多く、結果が数値で比較されるという点が統計と似ている。しかし、国民を対象に実施される基幹統計調査への報告は国民の義務であるのに対し、選挙は権利である。また、基幹統計の最終目的は結果の相互比較であるが、選挙の最終目的は人の選定であり、これらの点で両者は異なる。一方、選挙結果を統計としてとりまとめておくと、政党間や時系列で比較することができる。選挙結果は業務統計でもあり、総務省や地方公共団体などによってまとめられている。

　選挙といえば、事前の意識調査がマスコミにより報道される。意識調査とはいえ、関心の中心は選挙に行くか、選挙では誰に、どの政党に入れるかである。調査は選挙区ごとに行われ、結果も選挙区ごとに集計される。調査の目的は候補者一人一人の当落を知ることであり、平均的な全体像を定量的に把握することを第

一の目的とする統計とはやや性格を異にする。実際、取材により情勢が自明な選挙区は調査対象から除外されている。また、時には事前意識調査の結果を発表することの是非が問われる。意識調査の結果が選挙そのものを左右するおそれがあるからである。

一方、テレビ各局は投票結果を早期に予測するためのいわゆる**出口調査**にも余念がない。選挙によっては対象者数を数十万人としている局もあるが、正確な結果の速報性を競う状況からして、莫大な費用の投入は致し方ないと思われる。選挙については選挙行動や結果に対する満足度などを聴く事後の意識調査も豊富である。

昨今話題の政策課題については、マスコミを中心に世論調査が実施されることが多い。これらは速報性が重視されるので、調査対象数は比較的少ない。一方、政策課題を巡る議論がエスカレートすると、住民投票が実施されることがある。おしなべていえば、住民投票は投票権のある者すべてを対象とするセンサスともみなすことができ、こちらは大規模である。

行政については、公務員数や公務員給与額が分野ごとに把握されている。また、政府は、国民や法人から税金、印紙収入、社会保険料を徴収して、民間の経済活動だけでは充足できない社会保障、公共事業、教育等の財・サービスを提供している。このような財政の状況も業務統計として総務省、財務省、地方公共団体などから公表されている。とくに、日本は政府債務が大きいことで注目されている。公務員の給与については、人事院が**国家公務員給与等実態調査**を、総務省が**地方公務員給与実態調査**を行っている。

なお、先に紹介した国民生活に関する世論調査では政府に対する要望を、社会意識に関する世論調査では国に対する意識と政府に対する要望を調査している。

他方、裁判に関する事件の新受件数などの司法に関するデータは、最高裁判所事務局から公表されている。

第 4 部

組み合わされた経済データ

第3部で説明した個々の統計の結果は、それ自体必要不可欠なものであるが、これらを組み合わせると、いっそう多用なまたは高度な目的に使用することができる。
　第4部では、統計調査や業務統計を組み合わせて作成された人口推計、地域メッシュ統計、各種指数、連関表、国民経済計算をはじめとする各種の体系など、加工統計の概要を紹介する。
　経済データを加工の程度に応じて分類すると図23のようになる。三角形の最下部が第3部で説明した調査データや行政記録などの経済データである。その上には経済データを組み合わせて作成される指数が列記されている。さらにその上には産業連関表、供給使用表、国際収支表などの連関表が位置付けられる。そして最も加工度が高い最上部には国民経済計算をはじめとする体系が示される。

【図23】経済データの加工の程度

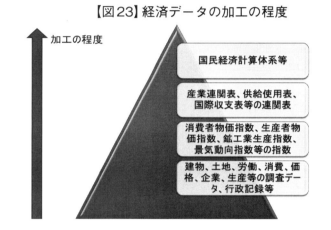

第13章　人口推計

　人口推計には二つの種類がある。一つは現在の人口がどの程度かを推計すること、もう一つは将来人口がどの程度になるかを推計することである。

1. 現在人口推計

　日本では、5年ごとに実施される国勢調査によって人口が明らかにされるが、国勢調査の間の年月についても人口を把握する必要がある。とくに、直近の人口がどの程度なのかを推計することに対するニーズは強い。総務省統計局では、**現在人口推計**によって、国勢調査の実施時以降の毎月、毎年の人口の状況を把握している。

1 推計項目
　現在人口推計で推計される項目は以下のとおりである。
（1）全国の人口
　毎月1日現在の男女・年齢5歳階級別の人口（総人口および日本人）
　10月1日現在の男女・年齢各歳別の人口（総人口および日本人）
（2）都道府県の人口
　10月1日現在の男女・年齢5歳階級別の人口（総人口および日本人）

2 推計方法
　国勢調査による人口を基礎に、その後における各月の人口の動きを他の人口関連資料から得て、毎月1日現在の人口を算出する。
　算出のための基本式は、次のとおりである。
　毎月の人口推計＝基準人口＋自然動態＋社会動態＋国籍の異動（日本人人口について）＋都道府県間の人口移動（都道府県の人口について）
（1）基準人口
　国勢調査の人口である。
　なお、国勢調査の人口は常住人口であるが、推計結果である毎月1日現在の人口は、算出に用いるデータの制約から必ずしも常住人口とはなっていない点に注意が必要である。
（2）自然動態
　人口動態統計による出生児数－死亡者数

（3）社会動態

出入国管理統計による入国者数－出国者数
出入国者数には、海外滞在期間90日以内の出入国者が除かれている。
（4）国籍の異動

法務省資料による**入国超過数**（入国者数－出国者数）
（5）都道府県間の人口移動

住民基本台帳人口移動報告による都道府県の**転入超過数**（転入者数－転出者数）

3 結果の公表

総人口について、毎月1日現在の結果は当月の下旬に公表され、10月1日現在の結果は翌年4月に公表される。ただし、人口推計の算出に当たり、算出用のデータが得られない場合は便宜上前年同月のデータが用いられるため、最新の月の人口は**概算値**とされており、その後、算出用データの更新に伴って改訂され、4か月後に**確定値**となる。日本人については4か月後の確定値からの公表になる。なお、確定値も次の国勢調査の結果が明らかになった時点で遡及改訂される。

2．生命表

生命表は、ある期間における死亡状況が今後変化しないと仮定したときに時に、各年齢の者が1年以内に死亡する確率や、平均してあと何年生きられるかという期待値などを、死亡率や平均余命などの指標によって表したものである。これらの指標は、男女別に各年齢の人口と死亡数を基にして計算されている。また、平均寿命は、すべての年齢の死亡状況を集約したものとなっており、保健福祉水準を総合的に示す指標として広く活用されている。生命表は、生命保険の掛け金の算定にも利用されている。さらに、すでに生存するある年の人口から翌年の人口を推計するには、男女別・年齢各歳別の生残率が必要であり、それを得るためには**将来生命表**を作成することが必要である。

日本の生命表については、厚生労働省により完全生命表と簡易生命表の2種類が作成・公表されている。**完全生命表**は、国勢調査による人口（確定数）と人口動態統計（確定数）による死亡数、出生数を基に5年ごとに作成され、**簡易生命表**は、現在人口推計による人口と人口動態統計月報年計（概数）による死亡数、出生数をもとに毎年作成されている。

国際的には、世界保健機関、すなわちWorld Health Organization（WHO）が1990年にメンバー国すべての生命表を作成し、2011年以降2年に1度更新している。

1 沿革

生命表の歴史は古く、1662年のジョン・グラントの分析にさかのぼる。日本でも1891〜1898年の8年間を対象としたものから作成されている。

2 構成

年齢ごとに生存数、死亡数、生存率、死亡率、平均余命などが表にまとめられる。

3 結果の公表

完全生命表は翌々年に、簡易生命表は翌年7月に公表されている。特に、国勢調査年については、まず簡易生命表を作成し、国勢調査の結果（確定数）の公表後に完全生命表を作成するため、完全生命表は簡易生命表の確定版という性格を持っている。

4 用語の説明

(1) 平均余命

ある年齢の者がそれ以降に生存する年数の平均

(2) 平均寿命

0歳の平均余命

平均寿命は、生まれたときに平均何歳まで生きるかを示した数値である。したがって、特定の年齢の人も平均的にその歳まで生きるという意味ではない。例たとえば、2019年における日本の平均寿命は84.3歳であるが、80歳の人は平均的に84.3歳まで、すなわち残り平均84.3 − 80.0 = 4.3年しか生きられないという意味ではない。2019年に80歳の人の平均余命は、男性で9.2歳、女性で12.0歳と長くなる。これらは、80歳まで生きたという実績が反映された数値である。

(3) 健康寿命

WHOが提唱した指標で、平均寿命から寝たきりや認知症など介護状態の期間を差し引いた期間

3. 将来人口推計

将来人口推計、すなわち将来人口がどの程度になるかについては、経済、労働市場、生活、エネルギー、基盤整備、産業育成など、様々な局面で重要な問題であり、国立社会保障・人口問題研究所から5年ごとに公表されている。

推計の方法としては、**コーホート要因法**が採用されている。この方法は、国際人口移動を考慮しつつ、将来生命表を用いて年々加齢していく人口を求めると同

時に、将来の出生率を用いてその時点の母親の推計人口に乗じて出生数を計算する方法である。

コーホート要因法によって将来人口を推計するためには、①基準人口、②将来の生残率、③将来の出生率、④将来の出生性比、⑤将来の国際人口移動率、の5つのデータが必要である。2023年4月に公表された推計は次のとおりである。

1 基準人口

推計の出発点となる基準人口は、2020年国勢調査による2020年10月1日現在男女別・年齢各歳別人口（総人口）が用いられた。ただし、年齢「不詳」の人口は各歳別に按分等して加算された。

2 将来の生残率

すでに生存するある年の人口から翌年の人口を推計するため、リー・カーター・モデルを用いて男女別・年齢各歳別の生残率が推定された。

リー・カーター・モデルは、年齢をx、時間をtとしたとき、
$$\ln(m_{x,t}) = a_x + b_x k_t + \varepsilon_{x,t}$$
と表される。ただし、ここで

$\ln(m_{x,t})$は年齢別死亡率の対数値、a_xは標準となる年齢パターン、k_tは死亡の一般的水準（死亡指数）、b_xは死亡指数の動きに対する年齢別死亡率変化率を表し、$\varepsilon_{x,t}$は誤差項を示す。このモデルの利点は、一つのパラメータk_tのみで、年齢ごとに異なる死亡率の時系列変化を記述することが可能な点である。死亡指数k_tの将来推計に当たっては、近年、徐々に緩やかになっている死亡水準の変化を反映させるため、関数を当てはめて補外することにより推計が行われた。

3 将来の出生率

将来の出生数を推計するには、将来における女子の年齢各歳別出生率が必要である。将来の出生率を推計する方法は、**コーホート出生率法**であり、毎年の女子出生コーホートごとに出生過程を観察し、出生過程が完結していないコーホートについて完結出生力の水準と出生タイミングを予測しようとするものである。将来の各年の年齢別出生率ならびに合計特殊出生率は、推計されたコーホート出生率データを年次別データに変換することによって得られる。**合計特殊出生率**とは、ある期間（1年間とすることが多い）における女性の年齢各歳での出生率を再生産年齢全体にわたって総和したものである。**再生産年齢**とは、生物学的な意味で親となることが可能な年齢であり、通常、人口統計ではこれを女子のみについて考え、15～49歳とするのが一般的である。合計特殊出生率は、その期間において観察された年齢別出生率に従って女子が各年齢において子供を産んでいったとし

た場合、再生産年齢を終えるまでに、一人当たり何人の子供を産むことになるかを示すと解釈される。しかし、女子の死亡については考慮されていないことに注意すべきである。また、ある特定の期間の分析に係るものであり、実際のコーホートではなく、仮説的なコーホートを想定していることにも注意する必要がある。なお、年齢5歳階級別の出生率を用いて合計特殊出生率を計算する場合、一つの年齢階級の出生率で5歳経過するとみなすことになるから、年齢5歳階級別出生率の総和を5倍する必要がある。

出生率の将来については不確定要素が大きいため以下の3つの仮定（中位、高位、低位）を設け、それぞれについて出生率が推計された。

（中位仮定）
コーホート別にみた女性の平均初婚年齢は、1970年出生コーホートの27.2歳から2005年出生コーホートの28.6歳まで進み、以後は変わらない。50歳時未婚率は、1970年出生コーホートの15.0％から2005年出生コーホートの19.1％まで上昇し、以後は変わらない。

（高位仮定）
コーホート別にみた女性の平均初婚年齢は、1989年出生コーホートの28.6歳まで進むが、2005年出生コーホートの28.1歳に回復し、以後は変わらない。50歳時未婚率は2005年出生コーホートの13.4％に至り、以後は変わらない。

（低位仮定）
コーホート別にみた女性の平均初婚年齢は、2005年出生コーホートの29.0歳に至り、以後は変わらない。50歳時未婚率は、2005年出生コーホートの25.6％まで進み、以後は変わらない。

4 出生性比の仮定

将来の出生数を男児と女児に分けるための出生性比については、2016～2020年の5年間の実績に基づき女子100に対して男子105.2とし、2021年以降一定とされた。

5 国際人口移動率の仮定

国際人口移動の仮定は日本人と外国人に分け、日本人については入国超過率、外国人については入国超過数を基礎として仮定値の設定が行われた。

(1) 日本人の国際人口移動

日本人の国際人口移動の実績については、年による変化も見られるものの、おおむね出国超過の傾向がみられ、男女別にみた入国超過率（純移動率）の年齢パターンは比較的安定していることから、本推計においては新型コロナウイルス感染拡大期を除いた2015～2019年の平均的な男女別・年齢別入国超過率が継続する

とされた。

(2) 外国人の国際人口移動

　外国人の国際人口移動の実績をみると、2008年の世界金融危機や2011年の東日本大震災に起因する大規模な出国超過が生じた他、新型コロナウイルスの世界的流行に対応した外国人の新規入国の停止など、外国人の出入国傾向は短期間に大きく変動している。しかしながら、長期的にはおおむね入国超過数が増加する傾向にあり、さらに2015年以降は、より高い水準に移行したとみられる。入国超過数については、直近5年の動向のうち、新型コロナウイルスの世界的流行の影響を受けた2020年を除いた2016～2019年の平均値が計算され、2040年までの仮定値とされた。ただし2021年は実績値に基づく仮定値が外挿された。各年の入国超過数の男女別規模は、実績における性比の平均値が用いられた。2040年までの入国超過数の年齢別構成については、入国超過数の男女別・年齢別割合の実績が得られる1986～2019年のうち、一時的な変動を除いて男女別・年齢別に平均され、年齢間で平滑化された。

　なお、グローバルにも国連が加盟国の人口を推計しており、日本についても結果が試算されている。直近の推計は2022年に行われている。

第14章　地域メッシュ統計

　近年位置情報と画像の精緻化により地図上にデータがビジュアルに表示されることが多くなった。特定の都市や地域にデータの大きさを面積で表示する比例シンボルチャート、正方形の点の数で表示するグリッドプロットが典型的なものである。

　英語でGrid Square Statisticsと呼ばれる**地域メッシュ統計**も、地域をすき間なく一定の規則で網の目（Mesh）の区域に分けて、それぞれの区域に関するデータを編成したものである。1929年にフィンランドの地理学者グラニョーが1 km²のメッシュを用いて自然現象や社会事象の地域的分析を行なって研究論文を発表したのが始まりである。地域メッシュ統計には次のような利点がある。

①ほぼ同一の大きさおよび形状の区画を単位として区分されているので、相互間の事象の計量的比較が容易
②その位置や区画が固定されていることから、市町村などの行政区域の境域変更や地形、地物の変化による調査区の変更設定などの影響を受けることがなく、地域事象の時系列比較が容易
③任意の地域について、その地域内の地域メッシュデータを合算することにより、必要な地域のデータを容易に入手可能
④その形状がほぼ正方形であることから、位置の表示が明確で、簡単にできるので、距離に関連した分析、計算、比較が容易
⑤位置の表示が明確なことから、コンピュータによる地図化が容易

　このようなことから、地域メッシュ統計は都市計画、地域開発、住宅対策、公害対策、地域経済活動など広範な分野で用いられている。利用に際しては、地形、自然環境、行政地域、道路・鉄道、公共施設、文化財などの位置・範囲が数値化され、背景情報として用いられることもある。

　地域メッシュ統計を作成するには、地図の図法と座標系を定める必要があり、公的統計では、図法については、グリニッジ経度180°を始点として6°ごとの経度帯に分け、その帯ごとに中央経線をつくって円筒に投影するUniversal Transverse Mercator's Projection（UTM図法）が用いられ、座標系については、経度をx軸、緯度をy軸とする経緯度座標系が用いられる。メッシュの区分方法としては、標準地域メッシュに従っており、一辺がほぼ1kmの正方形となる**基準地域メッシュ**とそれらを一辺がほぼ500mの正方形に分割した分割地域メッシュ、また基準地域メッシュを統合した統合地域メッシュからなる。これらは、実際にはやや横長の長方形であり、地球上のどこにあるかによって少し大きさが異なる。

　地域メッシュ統計は小地域統計なので、データ源は国勢調査や経済センサスな

どの全数調査の結果になる。

　地域メッシュ統計を作成する時に、**地理情報システム**、すなわちGeographic Information System（GIS）が有用である。GISとは、地理的位置を手がかりに、位置に関する情報を持ったデータ（空間データ）を総合的に管理・加工し、視覚的に表示し、高度な分析や迅速な判断を可能にする技術である。地域メッシュ統計を地理的背景情報とともに視覚化する際にも便利である。

1. 国勢調査の地域メッシュ統計

　人口、世帯数、住宅、労働などについて地域メッシュ統計を作成する際には国勢調査の結果が利用される。

　国勢調査については、基本単位区の多くは地域メッシュに包含され、その場合には単純に基本単位区の集計結果はその地域メッシュに含まれるとみなせばよい。しかし、基本単位区が複数の地域メッシュにまたがる場合には、面積の割合、住宅戸数の割合または事業所数割合で区分されるか、人口分布を代表している地点である**人口分布点**や幾何学的重心のある地域メッシュに含まれるとみなされる。

2. 経済センサスの地域メッシュ統計

　企業や事業所、それらの従業者数や売上などについては経済センサスの結果が利用される。

　経済センサスについては、原則として個々の事業所の所在地情報に基づき、緯度・経度の座標値を取得してメッシュ・コードを付与する**アドレスマッチング**により対応付けが行われる。

3. リンクによる地域メッシュ統計

　国勢調査、経済センサス等のリンクによる地域メッシュ統計は、国勢調査に関する地域メッシュ統計の結果と経済センサスに関する地域メッシュ統計の結果などを組み合わせて地域メッシュごとの昼間人口を推計するほか、人口当たり事業所数などの比率を算出した地域メッシュ統計である。マーケティング利用が多いことから、統計情報研究開発センター、ゼンリンマーケティングソリューションズなどが作成し、結果を販売している。

　国勢調査の従業地・通学地別人口は市町村を単位として調査した結果なので、地域メッシュごとの昼間人口を推計するには他の統計の助けが必要である。国勢調査および経済センサスのリンクによる地域メッシュ統計においては、

地域メッシュごとの昼間人口 = 15歳以上非労働力人口（国勢調査）＋未就学者数（国勢調査）＋完全失業者数（国勢調査）＋農林水産業就業者数（国勢調査）－15歳以上通学者数（国勢調査）＋第2次産業就業者数（経済センサス）＋第3次産業就業者数（経済センサス）＋生徒・学生数（全国学校総覧）
という式で近似される。この式の意味は次のとおりである。

　まず、上式の中で15歳以上非労働力人口、未就学者数、完全失業者数および農林水産業就業者数は、通勤や通学という定常的な日々の移動がなく同一メッシュ内に残留している可能性が高い人口なので、常住人口をそのまま昼間人口とみなすことができる。これに対して、第2次産業就業者数と第3次産業就業者数は昼間における通勤人口、生徒・学生数は昼間における通学人口であるが、15歳以上非労働力人口には15歳以上通学者数が含まれているので生徒・学生数との重複を避けるためにこれを除外しておくことが必要である。

　地域メッシュごとの昼間人口は、コンビニエンスストアの出店地や自動販売機の設置場所を検討するなど、マーケティングに利用される。

4. その他の地域メッシュ統計

　情報通信技術の進歩により世界的に小地域統計の作成が可能となっている。また、GISを利用して背景地図との照合も可能である。とりわけ地域メッシュ統計は、緯度・経度が近ければ、国際的にも比較が可能である。

　環境省が実施する自然環境保全基礎調査についても地域メッシュ統計が作成されている。メッシュ農業気象データシステム The Agro-Meteorological Grid Square Dataは、気象情報が農業現場で有効に活用されることを目指して、農業・食品産業技術総合研究機構（農研機構）が開発・運用する気象データサービスシステムである。全国の日別気象データを、約1km四方（基準地域メッシュ）を単位にオンデマンドで提供することができる。

第15章　指数

ある特定の時点を基準にして表わした指標を**指数**と呼ぶ。

金額の変化は価格の変化と数量の変化に区別することができることから、金額指数は物価指数と数量指数に区分することができる。典型的なそれらの指数を図24に示した。

【図24】各種指数の分類

金額指数 ＝ 物価指数 ✕ 数量指数

金額指数	物価指数	数量指数
名目賃金指数 世帯消費動向指数（名目） 総消費動向指数（名目）	消費者物価指数	実質賃金指数 世帯消費動向指数（実質） 総消費動向指数（実質）
製造品生産額	企業物価指数	鉱工業生産指数
サービス産業売上高	企業向けサービス価格指数	第3次産業活動指数
農業総産出額	農産物価格指数	農業生産指数
貿易金額指数	貿易価格指数	貿易数量指数
名目GDP	GDPデフレータ	実質GDP

第2部でも基準となる年の値を100とする指数をいくつか紹介したが、図24における金額指数に相当する。ここでは、いくつかの統計を組み合わせた物価指数、数量指数、景気動向指数などを紹介する。

国際的には5年程度の周期で指数の基準を改定している国が多い。日本も、大半の指数が5年ごとに基準改定され、西暦の末尾が0と5の年が基準年になっている。

1. 物価指数

個々の価格を総合した平均的な水準を**物価**あるいは**物価水準**と呼んでいる。物価の水準をある時点と比べて比率のかたちで表わした数値が**物価指数**である。物価指数は、主観的な感じではなしに、客観的な方法で、しかもわかりやすい数値として表わされるので、物価の総合的な動きを測るものさしの役目を果たしている。

物価を問題にするとき、多数の商品やサービスの値段を対象にするが、商品の値段には、生産者が販売するときの生産者価格、小売店が消費者に売る時の小売価格など、商品の流通過程に応じていくつかの段階がある。また、段階ごとに商

品の範囲や価格変化が異なる。したがって、物価水準もそれぞれの段階で別々に変動をとらえる必要がある。

物価指数は金額単価の指数とは異なり、品質変化を除外した価格の変動を表すものである。たとえば、パソコンは年月を経ても価格に大きな変動は見られない。しかし、パソコンの品質は向上している。この場合、物価指数は下降する。箱や袋に詰められた食品の値段が同じでも、箱や袋が小さくなれば、品質悪化とみなされ物価指数は上昇する。

1 消費者物価指数

消費者物価指数は、日常生活で消費者が購入する商品の価格の動きを総合するもので、家庭で日常購入する食料品、衣料品、電気製品、医薬・化粧品などの商品の価格のほかに、電気代、ガス代、授業料、家賃、理髪料、交通費などのようなサービスの価格の動きも含まれる。

消費者物価指数は経済の体温計とも呼ばれ、経済政策を的確に推進する上で極めて重要な指標となっている。消費者物価指数は、物価の変動だけでなく、貨幣の購買力の変動も示しており、国の経済運営の指針、物価対策、消費者行政などに、また、国民経済計算や家計収支の実質化の**デフレータ**として利用されている。さらに、年金の給付額を物価の変動に応じて自動的に改定する**物価スライド制**の算出基準に用いられている。金融政策における日本銀行の判断材料でもある。消費者物価指数は1946年から総務省統計局で作成されている。

消費者物価指数は世界中のほとんどの国で作成されており、**Consumer Price Index（CPI）**と呼ばれている。ILO、IMF等がとりまとめた国際的なCPIマニュアルが存在し、日本の消費者物価指数もそれに沿って作成・公表されている。

また、消費者物価指数の算式は、1864年にドイツのラスパイレスという経済学者が考案した**マーケット・バスケット方式**に沿っている。この方式は、ある基準となる年に家計で購入した種々の品物を入れた大きな買物かごを考え、この買物かごの中身と同じものを買いそろえるのに必要な金がいくらになるかを表すものである。具体的には、まず、比較の基準となる時点、すなわち基準時を定め、基準時の消費構造に基づいて、マーケット・バスケットがつくられ、このバスケットの中身について、基準時で購入した費用を100として、その後の費用の変化を指数で表すものである。これを数式にすると、後述するラスパイレス式になる。

しかし、いつまでもバスケットの中身を固定しておくと消費生活の移り変わりに追い付けず、現実の消費生活を十分に反映しなくなるので、1955年以降、5年ごとに基準時とバスケットの中身を変えている。また、消費パターンの変化の影響を確認するため、公式系列のほかに、参考系列として毎年バスケットの中身を更新して作成する**連鎖指数**が作成、公表されている。さらに、基準改定の間にお

いても、対象品目ごとに、代表的な銘柄の出回り状況を定期的に調査し、調査銘柄の出回りが少なくなっている場合には出回りの多い銘柄に変更される。このようにして、常時、対象品目を代表する銘柄の価格を調査する仕組みになっている。

　バスケットの中身に入れる指数品目を客観的に正しく選ぶために、家計調査によって消費者の家計簿を実際に調べ、そのなかから、支出額が大きい品目、たとえば食パン、牛乳、鶏卵、電気代、ワイシャツ、通信料（携帯電話）など2020年基準では582品目が選ばれている。品目を選ぶ基準としては、その品目への支出額が家計の消費支出総額の1万分の1以上であるかどうかが目安とされている。品目区分の設定に当たっては、小売物価統計調査の結果をもとに、機能などが類似したものが一つの品目にまとめられ、かつ、その品目内の商品の価格の動きがほぼ一様になるように配慮されている。たとえば、ミネラルウォーターと宅配水は、水という点では同一であるが、配達という付加的サービスの有無によって価格の動きが異なるため、別々の品目となっている。

　消費者物価指数では、バスケットの中身について基準時で購入した費用は、家計調査の支出額に基づく**ウエイト**（消費支出に占める割合）として計算される。各品目の価格動向をとらえるには、品目内のすべての商品の価格と販売額を各調査店舗で毎月調査し、後述するフィッシャー式で指数を計算するほうがよいという考え方もあるが、各店舗において全商品の毎月の価格と販売額を調査することが現実的には難しい品目は多い。このため、消費者物価指数の作成に当たっては、上述のような配慮の下に品目を設定したうえ上で、各品目の価格変動を代表的な1銘柄によってとらえることとしているのである。また、多種多様な商品のなかからは、できるだけ価格の動きについて代表性のあるもの、すなわち、同じ種類の商品やサービスの値動きを代表することができ、商品の銘柄が明確で毎月継続して調査することができるものが選ばれる。たとえば、大豆加工品は豆腐、油揚げ、納豆で代表され、文房具はボールペン、ノートブック、はさみで代表される。

　なお、現実に調査可能な方法のなかから、たとえば、1銘柄でなく複数の銘柄の価格を調査して、基準時点の販売額をウエイトにして加重平均するなど固定ウエイトで平均化する方法を採った場合、相対価格の変化による商品間の代替関係が強く、銘柄ごとの販売額が変化するため、現在行なっている方法よりもかえって結果に偏りが生ずるおそれが強くなる。

　消費者物価指数の結果の中で、全国の前月分指数は原則として毎月19日を含む週の金曜日の午前8時30分に公表されている。また、東京都区部の当月分指数の中旬速報値は原則として毎月26日を含む週の金曜日の午前8時30分に公表されている。速報値は、翌月の全国指数の公表と同時に確報値に更新される。この公表された指数をより詳しくまとめた報告書として、月報と年報が刊行されている。

　ここで、消費者物価指数に関連する用語をいくつか解説することとする。

(1) 品目と銘柄

世帯が購入する商品には無数の種類があるが、消費者物価指数では、これらの商品を機能や価格の動きの類似性により、一定の支出割合のあるグループにまとめられ、価格の動きがとらえられている。このグループのことを**品目**という。品目のなかには、品質、規格、容量などが異なる複数の**銘柄**が含まれている。消費者物価指数の作成に当たっては、これらの銘柄のなかから、その品目を代表するものを指定してそれを**調査銘柄**とし、毎月の価格が調査される。したがって、消費者物価指数における銘柄とは、同一の品目に属する複数の商品のなかから品質、規格、容量を指定して絞り込んだもの（絞り込みの程度は品目によって異なる。）といえる。

なお、価格調査に当たっては、地域的な出回りの違いに配慮して、上述のように指定された調査銘柄に該当する商品のなかから、各調査店舗で最も売れている商品が選定され、その価格が継続して調査されている。

消費者物価指数では、このような銘柄を定めることにより商品の品質変化が起きないようにしている。それでも商品には容量、形、装丁などが変化し、品質に変化が生じている可能性がある。その場合には、変化の前後で品質に変化が起きないように、図25に掲げる品質調整法の中から商品の特性に応じて適切な方法が選ばれる。

【図25】品質調整の方法

方法	内容
オーバーラップ法	・新・旧銘柄の価格比による接続
容量比による換算	・新銘柄の価格を旧銘柄の容量に対する価格に換算
回帰式を用いた換算	・特性と価格の関係から回帰式を求め、新銘柄の特性を代入して価格を換算
オプション・コスト法	・オプション部分の購入費用を用いて換算
インピュート法	・類内の他の品目すべての平均的な価格変化と等しいとみなして接続
直接比較	・そのまま接続

(2) ラスパイレス式

p を商品の価格、q を商品の購入数量、添字の 0 を基準時、t を比較時とすると、**ラスパイレス式**による比較時 t における物価指数は、分母と分子に基準時の数量を用いることにより

$$\frac{\sum_{i=1}^{n} p_{ti} q_{0i}}{\sum_{i=1}^{n} p_{0i} q_{0i}} \times 100 = \frac{\sum_{i=1}^{n} p_{0i} q_{0i} \frac{p_{ti}}{p_{0i}}}{\sum_{i=1}^{n} p_{0i} q_{0i}} \times 100$$

と表される。右辺は各商品の価格比を基準時の支出金額$p_{0i}q_{0i}$をウエイトにして加重平均すればよいことを意味している。比較時の数量および支出金額を必要としないことから、効率性が重要な側面でよく用いられる式である。

(3) パーシェ式

一方、**パーシェ式**による比較時tにおける物価指数は、分母と分子に比較時の数量を用いることにより、

$$\frac{\sum_{i=1}^{n} p_{ti}q_{ti}}{\sum_{i=1}^{n} p_{0i}q_{ti}} \times 100 = \frac{\sum_{i=1}^{n} p_{ti}q_{ti}}{\sum_{i=1}^{n} \frac{p_{ti}q_{ti}}{\frac{p_{ti}}{p_{0i}}}} \times 100$$

と表される。右辺は各品目の価格比を比較時の支出金額$p_{ti}q_{ti}$をウエイトにして加重調和平均すればよいことを意味している。パーシェ式では比較時の数量または支出金額が必要であるが、公表までの期間が短い場合にこれらを把握することは難しいことから、実務的には適用が難しい方法である。

(4) フィッシャー式

さらに、これらを組み合わせた指数算式を**フィッシャー式**と呼び、比較時tにおける物価指数は、

$$\sqrt{\frac{\sum_{i=1}^{n} p_{ti}q_{0i}}{\sum_{i=1}^{n} p_{0i}q_{0i}} \frac{\sum_{i=1}^{n} p_{ti}q_{ti}}{\sum_{i=1}^{n} p_{0i}q_{ti}}} \times 100$$

と表される。これは、ラスパイレス式とパーシェ式の幾何平均である。フィッシャー式は偏りが生じない理論的には優れた方法であるが、実務的にはパーシェ式に含まれるq_{ti}に必要な情報を公表に間に合うように入手することが困難であるという問題がある。

(5) 基準改定

消費者物価指数は、ある時点の世帯の消費構造を基準に、これと同等のものを購入した場合に必要な費用がどのように変化したかを表している。他方、世帯の消費構造は、新しい商品の出現や、し好の変化とともに次第に変化していく。このため、基準年を一定の周期で新しくする**基準改定**が行われ、指数に採用する品目とそのウエイトなどが見直されている。消費者物価指数の基準年は他の指数と同様に西暦1桁が0または5の年である。

(6) フィリップス曲線

賃金と製品価格は相互に影響を受けているが、かりに、企業がコストに一定の利潤を上乗せして価格をつけるような行動をとっているとすれば、賃金が変化すると製品価格も変化する。賃金の変化率を物価水準の変化率に置き換えて得られる**フィリップス曲線**を**物価版フィリップス曲線**と呼ぶ。この曲線は失業率が上昇

するほど物価変化率が下降する関係を表す。

(7) 購買力平価との関係

第7章で解説した購買力平価は物価を地域間で比較するものであったが、消費者物価指数は時系列で比較をするものである。品目の中には両者で共通のものもあるが、購買力平価のためだけ、消費者物価指数のためだけに調査される品目も存在する。(図26)

【図26】消費者物価指数と購買力平価の対応品目の比較

過去と現在における基準国と相手国の間での購買力平価と消費者物価指数の関係を図27に示した。

【図27】物価の時系列変化と国間比率の関係

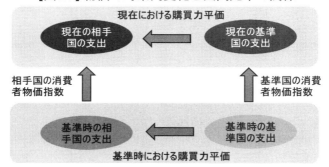

2 企業物価指数

他方、**企業物価指数**は、会社や工場、商店など企業相互間で取引されるすべての商品の値段の動きを総合的にとらえようとするものである。企業物価指数は日本銀行で作成されており、**Corporate Goods Price Index（CGPI）** と呼ばれている。公表開始時期は1897年と古く、日清戦争を契機とした物価の高騰が大きな社会問題となった時期であり、当時は東京卸売物価指数と呼ばれていた。企業物価指数には、国内企業物価指数、輸入物価指数、輸出物価指数の3種類が

ある。

　国内企業物価指数は、国内で生産した国内需要家向けの商品（財）を対象とし、生産者段階における出荷時点の生産者価格を調査している。基準年は西暦1桁が0または5の年である。基準年における取引額が総取引額の1万分の1以上の商品が採用されている。企業間の取引によらない商品、資産的性格が強い土地、建物などは含まれていない。また、野菜、果物、魚介類といった生鮮食品については、その取引量、価格の季節変動や物価の不規則変動が激しいため、月次指数からは除かれており、別途暦年および年度の指数でのみ調査対象にされている。調査価格は、東京地区の価格が中心を占めているが、それだけでは代表性に乏しい繊維、木材などについては東京地区以外の価格も調査されている。

　輸入物価指数、輸出物価指数については、それぞれ輸入通関額、輸出通関額の1万分の5以上の商品が採用されている。原則として、輸入品については運賃、保険料を含む**Cost Insurance Freight（CIF）価格**、輸出品については本船渡しの**Free on Board（FOB）価格**で調査される。

　品目別の価格指数にウエイトを付つけて平均すると物価指数が求まる。加重平均の計算に必要なウエイトとしては、国内企業物価、輸入物価、輸出物価ごとに、基準年次における各品目の取引金額の総取引額に対する割合が使用されている。なお、取引額の算定には、経済構造実態調査、貿易統計などが使用される。

　企業物価指数はラスパイレス式によって作成されている。

　企業物価指数の結果については、毎月翌月の第8営業日に速報が、翌翌月の第8営業日に確報が公表される。

■3　その他の物価指数

　企業相互間で取引されるサービスについて、その全般的な物価水準の動向を見るために、企業物価指数のサービス版として**企業向けサービス価格指数**が日本銀行によって毎月作成されている。同指数のウエイトは産業連関表の中間取引額などを基礎として計算したものであり、総合化にはラスパイレス式が用いられる。

　また、貿易統計において、主要商品の輸出入価格を指数化した**貿易価格指数**が毎月財務省によってフィッシャー式を用いて作成されている。企業物価指数の輸出入物価指数は、輸出入商品について銘柄を指定し、その価格を継続的に調査しているのに対し、貿易価格指数は、貿易対象の商品をある程度分類統合した品目の平均単価によって指数を作成しているので、商品構成の変化による価格水準の変動が反映される。

　農業についても、農林水産省が**農産物価格指数**と**農業生産資材価格指数**を作成・公表している。

　そのほかに、日本経済新聞社が、綿糸、棒鋼、銅地金など、景気に敏感な商品

について毎日の価格動向を指数化した**日経主要商品価格指数（日経商品指数）**がある。日経商品指数は、品目ごとのウエイト付けをしない幾何平均で算出している。

通常物価の概念から除外される地価についても指数は存在し、主要198都市において不動産鑑定評価（更地としての評価）を行なった1㎡当たりの正常価格を指数化した**市街地価格指数**が日本不動産研究所から半年に1回公表されている。

なお、日本取引所グループが作成・提供する東証株価指数、すなわち**Tokyo Stock Price Index（TOPIX）**は、1968年の時価総額を100として指数化したものであり、日経平均株価と同様に株式市場全体の値動きを示したものである。

2. 数量指数

次に、生産量、消費量等の数量の変化を表す**数量指数**について説明することとする。

■1 鉱工業指数

代表的な鉱工業指数である**鉱工業生産指数**、すなわち**Index of Industrial Production（IIP）**は、鉱業または製造業に属する事業所の生産活動、産出された製品の需給動向、原材料の動向、それに要する設備とその稼働状況を有機的な体系として表現するもので、経済産業省が毎月作成している。

作成方法は、生産動態統計調査などにより調査している品目のうち主要なものを採用品目とし、それぞれ生産、出荷、在庫、在庫率などについての個別指数を基準年次（西暦1桁が0または5の年）のウエイトとしてラスパイレス式により総合指数を作成している。ウエイトには2種類あり、経済構造実態調査による付加価値額と生産額である。

pを商品の価格、qを商品の購入数量、添字の0を基準時、tを比較時とすると、ラスパイレス式による比較時tにおける数量指数は、分母と分子に基準時の価格を用いることにより

$$\frac{\sum_{i=1}^{n} p_{0i} q_{ti}}{\sum_{i=1}^{n} p_{0i} q_{0i}} \times 100 = \frac{\sum_{i=1}^{n} p_{0i} q_{0i} \frac{q_{ti}}{q_{0i}}}{\sum_{i=1}^{n} p_{0i} q_{0i}} \times 100$$

と表される。右辺は各商品の数量比を基準時の支出金額$p_{0i} q_{0i}$をウエイトにして加重平均すればよいことを意味している。

一方、パーシェ式による比較時tにおける数量指数は、分母と分子に比較時の価格を用いることにより

$$\frac{\sum_{i=1}^{n} p_{ti}q_{ti}}{\sum_{i=1}^{n} p_{ti}q_{0i}} \times 100 = \frac{\sum_{i=1}^{n} p_{ti}q_{ti}}{\sum_{i=1}^{n} \frac{p_{ti}q_{ti}}{q_{ti}}q_{0i}} \times 100$$

と表される。右辺は各品目の数量比を比較時の支出金額 $p_{ti}q_{ti}$ をウエイトにして加重調和平均すればよいことを意味している。

鉱工業指数には生産指数の他に、**出荷指数**、**在庫指数**などがある。これらの指数は相互に関連している。需要が増えて出荷も増えれば、蓄えていた在庫が減るので、生産を増やして在庫を持つ必要があり、需要が減って出荷が減れば、在庫がたまり、生産を抑える必要がある。在庫を見れば、次に生産がどうなるかを予想することができる。

なお、経済産業省は、製造工業の先行き2か月の生産見込数量を把握し、景気動向等の判断資料とするため、**製造工業生産予測指数**も作成・公表している。

2 第3次産業活動指数

第3次産業活動指数、すなわち **Index of Tertiary Industries' Activities (ITA)** は、第3次産業に属する生産活動を総合的にとらえることを目的とした指数である。総合指数はラスパイレス式で計算されており、個別業種のサービス（役務）の生産活動を表す系列を、各業種の相対的重要度を示す尺度である付加価値額をウエイトとして加重平均したもので、経済産業省が毎月作成・公表している。

本指数は、第3次産業の生産活動を数量面からとらえた指標であるが、作成するデータは、鉱工業分野に比べ、統計データの整備が不十分なこともあって、生産活動状況を示すデータを統一的な概念規定のもとに選択することは困難である。そこで指数を作成するためのデータとしては、原則、生産を表す数量データを優先するものの、それが得られない場合は、生産活動を代用し得ると考えられる収益額、施設数、消費者支払額などの系列を選定している。

3 農業生産指数

農業生産指数は、農林水産省が食料生産や農業生産の基本構造を観察するために毎年調査している指数の一つであり、毎年の生産量統計が得られるもののうち農業総生産額に占める品目の構成比が1万分の1以上の品目を対象にして生産量をラスパイレス式により指数化したものである。生産額ウエイトは1965年以降5年ごとに基準時が改定されているが、接続可能である。

同様に、林産物には**林業生産指数**が、水産物には**水産業生産指数**が存在し、農業生産指数とともに農林水産業生産指数を構成している。

4 その他の数量指数

貿易統計については、価格指数の他に、数量指数と金額指数が存在する。数量指数は金額指数を価格指数で除したものであり、財務省が貿易数量指数として作成・公表している。

3. 景気動向指数

異なる概念の指標を合成した指数も存在する。

景気動向指数は、生産、雇用など様々な経済活動での重要かつ景気に敏感な指標の動きを統合することによって、景気の現状把握と将来予測に資するために作成された総合的な景気指標であり、内閣府経済社会総合研究所によって毎月作成されている。

景気動向指数には、Conposite Index（CI）と Diffusion Index（DI）がある。いずれも、景気に対して先行して動く先行指数、ほぼ一致して動く**一致指数**、遅れて動く**遅行指数**の3種の指数から構成されている。

これらを構成する指標は次のとおりである。

(1) 先行指数

最終需要財在庫率指数（逆サイクル）、鉱工業用生産財在庫率指数（逆サイクル）、新規求人数（除学卒）、実質機械受注（製造業）、新設住宅着工床面積、消費者態度指数、日経商品指数（42種総合）、マネーストック（M2）（前年同月比）、東証株価指数、投資環境指数（製造業）、中小企業売上げ見通しDI

(2) 一致指数

生産指数（鉱工業）、鉱工業用生産財出荷指数、耐久消費財出荷指数、労働投入量指数（調査産業計）、投資財出荷指数（除輸送機械）、商業販売額（小売業、前年同月比）、商業販売額（卸売業、前年同月比）、営業利益（全産業）、有効求人倍率（除学卒）、輸出数量指数

(3) 遅行指数

第3次産業活動指数（対事業所サービス業）、常用雇用指数（調査産業計、前年同月比）、実質法人企業設備投資（全産業）、家計消費支出（勤労者世帯、名目、前年同月比）、法人税収入、完全失業率（逆サイクル）、きまって支給する給与（製造業、名目）、消費者物価指数（生鮮食品を除く総合、前年同月比）、最終需要財在庫指数

なお、「逆サイクル」は、指数の上昇・下降が景気の動きと反対になる指標であることを意味する。また、一致指数を構成する労働投入量指数（調査産業計）とは、毎月勤労統計調査による総実労働時間指数（調査産業計、事業所規模30人以上）に労働力調査の雇用者数（非農林業）を乗じて指数化したものである。投資

財出荷指数（除輸送機械）とは、鉱工業指数の出荷指数（資本財、除輸送機械）と出荷指数（建設財）を加重平均して指数化したものである。

1 Conposite Index（CI）

Conposite Index（CI）は、主として景気変動の大きさや量感を観察するため、採用指標の変化率を合成することによって作成された指数である。

具体的な作成方法は次のとおりである。

まず、t時点における個別指標$d(t)$の対称変化率を次の式により計算する。

$$c(t) = \frac{d(t) - d(t-1)}{d(t) + d(t-1)} \times 200$$

ただし、構成指標が0または負の値をとる場合や、比率になっている場合には$d(t)$の階差で代替する。

次に、過去の平均的な動きと比較した変動の大きさ（量感）をみるため、対称変化率の四分位範囲を求めるとともに、外れ値の処理を行う。また、移動平均により、各採用系列の対称変化率の長期的な傾向（トレンド）を求める。さらに、基準化変化率を次の式により計算する。

$$基準化変化率 = \frac{外れ値処理後の対称変化率 - 対称変化率のトレンド}{四分位範囲}$$

次に、基準化と逆の操作を行い、変化の大きさを復元する。すなわち、合成変化率$V(t)$を

$V(t)$ =（対称変化率のトレンドの平均）+（四分位範囲の平均）×（基準化変化率の平均）

として求める。これらの「平均」は同一時点における採用系列の平均である。ただし、先行指数と遅行指数の四分位範囲の平均は、一致指数の採用系列によって計算された四分位範囲の平均を用いている。

最後に、指数$I(t)$を次の式により計算する。

$$I(t) = I(t-1) \times \frac{200 + V(t)}{200 - V(t)}$$

ここで、$I(0) = 100$である。

CIの基準年は、他の指数と同様に西暦年数の末尾が0、5である年に更新される。

CIでは、一般に、一致指数が上昇しているときが景気の拡張局面、低下している時が景気の後退局面であり、一致指数の山・谷の近傍に景気の山・谷が存在すると見ることができる。さらに、CIの趨勢的な動きを見ることによって、そのと

きどきの景気の量感を観察することができる。

❷ Diffusion Index（DI）

Diffusion Index（DI）は、景気の現局面を判断し、転換点を予測するため、与えられた月間隔をおいて増加を示す指標数が全採用指標数に対してどの程度の割合を占めるかを百分比で示したものである。具体的には、まず採用系列の各月の値（季節変動の認められるものについては調整後の数値）を、3か月前と比較して増加した時には＋（プラス）、横ばいに推移した時には0、減少したときに時には－（マイナス）が付けられる。次に、月ごとに＋の数（0は2分の1として計算）の採用系列数に占める百分率が求められる。

DIについては、一致指数が50％ラインを下から上に横切る時点の近くに景気の谷、50％ラインを上から下に横切る時点の近くに景気の山があることが経験的に知られている。また、先行指数は景気変動に先行し、遅行指数は景気変動に遅行するので、前者は景気の予測に、後者は山・谷の事後認識に利用される。

ただし、DIは景気変動の振幅の大きさを示すものではないことに注意しなければならない。

4．その他の指数

指数には様々なものがあり、さらにいくつか紹介することとする。

生産数量は生産能力と稼働率に区分することができる。**生産能力指数**は、製造工業の生産能力を、操業日数や設備、労働力に一定の基準を設け、これらの条件が標準的な状態で生産可能な最大生産量を能力として定義し、これを指数化したものである。**稼働率指数**は、製造工業の設備の稼働状況を表すために、生産量と生産能力の比を指数化したものである。いずれも経済産業省から作成・公表されている。アメリカ合衆国などでは稼働率は設備の稼働している割合を直接示すものなので注意を要する。

指数は時系列を示すものとは限らない。地域間の比較にも使われる。**消費者物価地域差指数**は、地域間の物価水準の違いをみることを目的として、全国平均を基準（＝100）とした指数を、地域別に作成したものである。基準財政収入額を基準財政需要額で除して算出された指数は**財政力指数**と呼ばれ、地方公共団体の財政力の強さを表す。**基準財政収入額**は、各地方公共団体の財政収入額を合理的に測定するために算定されるもので、標準税率による収入見込額の75％に相当する額に地方譲与税等を加えた額である。**基準財政需要額**は、各地方公共団体が合理的かつ妥当な水準の行政を行い、または標準的な施設を維持するために必要な財政需要であり、行政項目ごとに所定算式によって算定したものの合計である。

第16章 連関表

　観察の対象となる情報には、量的なものと質的なものがある。量的なものには年齢、従業者数、生産額、利用頻度などがあり、年齢階級別従業者規模別事業所数のように、二つの量的分類を組み合わせた二重の（表形式）の分類表を**相関表**と呼ぶ。これに対して、質的な情報には男女の別、産業、行動の種類、病状などがあり、男女別産業別賃金のように、二つの質的分類を組み合わせた二重の分類表を**連関表**とか**分割表**と呼ぶ。本章では、連関表をいくつか紹介する。

　社会経済の連関表においては表の内容は金額または量であることが多い。表の行の欄は入力（Input）、列の欄は出力（Output）を表す。行も列も単位が商品（財・サービス）ならば**産業連関表**である。行の単位が商品で列の単位が企業・事業所ならば**供給使用表**というように、行・列の単位によって連関表の種類は異なる。このように、産業連関表は産業区分で表示されているが、実態は商品単位の連関表であり、国際的には Input Output (IO) Table として知られている。供給使用表は産業連関表の基礎資料であるが、近年、日本だけでなく海外でも、国民経済計算の精度の向上に向けて整備が進められている。

1. 産業連関表

　日常生活に必要な各種の消費財や企業の設備の拡充に使用される資本財は、農林水産業、製造業、サービス業など多くの産業によって生産されている。これらの産業はそれぞれ単独に存在するのではなく、各産業間の密接な取引関係の中で、ある産業の需要の増減は、各関連産業に影響を与えることになる。たとえば、スマートフォンにはプラスチック、半導体、ネジなど多くの製品が原材料として必要である。このような細かい材料は様々な産業から購入しなければならないし、これらの原材料や出来上がった製品を運ぶ輸送機関も必要である。スマートフォンの需要が増加すると、次次と関連する各産業の需要も増加し、逆に需要が減ると関連する各産業の需要も減る。

　また、各産業の生産活動は、消費者の最終的な需要や従業者の賃金にも影響を与える。さらに、消費者でもある従業者の賃金から新たな需要が生み出されるなど、経済活動は、孤立したものではなく、産業相互間、あるいは産業と家計などの間で密接に結びつき、互いに影響を及ぼし合っている。

　産業連関表とは、1年間に国や地域で、このような経済取引を通して各産業が原材料や労働力を投入して、商品をどれだけ生産したか、また、生産された商品が、産業、家計、輸出などにどのように配分されたかを、すべての産業について

統一的に把握し、行列（マトリックス）形式で一覧表にしたものである。

　ある産業部門は、他の産業部門から原材料や燃料などの商品を購入（投入）し、これを加工（労働・資本等を投入）して別の商品を生産する。次に、これを別の産業部門に原材料などとして、家計部門などには完成品などとして販売（産出）する。このような購入、生産、販売の関係が各産業部門間で連鎖的につながり、最終的には、各産業部門から家計、政府、輸出などの最終需要部門に対して必要な商品が供給される。

　産業連関表を部門ごとに縦方向（列部門）の計数を読むと、その部門の商品の国内生産額とその生産に用いられた投入費用構成の情報が得られる。また、部門ごとに横方向（行部門）の計数を読むと、その部門の商品の国内生産額および輸入額がどの部門でどれだけ需要されたかの産出（販売）先構成の情報が得られる。（図28）このため、産業連関表は**投入産出表**とも呼ばれている。

【図28】産業連関表

	産業1	産業2	最終需要	総生産
産業1	X_{11}	X_{12}	Y_1	X_1
産業2	X_{21}	X_{22}	Y_2	X_2
付加価値	V_1	V_2		
総生産	X_1	X_2		

供給↓　需要→

X_{ij}：産業iからjに対する中間投入

　産業連関表は、各種経済活動の生産波及などの効果の推計・分析に用いられるが、一般に、このような推計・分析には、①生産能力に限界がなくあらゆる需要にこたえられること、②過剰在庫が存在せず効果の中断がないこと、が前提とされている。また、一般に、このような推計・分析は、産業連関表から直接読み取れる前段階の波及効果とそれ以外の統計も利用する後段階の波及効果に分けて行われる。後者は、前者によってもたらされる雇用者所得の消費性向をどうとらえるか、公共投資で提供される便益から誘発される経済効果をどうとらえるかによって異なる。

1 沿革

　産業連関表は、アメリカ合衆国の経済学者のワシリー・レオンチェフが1936年に開発したもので、彼は、その功績により1973年にノーベル経済学賞を受賞した。日本では、1955年表以来、5年ごとに作成されている。内閣府、金融庁、総務省、財務省、文部科学省、厚生労働省、農林水産省、経済産業省、国土交通省および

環境省の共同事業であり、総務省がその総合調整を担当している。

都道府県などにおいても、おのおのの管轄地域内を対象とする産業連関表が作成されている。

2 期日

毎回1年間（暦年）の状況について作成される。最近では2020年について作成された。

3 対象

産業連関表は、日本における生産活動および取引を対象にしている。取引の単位は商品である。

記録の時点は、原則として生産および取引が実際に発生した時点を記録する**発生主義**である。取引の発生とは、一般的には所有権の移動または契約の成立である。これに対して、現金決済時点での記録を原則とすることを**現金主義**と呼ぶ。

国内生産額は、実勢価格に基づく評価である。

輸出入品の価格については、普通貿易の輸入はCIF価格、普通貿易の輸出はFOB価格で評価される。

4 用語の解説

ここで、産業連関表に関連する用語をいくつか解説することとする。

(1) 取引基本表

産業連関表の骨格ともいえる**取引基本表**は、各産業間で取り引きされた商品を金額で表示したものである。縦の合計（投入額計）と横の合計（産出額計）は一致し、当該産業の生産額に等しい。

取引基本表は、経済センサス、経済構造実態調査などの結果をもとに直接作成されている。しかし、産業連関表を作成するに当たり、既存の統計資料等では把握することができない部分もあることから、いくつかの産業を対象に事業活動を行うために要した費用の内訳等の実態を把握し、産業連関表の作成における投入額推計等の基礎資料を得ることを目的に、産業連関構造調査と称する投入に関する調査（投入調査）が関係府省庁により実施される。

消費税は、各取引額に含まれるいわゆる**グロス表示**である。なお、消費税の納税額は粗付加価値部門の間接税に含まれる。

(2) 投入係数

投入係数とは、ある産業において、1単位の生産を行う際に必要とされる原材料等の単位を示したもので、取引基本表の中間需要の列部門ごとに、原材料等の投入額を当該列部門の生産額で除すことによって得られる係数である。すなわち、

ある産業において1単位の生産を行う時に必要な原材料などの単位を示したものである。(図29) これにより産業間の連鎖について考察することができる。

【図29】投入係数

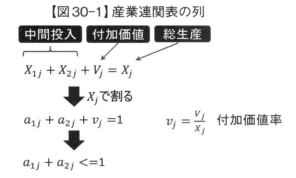

投入係数を用いて産業連関表の列と行を別々に表現すると、列については図30-1のようになる。

【図30-1】産業連関表の列

中間投入 付加価値 総生産

$$X_{1j} + X_{2j} + V_j = X_j$$

⬇ X_jで割る

$$a_{1j} + a_{2j} + v_j = 1 \qquad v_j = \frac{V_j}{X_j} \quad \text{付加価値率}$$

⬇

$$a_{1j} + a_{2j} <= 1$$

(3) 逆行列係数

逆行列係数とは、ある産業に対して1単位の最終需要があった場合(変化した場合)、各産業の生産が究極的にどれだけ必要となる(変化する)か、すなわち、究極的な生産波及の大きさを示す係数であり、図30-2に示したように、数学上の逆行列を求める方法で算出することからこのように呼ばれる。

また、逆行列係数表は、特定部門の生産を1単位上げるのに、直接・間接に必要とされる諸産業部門の生産水準が、最終的にどのくらいになるかを算出した係数表ということもでき、この表の列和は、ある産業に1単位の需要があった場合に全産業に及ぼす総効果に相当する。逆行列係数表の列和を全部門平均値で割算し直したものを**影響力係数**と呼び、影響力係数が1を上回る部門は全部門平均よ

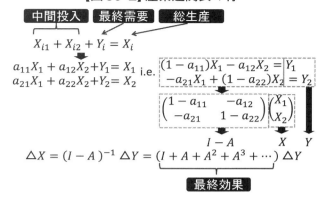

りも生産波及力が大きい部門、1未満の部門は生産波及力が小さい部門と解釈することができる。同様に、表の行和は、全産業にそれぞれ1単位の需要があった場合にある産業が受ける総効果に相当する。逆行列係数表の行和を全部門平均値で割算し直したものを**感応度係数**と呼び、感応度係数が1を上回る部門は全部門平均よりも感応度が大きい部門、1未満の部門は感応度が小さい部門と解釈することができる。

5 結果の公表

2020年表については、2024年4～6月に公表される。さらに、2025年4～6月には2010年－2015年－2020年の接続産業連関表が公表される。

2. 供給使用表

供給使用表は国際的にはSupply and Use Table（SUT）として知られている。産業連関表の取引基本表が分析のために用いられるのに対し、供給使用表は統計作成のために用いられる。供給使用表は経済全体を産業別と商品（生産物）別に記述するものである。粗付加価値構成要素、産業の投入および産出、生産物の供給および使用の間のつながりを示している。経済の異なる制度部門（非金融法人企業など）を財・サービスの輸出入、政府・家計・対家計民間非営利団体の最終消費支出、資本形成の詳細と関連付ける。

その名のとおり、供給使用表は図31に示した供給表および使用表という2つの相互に結び付いた表から構成される。

【図31】供給使用表のイメージ

供給表

	産業1	産業2		総供給
商品1				
商品2				
商品3				
総産出				
総輸入				

使用表

	産業1	産業2		総使用
商品1				
商品2				
商品3				
総産出				
総最終消費				
総固定資本形成				
総輸出				

1 供給表

供給表は、各行の商品がどの列の産業により生産・供給されたかを区別するものである。供給表においては、財・サービスの供給が商品の種類別と産業の種類別に示され、国内産業の供給と財・サービスの輸入が区別されている。すなわち、経済活動によって生み出された（商品別）産出と海外からの（商品別）輸入に関する情報が提供されている。表の最終列には商品別の総供給が、行の下部には産業別の総産出と総輸入が表されている。

2 使用表

使用表は、各行の商品がどの列の産業の生産に使われたかを区別するものである。使用表においては、様々な生産物の使用に関する情報が提供され、財・サービスの使用が商品の種類別、使用の種類別、すなわち産業別の中間消費、最終消費、固定資本形成、輸出として示される。さらに、産業別の粗付加価値構成要素、具体的には雇用者報酬、生産に課されるその他の税（控除補助金）、固定資本減耗、営業余剰（純）も示される。最終列で商品別の総使用が表されるのに対し、行の下部には産業別の総産出、総最終消費、総固定資本形成、総輸出が表される。ここで、固定資本減耗とは、構築物、設備、機械など再生産可能な有形固定資産について、通常の摩損および損傷、予見される滅失、通常生じる程度の事故による損害などからくる減耗分を評価した額である。

実際には、商品の分類は産業の分類よりも詳細なことが多いため、供給使用表は長方形になる。たとえば、乳業の産出は供給使用表で加工乳、バター、ヨーグルト、チーズといった商品について個別に表示され、すべての乳製品が唯一の集合的な商品として表されることはない。

経済センサスや投入調査などの基礎統計が充実した後、供給使用表は産業連関

表の分析だけでなく、将来はGDPなどの国民経済計算の生産・支出系列の推計に用いられる予定である。（図32）

【図32】供給使用表と産業連関表の関係

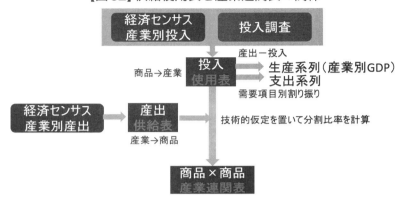

3. 国際収支表

国際収支表は、ある国が外国との間で行うモノやサービスの取引および証券等の金融取引とその背後にあるお金の流れを包括的かつ体系的に記録した統計である。（図33）取引の結果として生まれる資産と負債は**対外資産負債残高**に記録される。国際収支表と対外資産負債残高は、日本を含む多くの国において、国際的な集計や比較が可能となるようにIMFが公表している国際収支マニュアルに準拠して作成されている。具体的には、取引の内容やその背後にある資金の流れについて、国際収支マニュアル第6版に基づく構成項目ごとに分類し、貸方・借方それぞれに同額計上する形で作成されている。

【図33】国際収支会計の基本原則

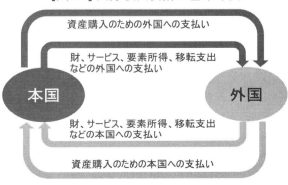

なお、図33に示した**要素所得**とは、生産者によって支払われた**雇用者所得**と生産者が受取る**営業余剰**を合せたもので、いずれも生産活動における労働および企業の活動に帰属する所得とみることができる。また、**移転支出**とは、政府、企業あるいは個人が行う財またはサービスの反対給付を伴わない一方的な購買力の移転のための支出であり、政府から個人に対する生活保護費や年金の支払、企業に対する補助金の支払などである。

日本における国際収支表は、**外国為替及び外国貿易法**（1949年法律第228号）に基づいて、官公庁、金融機関、事業法人、個人等から提出される報告書を主要な基礎資料として作成されている。同法第55条の9には、財務大臣は、政令で定めるところにより、対外の貸借および国際収支に関する統計を作成し、定期的に、内閣に報告しなければならない、と書かれている。財務省・日本銀行が作成したこの統計は、国際収支表と対外資産負債残高として公表されるだけでなく、国民経済計算や資金循環統計の基礎データとして活用されているほか、IMFやOECDなどの国際機関に提供されてグローバルな金融経済の動向把握と分析にも活用されている。

1 構成項目

国際収支マニュアル第6版では、国際収支表の標準構成項目として、**経常収支**、**資本移転等収支**、**金融収支**の3つの大項目が示されている。また、経常収支には**貿易収支**、**サービス収支**、**第一次所得収支**、**第二次所得収支**、金融収支には**直接投資**、**証券投資**、**金融派生商品**、**その他投資**、**外貨準備**が、それぞれ示されている。

日本の国際収支表においても、統計に計上される取引は、原則として、その内容に応じて、同マニュアルが示す構成項目に分類して計上されている。各構成項目に含まれる主な取引内容は、表2のとおりである。

【表2】国際収支　主な取引内容

経常収支	財貨・サービスの取引や所得の受払等
貿易収支	一般商品の輸出入や仲介貿易等の財貨の取引
サービス収支	旅行、輸送のほか、知的財産権等使用料等のサービスの取引
第一次所得収支	利益配当金・債券利子等の財産所得等の受払
第二次所得収支	損害賠償金等の受払
資本移転等収支	債務免除や相続に伴う資産の移転等
金融収支	対外金融資産・負債の増減に関する取引
直接投資	企業買収、子会社設立等のための投資の実行または回収
証券投資	株式・債券の売買や発行または償還
金融派生商品	先物取引の売買差損益、通貨スワップの元本交換差額等の受払
その他投資	現預金や貸付または借入、証券決済・約定の期ずれによる未収・未払金等
外貨準備	外貨準備の増減

貿易統計として公表される輸入金額は、日本への通関地点におけるCIF価格を集計したものであるが、国際収支表においては、モノの取引と、サービスの取引とは区別して計上することを原則としているため、貿易収支には、輸出国におけるFOB価格を計上し、運賃・保険料等の諸経費については、サービス収支に計上している。また、貿易統計は、日本の税関における貨物の通関という観点に立ち、モノの輸出入を物理的にとらえ、税関を通過した時点（関税境界）で計上するとしている。しかし、国際収支表は、税関を通過したかどうかに関わらず、居住者と非居住者の間で所有権が移転した貨物を計上している。このようにすることにより、他の収支項目と計上時期の整合性を確保している。たとえば、日本がアメリカ合衆国製の人工衛星を購入し、アメリカ合衆国で打ち上げるケースについては、人工衛星の所有権がアメリカ合衆国から日本に移転した時点で国際収支表の貿易収支には計上されるが、人工衛星は関税境界を越えないので、貿易統計には計上されない。
　第一次所得収支は、資本（資金）や労働などの生産要素が得る所得のやりとりのうち、国境を越えてやりとりされるもので、貸付金の利子、株式の配当、出稼ぎの所得の送金などである。第二次所得収支は、支払に対して明確な反対給付（サービス提供等）がない一方的な資金のやりとりで、損害賠償金等の受払、外国への財の援助、国際機関への拠出金、外国への税金の支払、外国からの税金の受取、出稼ぎ労働者の母国への送金などである。
　これらに対して、資本移転等収支は、債務免除や相続に伴う資産の移転等で、固定資産の取得・処分に付随する資金の移動、インフラ整備、施設建設などのための無償の資金援助、特許権や著作権などの売買の収支などである。経常収支の第二次所得収支が消費財の援助であるのに対し、資本移転等収支は資本財の援助である。
　金融収支のうち直接投資は企業買収、子会社設立等のための投資の実行または回収、企業の経営支配を目的に行う株式投資などであり、証券投資は企業の経営支配を目的としない株式投資、債券投資など、金融派生商品はその他の金融商品、商品に連動した金融商品、金融工学を駆使した先物・スワップ・オプションなどである。その他投資は国境を越えた資金の貸し借りであり、現預金や貸付または借入、証券決済・約定の期ずれによる未収・未払金などである。

2 複式計上

　国際収支表では、各取引について、貸方・借方それぞれに同額を記入し、原則として、貸方・借方それぞれの項目の合計が一致するように計上されている。貸方には、財・サービスの輸出、所得の受取、移転の受取、金融資産の減少、金融負債の増加が計上され、逆に、借方には、財・サービスの輸入、所得の支払、移

転の支払、金融資産の増加、金融負債の減少が計上される。

国際収支表における収支については、経常収支と資本移転等収支は「貸方－借方」、金融収支は「金融資産のネット取得（資産の借方－貸方）－金融負債のネット発生（負債の貸方－借方）」で算出する。つまり、経常収支は外国に対する財やサービスの売買差額であるのに対し、金融収支は外国からの資産購入と外国に対する負債積み上げとの差額である。日本が外国から資金を借りると、日本は外国に対して資産を売ることになる。逆に、日本が外国に融資すると資産を獲得する。これらの関係を整理すると、以下の恒等式が成り立つ。

経常収支＋資本移転等収支－金融収支＋誤差脱漏＝0

計上時点は原則として取引の発生時点（所得権移転時点）である。**誤差脱漏**は、統計上の誤差を調整するための項目である。実際の国際収支表作成においては膨大な取引について様々な種類の報告書や資料を基に集計するため、必ずしも一つの取引に係る貸方、借方の2つの計上資料が同一時期に入手できるとは限らない。また、評価方法のずれ等から同じ取引であっても資料によって金額が異なる場合もある。このため、現実には、貸方・借方それぞれの項目の合計が一致せず、統計作成上の誤差が生じる。

3 結果の公表

速報値については、原則として当該月の翌々月上旬に財務省と日本銀行から共同で公表されている。また、対象月が属する四半期の最終月から数えて4か月後に第2次速報値が公表され、翌年および翌々年の4月に年次改訂値が公表される。

4. 食料需給表

食料需給の全般的動向、栄養量の水準とその構成、食料消費構造の変化などを把握するため、日本で供給される食料の生産から最終消費に至るまでの総量を明らかにするものである。原則としてFAOの食料需給表作成の手引に準拠している。表の行は食料の種類、列は用途等に区分されている。本表により算出された食料の供給数量および栄養量は、消費者等に到達した食料のそれであって、国民によって実際に摂取された食料の数量および栄養量ではない。本表は農林水産省から毎年作成・公表されている。食料需給表には国民一人当たりの供給純食料と栄養量も示される。

食料自給率

食料自給率とは、**国内消費仕向量**に対する国内生産量の割合を示す指標である。それには、単純に重量で計算することができる**品目別自給率**と、食料全体につい

て共通の「ものさし」で単位を揃えることにより計算する**総合食料自給率**の2種類がある。総合食料自給率は、熱量で換算する**カロリーベース**と金額で換算する**生産額ベース**がある。国内消費仕向量は次の式により計算される。

　国内消費仕向量＝国内生産量＋輸入量－輸出量－在庫の増加量

　畜産物及び加工品については、輸入飼料および輸入原料を考慮して作成される。

　日本の食料自給率について、2000年以降、分子となる生産量は低下しているものの、高齢化などにより分母となる国内消費仕向量も低下しているため、食料自給率は大きく変化していない。

5. エネルギーバランス表

　エネルギーについて、一次エネルギー供給から転換過程を経て最終消費までに至る流れを表形式で示したものは**エネルギーバランス表**と呼ばれている。通常1年間にわたるエネルギーの流れが表示される。経済産業省資源エネルギー庁が作成しているが、世界では国際エネルギー機関、すなわちInternational Energy Agency（IEA）が毎年国別に表を作成している。

6. その他の連関表

　二つの質的分類を組み合わせた分類表である連関表は個々の統計調査の結果表にも散見される。

　供給使用表や国際収支表は国民経済計算で利用されるが、最後に、次章への橋渡しとして、国民経済計算に関連するその他の連関表を紹介する。

　まず、**資金循環表**は日本の金融市場全体の動きを把握したマクロ統計で、家計・企業・中央政府、地方公共団体、海外、金融機関の間における資金の流れを表形式で表わしたものである。資金循環表は日本銀行が毎年作成している。

　また、**国民貸借対照表**は、企業会計の貸借対照表の考え方を国民経済に適用したものである。国民所得勘定が一定期間のフローの体系を示しているのに対して、国民貸借対照表は、期末（期首）において国民が保有している資産と負債の残高（ストック）を示している。期首に保有している資産と負債に、その期の生産活動から生じた資本取引と、価格変動による残高の増減とを加えたものが期末の資産と負債になる。各資産の評価は原則として評価時点における市場価格で行われ、固定資産はその時点での再調達価格によって推計される。日本では、国民経済計算のストック推計として毎年公表されており、さらに非金融法人企業、金融機関、一般政府、家計といった制度部門別にも推計されている。

第17章　体系

次に、これまでに紹介した連関表を組み込んで経済学に沿って国家の資金の状況を体系的に表現した**国民経済計算**と、社会生活や環境という面からこれを補足した体系について解説する。

経済においては、財・サービス市場、要素市場、金融市場の3つの市場が存在し、家計、企業、政府および外国の4種の主体が存在する。市場を通じてこれらの間に様々な資金の流れが存在するが、その概略は図34のとおりである。

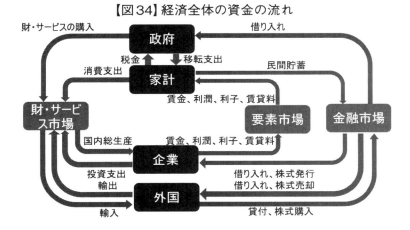

【図34】経済全体の資金の流れ

1. 国民経済計算

国民経済には生産、消費、投資といった各種の取引（フロー）や資産、負債といった存在高（ストック）がある。こうしたフローとストックを、経済学に沿って体系的に記述するのが国民経済計算、すなわち**System of National Accounts（SNA）**である。したがって、中核部分は企業の財務諸表作成における企業会計原則と同様な役割を果たすものである。SNAは、それを利用して所得水準や経済成長率などの国際比較を行い、各国の経済の実態を明らかにするという目的にも用いられるので、世界の各国が共通の基準に基いて作成することが必要である。このため、SNAの基準は国連が世界の専門家を集めて作成し、国連統計委員会で各国の承認を得ている。日本では、内閣府経済社会総合研究所がこれに沿って日本の国民経済計算を作成している。国民経済計算は、国勢調査を行い作成される国勢統計とともに統計法に直接記載されている基幹統計である。

また、日本では、国民経済計算の地域版として、各都道府県が県民経済計算を推計している。

1 沿革

SNAの起源は、1947年のリチャード・ストーンが率いる国際連盟統計専門家委員会の分科会報告にさかのぼる。リチャード・ストーンはSNAの開発とそれに基づく経験主義的経済分析の基礎の改良が称えられ、後にノーベル経済学賞を受賞した。当初SNAはフロー面をマクロ的に記録する国民所得勘定を対象に整備されていた。

1953年に国連から提示されたSNAは、6の基準勘定と経済の流れの詳細と代替分類を記述する12種の基準表からなる。基準勘定は、①国内生産物勘定、②家計および民間非営利団体勘定、③一般政府勘定、④国内資本形成勘定、⑤国民所得勘定ならびに⑥対外取引をまとめた海外勘定である。1966年に開始された日本のSNAもこれに準拠するものであった。

しかし、その後、産業間の投入・算出構造を表す産業連関表、金融の流れを記録する資金循環表、対外的な取引を記録する国際収支表が各国で作成されるようになった。これに、計量経済モデルの発展と電子計算機のデータ処理能力の飛躍が後押しし、国連は、国民所得勘定にこれら3表と、国全体としての資産に対して負債と株式とを対比し両者の差額を正味資産とみる国民貸借対照表を加えて体系化し、1968年に新SNAを完成させ、これに準拠したSNAの作成を各国に勧告した。これを受け、日本も1978年より新SNAに移行した。

1993年には、制度部門別生産勘定の新設、所得分配・使用勘定の精緻化、環境等サテライト勘定の導入などを主目的とする**1993 SNA**が成立し、日本も2000年より移行した。

【図35】国民経済計算の歴史

1947報告	・SNAの起源は、リチャード・ストンが率いる国際連盟統計専門家委員会の分科会報告にさかのぼる
1953 SNA	・国連統計委員会承認により刊行され、6の基準勘定と経済の流れの詳細と代替分類を記述する12の基準表から構成
1968 SNA	・範囲を拡張し、産業連関表、貸借対照表等を加え、推定に当たり価格を固定し、SNAと物質生産体系の整合性を強化
1993 SNA	・国民経済計算の改善を示し、SNAと他の国際統計基準との調和を具体化
2008 SNA	・経済環境の変化、手法研究の進歩、および利用者ニーズに関する問題を解決
2025 SNA	・国連統計委員会で議論

2009年には、その後の経済・金融環境の変化を踏まえた改定版として、2008 SNAが採択された。**2008 SNA**は、従来の無形固定資産に研究・開発を含む範囲に拡張した知的財産生産物の導入、一般政府の兵器システムの固定資産や在庫への記録、雇用者ストックオプションの雇用者報酬や金融資産への記録、雇用関係をベースとした年金制度に係る発生主義に基づく記録の徹底、財・サービスの輸出入における所有権移転原則の徹底等が盛り込まれた。日本では2016年に2008 SNAへの対応が図られた。

現在、2025 SNAへの改定に向けて準備が進められている。

これらの国連を中心とするSNAの歴史をまとめると図35のとおりである。

2 概念

一人一人がより快適な日常生活を送るためには、様々なもの（財・サービス）が必要である。これに応えるために企業や政府は、一定の技術の下で各種の生産要素（労働、資本、土地）を組み合わせて使用し、原材料（中間財）を投入して財・サービスを産出している。

産出された財・サービスは、企業が原材料として用いる時の消費である中間消費、各種の国内最終需要（家計最終消費支出、民間企業設備等）および輸出向けに販売される。

他方、生産活動の過程で生み出された付加価値（産出 − 中間投入（企業の原材料に相当））は固定資本減耗と純間接税を除いた後、各生産要素の間で報酬として配分される。

国民経済計算の中核となる**国民所得勘定**とは、ある期間内に新しく生産された財・サービスの価値額を推計把握するものである。推計方法には、以下の三つの接近方法がある。

①生産：各財・サービスの生産額から中間投入を控除して得られる付加価値額を集計する方法
②支出：消費や投資などその期間内に他の生産過程で原材料等として使用されることのない最終需要を集計する方法
③分配：賃金や利潤等の分配された所得を集計する方法

この三つの方法からの推計値は概念的に一致し、これを**三面等価の原則**という。

3 結果の公表

四半期別速報の1次速報は当該四半期終了後約1月と2週間程度後に、2次速報は1次速報の約1月後に、年度の確報値は当該年度終了後の12月末に内閣府経済社会総合研究所から公表されるが、いずれも次期公表時に遡及して改められる。ここまでは、後から公表される結果のほうが精度が高い結果であるとみなすことが

できる。その後も5年ごとの基準改定とSNAの改定により結果は改定されるが、定義や概念の変更に及ぶ場合もあり、その際には従来の結果との比較ができなくなる。

4 用語の説明

国民経済計算のなかには特別な用語が多数存在し、日常とは異なる解釈のもとで使用されている場合があるので注意が必要である。

(1) 分類

制度部門分類は、非金融法人企業、金融機関、一般政府、対家計民間非営利団体、家計（個人企業を含む）の5つからなる。この分類は、所得の受取りや処分、資金の調達や資産の運用についての意思決定を行う主体の分類である。

一方、**経済活動分類**は、産業、政府サービス生産者、対家計民間非営利サービス生産者、家事サービス（主婦のサービスを除く）、最終消費者としての家計の5つからなる。この分類は、財・サービスの生産および使用（消費支出、資本形成）について意思決定を行う主体の分類である。経済活動分類は技術的な生産構造の解明に力点が置かれるため、実際の作業を行う工場や事業所などが分類単位としてとらえられる。

(2) 経常移転

財・サービスなどの反対方向への流れを伴わない一方的な取引を**移転**と呼ぶ。**経常移転**とは、資産や貯蓄ではなく経常的な収入のなかから支払われ、また受取側の投資の源泉でなく経常的支出に充てられることが想定される取引である。経常移転には、①金、土地、著作権・特許権などの無形資産の貸借を原因として発生する**財産所得**の受け払い、②損害保険純保険料、保険金などの契約に基づく受け払い、③直接税、間接税、補助金、社会保障負担および給付、罰金および強制手数料のような政府機関に関する移転、④贈与のような反対給付のない任意の移転などが該当する。

(3) 資本移転

移転のうち、支払側の資産や貯蓄から賄われるもので、受取側の資本蓄積や長期的な支出の資金源となるもので、政府の民間企業に対する資本補助金や相続税、贈与税などが該当する。

(4) 雇用者所得

生産活動から発生した付加価値のうち労働を提供した雇用者への分配額を指し、具体的には、現物給与を含む賃金・俸給と、雇用者福祉のための社会保障基金などに対する雇主の拠出金である。このうち現金による賃金・俸給以外は後述する帰属計算項目である。

(5) 財産所得

ある経済主体が他の経済主体の所有する金、土地および無形資産を貸借する場合、この貸借を原因として発生する所得の移転であり、利子、配当、地代、無形資産の使用料などが該当する。

(6) 可処分所得

国全体または各制度部門主体の全所得の受取（生産活動に基づく雇用者所得、営業余剰、財産所得などの経常移転の受取）である経常収入から、すべての経常移転の支払を控除したものであり、各制度部門主体の手元に残った実際に処分可能な所得を示す。

(7) 家計最終消費支出

個人企業を除いた消費主体としての家計の新規の耐久財、非耐久財、サービスに対する支出であり、中古品、スクラップの純販売額（販売額－購入費）は控除される。農家における農産物の自家消費、自己所有住宅の帰属家賃、医療費の社会保険分、賃金俸給における現物給与などは含まれるが、土地と建物は含まれない。

(8) 政府最終消費支出

一般政府の財・サービスに対する経常的支出、すなわち**政府サービス生産額**（中間消費＋雇用者所得＋固定資本減耗＋間接税）から、他部門に販売した額（非商品販売額）を差し引いた一般政府の自己消費である。言い替えると、政府サービス生産額から①家計や法人企業への財・サービスの販売収入で賄われる部分や、②一般政府自身の総固定資本形成に充てられる部分を除いた価額から成る。ここで、①には、たとえば、各種の手数料収入や、国公立大学（附属病院を除き一般政府に格付けされる）の学費収入等が含まれ、②には、一般政府に属する機関が自ら行う研究・開発の総固定資本形成が含まれる。

(9) 国内と国民

国内領土とは、ある国の領土から当該国に所在する外国政府の公館および軍隊を除いたものに、領土外に所在する当該国の公館および軍隊を加えたものである。**国内**という概念はこの国内領土に居住する経済主体を対象とするという概念であり、主として生産活動に関連した概念である。たとえば外国企業の在日子会社は、日本の国内領土において生産活動を行なっているので、日本の居住者たる生産者として国内に含まれ、逆に日本企業の海外支店は含まれない。

一方、**国民**という概念は、一般には国籍を中心に考えられているが、国民経済計算では少し異なる意味になるので注意が必要である。国民経済計算の国民は、当該国の居住者主体を対象とする概念であり、外国為替及び外国貿易管理法の通達「外国為替管理法令の解釈及び運用について」の居住者の要件を満たす企業、一般政府、対家計民間非営利団体および個人を指す。例えば、居住者たる個人とは、主として当該領土内に6月以上の期間居住しているすべての個人を指し、国籍を問

わない。また、一般に、国外に2年以上居住する個人は非居住者とされる。したがって、日本を国籍とするいわゆる日本人であっても、海外で長期間居住している場合には、国民として国民経済計算に算入されないことになる。

【図36】GDPとGNP

国内と国民の概念は国内総生産：Gross Domestic Product (GDP) と国民総生産：Gross National Product (GNP) に反映されている。(図36)

(10) 国内総生産：Gross Domestic Product (GDP)

GDPは国内における生産者によって生み出された付加価値の合計である。**付加価値**とは算出額から中間投入（中間消費）を差し引いたもので、金額的には**国内総支出：Gross Domestic Expenditure (GDE)** に等しい。また、消費支出（Consumption）、投資（Investment）、政府支出（Government expenditure）と輸出（Export）を足して輸入（Import）を引いたものでもある。(図37)

【図37】GDPの計算

GDP＝C＋I＋G＋X－IM

GDP	国内総生産
C	消費支出
I	投資
G	政府支出
X	輸出
IM	輸入

GDPの四半期別の速報値は**Quick Estimation (QE)** と呼ばれる。

生産や固定資本形成などでは、固定資本減耗を含む係数は**総 (Gross)**、含まない計数は**純 (Net)** と呼ばれる。GDPから固定資本減耗を控除したものが国内純生産、すなわち**Net Domestic Product (NDP)** である。NDPは生産者価格（商品が生産者の事業所において販売される市場価格）表示と要素費用表示が

【図38-1】GDPとNDP

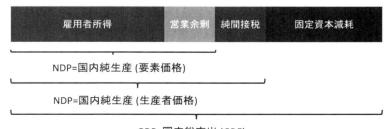

あり、後者は前者から純間接税を除いたものである。純間接税は生産の外側で決められているため、経済活動の費用構成という意味で本質的でない。（図38-1）

(11) 国民総生産：Gross National Product（GNP）

国民総生産：Gross National Product（GNP）とは、当該国の居住者主体によって受け取られた所得の総額を示すものである。GDPに海外からの要素所得（雇用者所得、投資収益などの財産所得・企業所得）の純受け取りを加えたものであり、**国民総支出：Gross National Expenditure（GNE）**に等しい。

GNPから固定資本減耗を控除したものが**国民純生産：Net National Product（NNP）**、さらにそれから純間接税を控除したものが**国民所得：National Income（NI）**となる。（図38-2）

【図38-2】GNPとNNP

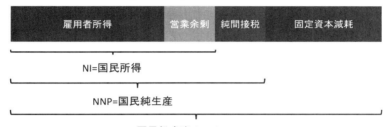

(12) 実質化

実質の数値は、ある時期の価格表示の数値を、特定の時期の価格に換算した数値である。実質GDPは、経済活動の全体の規模を示すための代表的な指標として用いられ、対前年、もしくは数年間の平均増加率は、**経済成長率**と呼ばれる。

実質値を求めるために使用される価格指数を**デフレータ**と呼ぶ。デフレータの算式はパーシェ式である。GDPで必要な数量指数はラスパイレス式であることから、価格指数であるデフレータはパーシェ式になっている。

なお、パーシェ式の価格指数とラスパイレス式の数量指数を乗じると以下のように金額指数になる。

$$\frac{\sum_{i=1}^{n} p_{ti}q_{ti}}{\sum_{i=1}^{n} p_{0i}q_{ti}} \times \frac{\sum_{i=1}^{n} p_{0i}q_{ti}}{\sum_{i=1}^{n} p_{0i}q_{0i}} \times 100 = \frac{\sum_{i=1}^{n} p_{ti}q_{ti}}{\sum_{i=1}^{n} p_{0i}q_{0i}} \times 100$$

(13) 帰属計算

帰属計算とは、国民経済計算上の特殊な概念であり、財・サービスの提供ないし享受に際して、実際には市場でその対価の受け払いが行われたかのようにみなして擬制的取引計算を行うことをいう。とくに、居住形態が国によって異なる中で住居費は大きいことから、国際比較のために、持ち家の帰属家賃が計算される。

（図39）家計最終消費支出には、帰属家賃や医療費のうち社会保険分などが含まれ、通常の家計簿ベースの支出より範囲が広がっているなど、国民経済計算の各項目を見る場合、その範囲には十分注意する必要がある。

【図39】持家の帰属家賃サービス

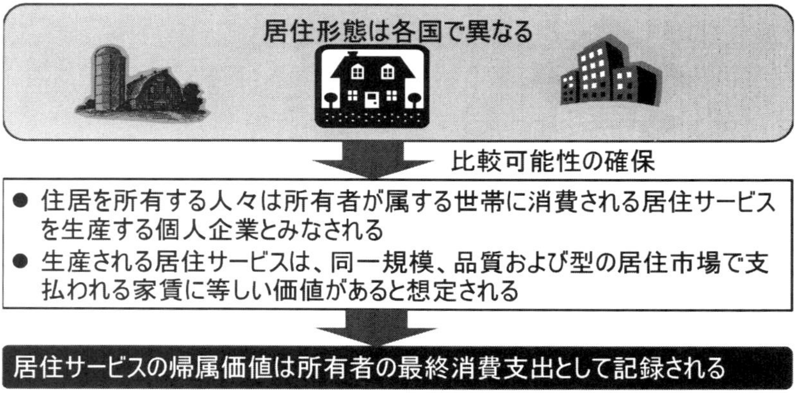

(14) Financial Intermediation Services Indirectly Measured (FISIM)

　家計や企業等は銀行等（金融仲介機関）を通じて、資金の運用や調達を実施している。このようなサービスは、明示的には料金を課さずに行われている。間接的に計測される金融仲介サービス、すなわち**Financial Intermediation Services Indirectly Measured (FISIM)** とは、市場（インターバンク等）金利と預金金利、貸出金利との差によりこのようなサービスを計測するものである。国民経済計算では、家計や企業等は銀行等からこのサービスを購入しているとみなしている。

(15) 直接税と間接税

　国税や地方税においては、税を負担する主体から直接徴収するものを直接税と呼び、納税者と税を負担する主体が異なるものを間接税とする。これに対し、国民経済計算では、直接税と間接税の区分は、それが所得から支払われるか、生産コストの一部とみなされるかによる。この観点に立てば、直接税とされるのは、所得税、法人税、道府県民税、市町村民税、自動車関係諸税（家計分）および日本銀行納付金である。間接税には、消費税、関税、酒税、たばこ税などの国内消費税、印紙税などの取引税、事業税、固定資産税、自動車間接諸税（企業分）などが分類される。

(16) 国民負担率

　租税と社会保障負担額を国民所得で割った比率を**国民負担率**と呼び、国民や企業の所得の中で公的サービスのために強制的に徴収される金額の割合である。租

税、社会保障負担費とも個人だけでなく企業の負担分も含まれる点に留意が必要である。

2. 社会・人口統計体系

社会・人口統計体系：System of Social and Demographic Statistics (SSDS) は、総務省統計局が整備する国民生活に関する地域別統計指標データベースである。

1 目的
社会・人口統計体系の目的は、国民の暮らしの種々の側面を体系化し、それぞれに対応する統計指標群を求め、それら全体によって国民の暮らしの実態を把握することである。

非経済的側面を含む各種統計データの整備により、国民生活の実態把握、生活水準の測定や各種施策の企画・立案等に資すること、また、地域別データにより、地域特性を明らかにし、地域分析に資することを目的としている。

2 経緯
1970年頃、日本では国民の生活水準が向上し、豊かな国民生活を目標とするとともに、地域の実情の的確な把握と地域住民の生活に密着した施策の展開が課題となった。

一方、国連でも、1970年代に入って、従来のSNAを中心とした統計体系を補完するものとして、より総合的な統計体系の整備についての研究が行われてきた。

その結果を踏まえ、国連では、1975年に「社会および人口統計体系を目指して」と題する報告書を刊行するなど、社会および人口統計体系の整備が提唱された。

これらの動向を踏まえ、1976年度に国民生活の実態を統計的に把握するために社会生活統計指標の作成が開始され、都道府県別に各種統計データが収集、編成され、地域特性の把握、分析などに利用することができるようになった。さらに、1981年度からは、名称が「社会・人口統計体系」と改められ、市町村別データにも整備が拡張するなど、よりいっそうの充実が図られ、以降、毎年データの更新、整備が行われている。

3 主要原則
(1) 統計の網羅性
個人を中心にその社会生活の各側面に係る状況を示し、地域別特性の把握や実

態把握を行うため、関連する統計が網羅的に整備されている。
(2) 基本的関心は人間
　基本的に、個人、世帯・家族の生活実態が対象である。したがって、人間の各種集団にかかわる統計が体系の中核である。
(3) ストックとフロー
　人々を取り巻く環境および基盤の状況をストックデータで示すほか、それらの変化の状況を示すため、行政上の対応などを含むフローデータも整備されている。
(4) 概念、定義および分類の共通性
　データ整備に際し、地域間比較、時系列比較の必要性からデータに適用する概念、定義および分類の共通性を維持する。
(5) 地域統計の整備
　地域別比較を主目的としているため、本業務における統計データの地域別編成および利用を通じ、既存の統計の重複、欠落の発見および未開発統計の発掘・整備に寄与する。

4 特徴
①単にデータを収集するのではなく、欠けている部分を補い、問題のあるところを改善するなど既存の統計情報の見直しをも目指している。
②都道府県別、市町村別に統計データを整備している。
③体系の組立に当たって、統計的なアプローチを堅持している。たとえば、指標値の選択については実態記述という観点から整合性や体系を重視し、その指標値について規範的な観点は導入していない。

5 構成
　指標は以下の6つで構成されている。
(1) 行動主体
　国民生活の行動主体である住民を集団としてとらえ、その集団についての情報を表す。
(2) 行動の場の条件
　学校、社会教育・文化・スポーツ、雇用、医療などの施設や便益に関する指標である。
(3) 生活行動
　人口・世帯・家族の具体的な行動を表す部分で、学習、余暇、勤労、家族生活などの行動を種類別に区分して、行動の態様を示す指標を設けている。
　(2)と(3)の関係については、行動主体にとって、行動の場の条件をInput、生活行動をOutputとみなし、施設や便益が行動とどう関係しているかを分析し、生

活行動が場の条件に制約を受けていることなどを確かめることができる。
(4) 行動資源
生活行動の基礎となる金銭的、時間的資源およびその配分である。
(5) 環境基盤
生活行動や行動の場の条件は、行政主体が供与するサービス、その裏付けとなる財政力、経済的基盤および自然環境に影響を受ける。このうち財政については、施設または便益の整備を進めるためのInput指標と考えられる。
(6) 実現水準
住民の生活行動の結果として達成される結果である。

6 項目数
13分野にわたり都道府県別に約2,750項目、市町村別に約660項目の基礎データが収集されている。

7 結果の公表
毎年報告書が刊行されており、報告書の内容はウェブサイトからダウンロードすることができる。整備されているデータの更新時期は、都道府県データは毎年度おおむね3月、市町村データは毎年度おおむね6月である。

3. 環境経済勘定体系

一国の経済活動のフローとストックを体系的・統一的に記録する包括的な統計体系としてSNAがあるが、SNAでは、経済活動中の環境保護活動などの状況を詳細に把握することは困難であり、また、経済活動に伴う環境の悪化（外部不経済）をとらえることはできない。このため、環境と経済を統合し、「持続可能な開発」を実現する見地から、環境と経済の相互関係が把握可能な統計体系の確立が求められていた。このような視点から**環境経済勘定体系**、すなわち**The System of Environmental and Economic Accounts（SEEA）**が構築された。

1 経緯

SEEAについては、1993年に国連が国民経済計算ハンドブック：統合環境経済勘定、すなわちHandbook of National Accounting：Integrated Environmental and Economic Accountingとして解説し、2003年に改定したが、2012年に中心的枠組み：Central Frameworkとして改定した。この改定により、環境保護と資源管理が環境活動に認定された。

また、環境については、水、エネルギー、空気のそれぞれについて国連が統計

体系を整備している。水については、農業、エネルギー、衛生など様々な側面で重要なものとして、国連統計委員会が2010年に水統計の国際勧告：International Recommendations for Water Statistics（IRWS）を採択した。これにはデータ収集、加工、報告等の指針が書かれている。エネルギーについては、2011年に国連統計委員会がエネルギー統計国際勧告：International Recommendations for Energy Statistics（IRES）を採択した。この中で、公的エネルギー統計の長期的発展の基盤、経済統計との統合を踏まえた概念、定義、分類、データの加工および提供についての解説がなされている。空気については、気候変動に関する勧告が重視されているが、大気汚染も大きな問題であり、1987年WHO欧州のための空気品質指針：Air Quality Guideline for Europeが作成され、2005年と2021年に対象地域を世界に広げて改定された。

日本でも、内閣府経済社会総合研究所が中心となりSEEA-1993およびSEEA-2003をもとに、日本版の環境経済勘定の構築に向けた研究が進められた。

2015年度には、2014年値を用いて日本版環境経済勘定Cenral Frameworkの水勘定表の試算値推計が行われ、諸課題が整理された。

2 勘定体系

(1) 計数

SEEAは、大別すると次の2種類の計数からなる。

一つは、SNAのフロー、ストックの既存計数から分離される環境関連の支出額（**実際環境費用**）と資産額（**環境関連資産額**）であり、これにより、経済活動中の環境保護活動の状況などを詳細に把握することができる。

もう一つは、経済活動に伴う環境の悪化を経済活動の費用として貨幣表示する**帰属環境費用**である。帰属環境費用は、環境に関する外部不経済を貨幣表示するものといえる。

(2) 勘定表

これらの計数を、SNAの財・サービスの需要と供給表および非金融資産表を統合・再整理した行列形式の勘定表にとりまとめたものが**環境・経済統合勘定表**である。この勘定表により、経済活動全体の中で、どの経済主体が、どのような規模の環境保護活動を行い、また、どの程度の環境悪化を引き起しているかなどを貨幣表示で知ることができる。

(3) 環境調整済国内純生産

国内純生産（NDP）から帰属環境費用を控除した計数は環境調整済国内純生産：Eco Domestic Product（EDP）、一般には**グリーンGDP**と呼ばれている。これは、NDPがGDPから生産活動に伴う固定資本の減耗額を控除して計算される純粋な付加価値額であるように、NDPからさらに経済活動に伴う自然資産の減耗

額ともいえる帰属環境費用を控除することによって、環境まで考慮に入れた付加価値額を算出していると考えることができるためである。

4. 旅行・観光サテライト勘定

　観光は非常に裾野の広い産業であり、個々の産業に関する統計は整備されているものの、それらからは全貌を把握することが困難である。**旅行・観光サテライト勘定**、すなわち **Tourism Satellite Account（TSA）** は、これらの需要側、供給側の各種統計を統合し、分析の基盤を提供するものである。TSAは、観光産業の直接的な経済効果、雇用効果の大きさを明らかにするとともに、TSAを基礎資料として産業連関分析を行うことで、生産波及効果を含めた、経済効果、雇用効果の大きさを明らかにすることが可能である。

　TSAは2008年に国連によって作成されたTSA望ましい方法の枠組み：Recommended Methodological Frameworkをもとにして整備されている。

　観光庁は、2003年度から旅行・観光消費動向調査を実施し、これをベースとしたTSAを、集約表という形で試算し、公表してきた。2006年には**観光立国推進基本法**（2006年法律第117号）が成立し、2007年に観光立国推進基本計画が策定され、試作段階にあったTSAを本格的に導入することが盛り込まれたことを受け、2009年から毎年SNAを用いたTSAの作成・公表を行っている。

5. その他の体系

　国民経済計算には金銭的な勘定のみしか反映されないが、環境や観光以外にも人々のウェルビーイングという観点から無償労働、教育、健康など他にも考慮すべき視点があり、それらを金銭的に推定するために国連やその地域機関、専門機関およびOECDを中心に各種のサテライト勘定が開発された。無償労働については、世帯サテライト勘定に関する検討が進められている。また、ボランティア活動の重要性が高まっていることに鑑み、各国が労働力調査を補完してボランティア活動に関して体系的かつ比較可能なデータを提供するための取組が進んでいる。

第18章　その他の加工統計

　数値データの加工の仕方には統計調査や行政記録の組み合わせにより様々な可能性が存在していることを踏まえると、加工統計の数は無数といっても過言ではない。これらを入門書で総括することはできないが、最後にこれまでに紹介しなかった加工統計のうち、代表的なものをいくつか紹介する。

1. 世帯推計

　人口推計と類似の試みは他の項目についても行われている。国立社会保障・人口問題研究所は、世帯推移率法を用いて、2018年には全国の、2019年にはそれを都道府県に区分した一般世帯数を2015年から2040年まで5年ごとに推計した。
　世帯推移率法とは、一般世帯人員の配偶関係と世帯内地位の状態に関する推移確率を設定することで将来の配偶関係と世帯内地位の組み合わせ別分布を推計し、日本の将来推計人口の男女別、5歳階級別人口に適用することで、男女別、5歳階級別、配偶関係と世帯内地位の組み合わせ別人口を求めるものである。

2. 貸出約定平均金利

　貸出約定平均金利は、日本銀行が、全国の都市銀行、地方銀行、信託銀行などを対象に、貸出種類別、銀行業態別に利率を貸出残高により加重平均したもので、全国の銀行が企業などに貸し出しをする際の金利の平均水準を示す。これは実際の金利動向や金融機関の付利（民間銀行が一時的に過剰となった資金を中央銀行に預け入れる際の利子）姿勢を反映し、公定歩合や長期金利の変動が実際の金融市場でどの程度浸透したかを判断する上でも重要な指標である。

3. リサイクル率

　近年、ごみ処理は有料化しており、環境問題への対応策としてリサイクルが促進されている。環境省は、毎年一般廃棄物処理事業実態調査を実施し、計画収集ごみ量と直接搬入ごみ量を集計している。また、ごみの**総処理量**を集計し、**集団回収量**を加え、それらに対する**総資源化量**の割合を示す**リサイクル率**を計算している。（図40）

【図40】リサイクル

$$リサイクル率 = \frac{総資源化}{集団回収＋総処理} \times 100（\%）$$

4. 国民医療費

国民医療費とは、医療機関等における保険診療の対象となり得る傷病の治療に要した費用を推計したものである。

この費用には、医科診療や歯科診療に係る診療費、薬局調剤医療費、入院時食事・生活医療費、訪問看護医療費等が含まれる。

他方、保険診療の対象とならない評価療養（先進医療（高度医療を含む）等）、選定療養（特別の病室への入院、歯科の金属材料等）、不妊治療における生殖補助医療等に要した費用は含まれない。また、傷病の治療費に限っているため、正常な妊娠・分娩に要する費用、健康の維持・増進を目的とした健康診断・予防接種等に要する費用、固定した身体障害のために必要とする義眼や義肢等の費用も含まれない。

第 5 部

経済データ作成・提供体制

第3部や第4部で紹介した経済データを作成するには、多数の人と巨額の費用が必要である。これらの人や費用を効率良く配置し、作業を円滑に進めるために、また全体のあり方を考え、課題を解決するために、組織が整備されている。

　ここでは、経済データの多くが国で作成されている現状に加え、これらを相互に調整する仕組みが組み込まれていることから、国の経済データを作成するための組織、そしてグローバルなデータを作成するために国の経済データを調整する国際機関を中心に概略を紹介することとする。ただし、地方公共団体、研究機関、民間などにおいても、自らデータを作成するための組織を工夫し、効率良く機能しているところもあり、それらを軽視する趣旨ではないことを申し上げておく。

第19章　日本のデータ作成・提供体制

　これまでにも述べていることだが、国のデータ、とくにそれが大規模な場合、国の組織だけで収集されることはなく、多くの場合、都道府県を経由して、特に調査対象数が多い場合には加えて市町村を経由して収集されている。近年は民間機関に委託される場合も増えた。したがって、国の経済データを作成するための組織としては、統計組織のみならず、都道府県や市町村の統計関係組織にも配慮する必要がある。

1. 現状

　国の統計組織は、集中型と分散型に分けることができる。**集中型**とは、国の統計活動が一つの機関に集中して行われる形態であり、**分散型**とは、それが互いに独立した機関によって分散して行われる形態である。集中型の長所としては、組織が経済的であること、調査の重複を避けやすいこと、統計相互の比較性を高めることが容易であることなどが考えられ、短所としては、各府省が求める資料が要求する時期に得にくいことや行政の実際に即した利用が困難であることなどが挙げられる。分散型の長所、短所は逆になる。

　各府省をはじめとする日本の行政機関は、国家行政組織法や各府省の設置法等によって、その任務や所掌事務の範囲が細かく定められ、縦割り行政と呼ばれる体制下にある。統計制度についても日本では、分散型が採用されており、その短所を補うために総務省に統計制度を担当する**政策統括官**が設置されている。

　政策統括官は、統計体系の整備、統計の正確性の確保、統計調査の重複の排除、国民負担の軽減などを図る観点から、政府全体を通じた統計の企画、総合調整や

国際統計事務の統括などの事務を所掌している。

総合調整業務には、統計法上の権限行使によるもののほかに、各府省の翌年度統計事業計画について審査を行い財政当局に意見を述べること、標準統計分類の設定、統計に用いる概念・定義・コード・指数の基準などの統一とその適用、産業連関表の作成の調整、国が行う統計調査の実施事務の委託を受ける地方公共団体のような統計機関の機構、定員および運営に関して、地方公共団体の長などに対し、連絡および勧奨を行うこと、国際統計事務の統括および国連アジア太平洋統計研修所の業務に関する協力などがある。

総務省には政策統括官のほかに**統計局**がある。統計局は、国勢調査、経済センサス、労働力調査、消費者物価指数など、国勢の基本に関する統計を企画、作成するとともに、国の情報基盤として府省横断的に統計情報を提供している。

また、総務省の**統計研究研修所**は、国、地方の職員等への統計に関する研修を実施するとともに、高度な統計技術を研究開発し、各府省・地方公共団体への統計技術支援を行っている。

一方、総務省には、**公的統計の整備に関する基本的な計画（基本計画）**の案や基幹統計調査などに関する調査審議を行う専門的かつ中立な調査審議機関として、13名以内の学識経験者からなる**統計委員会**が設置されている。

各府省には統計主管部局が設けられ、各府省は所管行政に必要な統計を作成している。

国民経済計算は内閣府経済社会総合研究所が作成している。

これらの組織の概略は図41のとおりである。

【図41】国家統計機構の略図

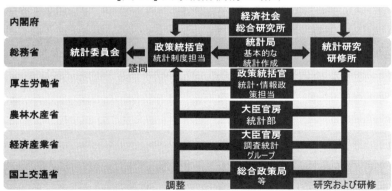

国の統計職員数は業務の効率化に伴い減少傾向で推移してきたが、2012年以降は２千人程度で大きな変化はない。予算は近年４百億円程度であるが、国勢調査の

実施年には別途国勢調査の経費が7百億円程度計上される。

また、地方統計機構として、各都道府県に統計主管課が、市町村に統計主管課・係または統計担当職員が置かれており、国の委託に基づき、センサスなどの大規模統計調査の実施に当たるとともに、それぞれ独自の調査の企画、実施をも行なっている。このほか、都道府県では、衛生および民生主管課、教育委員会などが所管行政に関する統計業務を担当している。地方公共団体の統計主管課などは、複数省の大規模統計調査を担当していることから、国の統計調査の調査員の指導業務における集中度は企画におけるそれより強い。なお、国の地方支分部局も各省が所掌する統計調査の実地調査を担当することがある。

2. 歴史的変遷

日本の近代統計の夜明けともいえる物産調査は、1870年に開始され「物産表」という統計表の様式にしたがって府県から政府に提出された。

日本の近代的統計は、1871年に、アメリカの金融財政制度の調査に行った伊藤博文が、帰国後大蔵省機構改革案を建議した中で、米国の大蔵省の中にBureau of Statisticsという組織があることをまねて、大蔵省統計寮を設置したことに始まる。統計寮の事務は、各省庁や地方公共団体に一定の様式の統計表を示して数値を記入・報告させることであった。次いで同年、太政官正院に政表課が設置された。これは総務省統計局統計調査部および独立行政法人統計センターの前身に当たるものであり、初代課長の杉亨次は、後の1879年に国勢調査の試験調査ともいえる「甲斐国現在人別調」を実施することとなる。政表課の事務も、各省庁や地方公共団体から報告をまとめて統計として編成・発表することであった。これにより大蔵省統計寮の事務は政府金殻と税関輸出入の統計のみに限定された。その後、太政官正院政表課は改称、所属変更を繰り返しつつ、1881年に太政官統計院になり、1882年には、各省一斉に統計課が設置され、統計報告の徴集、製表、報告書の作成などを専門に行う組織体制が整備された。また、1885年には内閣制度の発足に伴って統計院は廃止され、内閣統計局が設置された。

最初の国勢調査が行われた1920年には、内閣統計局と軍需局が統合され**国勢院**が設置され、統計部門は同院第1部とされた。この年、内閣に**中央統計委員会**が設置され、この委員会は内閣総理大臣の監督のもと、統計に関する重要事項を審議し、総理大臣または各省大臣の諮問に応じて建議することができるとされた。国勢院第1部は1922年に内閣の外局である統計局に改組され、1924年に内閣統計局となった。

1925年には政府で初めて国民所得が推計された。国民所得の推計は、当初は内閣統計局により行なわれていたが、1941年に大蔵省、戦後1946年に経済安定本部、

1952年に経済審議庁、1955年に経済企画庁に移管されていく。

　第2次世界大戦中、まず1940年には中央統計委員会は廃止となった。また1942年には内閣統計局は企画院の外局として吸収された。この時代には、経済、社会などの真実の姿を示す統計は秘密として公表されず、ゆがめられた数字や机上でつくられた統計が横行した。さらに、戦争末期の混乱は多くの基本的な調査の実施を妨げた。

　しかし、終戦を境として国民生活の回復と経済の再建は急務であり、これらの諸施策を立てるのに正確な統計調査が必要であった。また、日本の政治体制は根本的に変わり、政治、経済、社会などの全般にわたってGHQ、とくに米軍の強力な指導と援助を受けることとなり、政府はGHQから日本の現状を示す統計数値の提出を求められた。このため、1946年に内閣審議室に統計改善のための自由な研究組織として統計研究会が設置され、統計の整備と統計制度の改善に関する理論的研究が行われ、研究結果に基づいて同年、**統計制度改善に関する委員会**が設置された。同委員会は、内閣の統計制度再建の方策の諮問を受け、次のように現在の統計制度の基本ともいえる答申をしている。

　まず、中央統計機構については、①内閣に統計委員会を設け、重要統計の審査、調査実施の監査、その他統計制度の改善に関する立案を行なわせる。②経済安定本部に中央統計局を設け、人口調査やその他の包括的調査の実施、各省その他の行う大規模統計の集計を行なわせる。③各省にその省所管の統計を取り扱う統計主管部局を置く。地方機構については、④都道府県に統計課を、また市町村には統計課または専任の統計主任を置いて各省が行う第一次統計調査の実施および集計を取り扱わせるが、国の必要によって行う統計事務の経費は全額国庫の負担とする。統計関係の職員については、⑤質的向上を図るために必要な資格と権限義務を定める。以上の事項に法的根拠を与えるため、⑥統計に関する基本法を制定する。

　この答申の趣旨を受け、同年統計委員会が設立された。統計委員会の活動の指針となったものの一つに**ライス報告書**がある。これは、日本の統計の改革について助言を得るためにGHQがアメリカ合衆国に要請して日本に派遣されてきた統計使節団が検討した結果を1947年にGHQに提出した報告書であり、「日本の統計制度の重要性」と「日本の統計組織の近代化の必要」の2部から構成されている。同報告書は、①多数の人に読まれたために統計尊重の必要性が広く一般に浸透したこと、②統計を尊重するには統計家の職務と地位を高めることが必要であると主張したこと、③民主主義の根底である統計を尊重し、統計的考え方に慣れるには、初等教育の段階から統計教育を行うことの必要性を訴え、これにより初等中等教育で多くの統計的教材が取り入れられたこと、④これまでの日本の統計が相互に一貫性と比較性を欠いており、統計組織をなしておらず、統計基準が不備である

ことを指摘したこと、などにより日本の統計改善に大きな影響を及ぼした。

　統計委員会は、内閣総理大臣の監督に属し、重要統計に関する企画、関係官庁その他諸々の重要統計に関する審査および重要統計の作成に当たる官庁または団体の指定を行うほか、統計の改善発達に関する事項を調査審議するというもので、合議制の行政機関、いわゆる行政委員会であったが、これは後にアメリカ合衆国の行政機構に倣って設けられた各種の行政委員会とは異なり、日本の統計制度が産んだ独自のものであった。統計委員会の最初の仕事は統計法の制定であった。

　戦前の統計が政治に左右されその真実性が損なわれたとの反省から、統計法は、第1条で「この法律は、統計の真実性を確保し、統計調査の重複を除き、統計の体系を整備し、及び統計制度の改善発達を図ることを目的とする」ものであった。第2条以下はもっぱら指定統計調査についての監督責任、承認、実施体制、秘密の保護、結果の公表、実施に対する協力義務を規定している。**指定統計調査**は、現行統計法の基幹統計調査に相当し、総務大臣が指定する重要な統計調査であった。

　1947年から1948年にかけて、GHQは、日本の各省各部局に指令または示唆を与えて、その機構の拡大が進められた。1947年には、たとえば、総理庁設置に伴って内閣統計局は総理庁統計局となり、人口調査、国勢調査、労働力調査、消費者価格調査などの実施に伴う業務量のいちじるしい増大に鑑み、それまでの6課体制から4部13課体制に拡張された。農林省は、作物統計機構の根本的刷新を命ずる指令を受け、調査統計局が新設された。商工省にも調査統計局が設立され、厚生省から分離して誕生した労働省には労働統計局が置かれた。1948年には、厚生省に予防局衛生統計部が、大蔵省に理財局調査部が設立された。

　以上のように、1947年から1948年にかけて各省統計部局は急速に拡大されたが、1949年の行政整理により、いずれもわずか2年足らずで縮小されることとなった。総理庁統計局はこの年の総理府の設置により総理府統計局になるとともに、3部12課の体制となった。農林省調査統計局は農業改良局調査統計部に、商工省調査統計局は通商産業省大臣官房調査統計部に、労働省労働統計局は大臣官房労働統計調査部になった。1952年には、行政機構改革によって行政委員会はすべて廃止されることになり、行政委員会としての統計委員会も廃止され、行政管理庁統計基準部がその所掌事務を引き継ぎ、同時に行政管理庁の附属機関として**統計審議会**が設けられた。その後、1957年に統計基準部は**統計基準局**に改められたが、1968年には一省庁一局削減により、統計基準局は行政管理局と統合されて新たに行政管理局が発足したことに伴い、従来の統計基準局の所掌事務は行政管理局の**統計主幹**が総括整理することとなった。

　1984年7月、総務庁の設立に伴い、政府全体を通じる「統計の総合調整」機能と「国勢調査などの基幹的統計調査の企画・実施」機能とを一元化し、日本の統計行政の中枢的機能をより高めることを目的として、行政管理庁統計主幹と総理

府統計局とが統合再編され、内部部局として、統計局、施設等機関として統計センターが設置された。統計主幹を引き継ぐ統計基準部は統計局に置かれた。

国際統計学会の世界大会は、2年に一度開催される大規模な国際大会であるが、20世紀に1930年、1960年、1987年と、3度東京で開催された。

2001年1月1日からは、中央省庁の機構が再編され、統計部局も再編された。国民経済計算体系は内閣府経済社会総合研究所で整備されることになり、統計局は総務省に置かれた。2003年には統計センターが独立行政法人となり、2005年には統計基準部が統計局から離れて政策統括官となった。

2007年には統計法が60年ぶりに全面改正され、「行政のための統計」から「社会の情報基盤としての統計」を目指し、公的統計の体系的かつ効率的な整備およびその有用性の向上を図るため、**公的統計の整備に関する基本的な計画（基本計画）** を策定すること、統計データの二次利用を促進すること等を内容とする改正が行われた。旧統計法では統計調査が指定統計調査と定められていたのに対し、改正統計法では、国勢統計や国民経済計算等、結果としての統計が基幹統計として定められた。

これらの歴史を簡単に図示すると図42のようになる。

なお、1870年に物産表が編成された日が10月18日であったことから、この日を毎年「**統計の日**」としている。国連は西暦末尾が0と5の年の10月20日を「**世界統計の日**」としているが、最初の「世界統計の日」が数字の並びの良い2010年10月20日であったことによる。

【図42】経済データの歴史

1870	初めて府県物産表を編成
1920	初めて国勢調査を実施
1925	政府内で初めて国民所得を推計
1930,1960,1987	国際統計学会の世界統計大会を東京で開催
1947	統計法を制定
2007	統計法を全面改正

基幹統計は表3のとおりである。また、経済統計を効率的に作成するため、事業所母集団データベースが整備されることになった。さらに、統計審議会に代わり、公的統計を総合的かつ体系的に整備するため、基本計画案についての調査審議等統計法の定める事項を処理する統計委員会が設置された。

【表3】基幹統計一覧

内閣府	財務省	共管
国民経済計算	法人企業、民間給与実態	経済構造、産業連関表

総務省	文部科学省	厚生労働省
国勢、住宅・土地、労働力、就業構造基本、社会生活基本、家計、全国家計構造、小売物価（消費者物価指数）、個人企業経済、科学技術研究、地方公務員給与実態、人口推計	学校基本、学校保健、学校教員、社会教育	人口動態、毎月勤労、賃金構造基本、国民生活基礎、薬事工業生産動態、医療施設、患者、社会保障費用、生命表

経済産業省	農林水産省	国土交通省
経済産業省企業活動基本、経済産業省生産動態、ガス事業生産動態、石油製品需要動態、商業動態、経済産業省特定業種石油等消費、鉱工業指数	農林業構造、漁業構造、作物、牛乳乳製品、海面漁業生産、農業経営、木材	建築着工、法人土地・建物基本、建設工事、船員労働、造船造機、鉄道車両等生産動態、港湾、自動車輸送、内航船舶輸送

注．名称中の「統計」を除外して表示

　基本計画は5年程度に1度策定されるが、毎年各府省から統計委員会に統計法の施行状況を報告することになっており、統計委員会において基本計画の進捗状況が検査・審議される。（図43）

【図43】公的統計の整備に関する基本的な計画の作成・推進

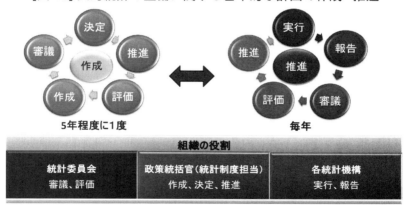

　基本計画はこれまでⅣ期まで作成されている。（図44）第Ⅱ期基本計画が5年を経ることなく4年後に第Ⅲ期基本計画が開始されたのは、「統計改革の基本方針」（2016年12月21日経済財政諮問会議決定）で、経済統計の整備・改善に向けた喫緊の課題の解決や、統計委員会・統計行政部門の強化を進めるため、基本計画を2017年中に見直し、新たな統計整備方針を確立することとされたことを受けた措

置である。その後、2019年1月に明らかとなった統計業務の不適切事案を発端として、公的統計に対する信頼回復が喫緊の取組として求められることとなったことを受け、第Ⅲ期基本計画は2020年6月に一部が変更された。

【図44】基本計画策定経緯

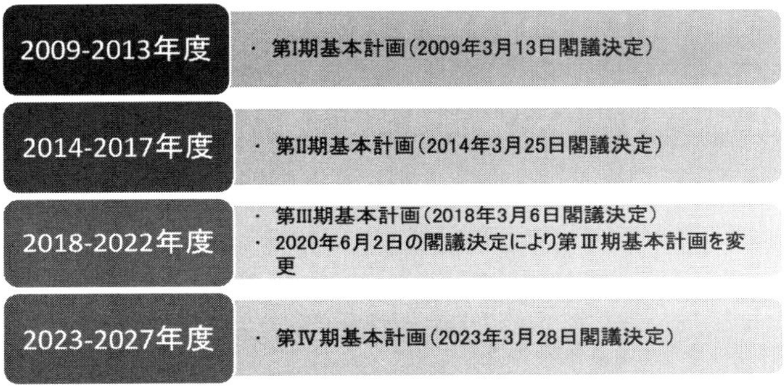

2009-2013年度	・第Ⅰ期基本計画（2009年3月13日閣議決定）
2014-2017年度	・第Ⅱ期基本計画（2014年3月25日閣議決定）
2018-2022年度	・第Ⅲ期基本計画（2018年3月6日閣議決定） ・2020年6月2日の閣議決定により第Ⅲ期基本計画を変更
2023-2027年度	・第Ⅳ期基本計画（2023年3月28日閣議決定）

第20章　世界のデータ作成・提供体制

1. 各国のデータ作成・提供体制

　各国にも統計組織は存在する。もっぱら統計の企画・調整を行う組織を国家統計局：National Statistical Office（NSO）と呼ぶ。NSOは専門的に独立した機関として大統領または総理大臣の傘下、あるいは調整担当省に置かれている。関係府省の統計部局を含めた統計組織全体を国家統計体系：National Statistical System（NSS）と呼ぶ。

　多くの国において、NSSの機能と高品質の公的統計作成に対する実質的な法的基盤の発展に資する根拠を提供するために、日本のように一般統計法を設けている。一般統計法では、国家環境に調整したモデルを提供し、NSSを構成する部門の権利と義務、その範囲ならびに公的統計を開発・作成・提供する時に適用される手続を定義するとともに、統計目的のためにデータを提供する回答者の義務を列記し、回答者の権利と秘密の保護を確保している。

　各国の統計組織の現状は、その国の統計発展の歴史や行政機構の立て方などによって一様ではなく、NSOの権力の強さに応じて集中型と分散型に分類されるが、

【図45-1】集中型統計体系

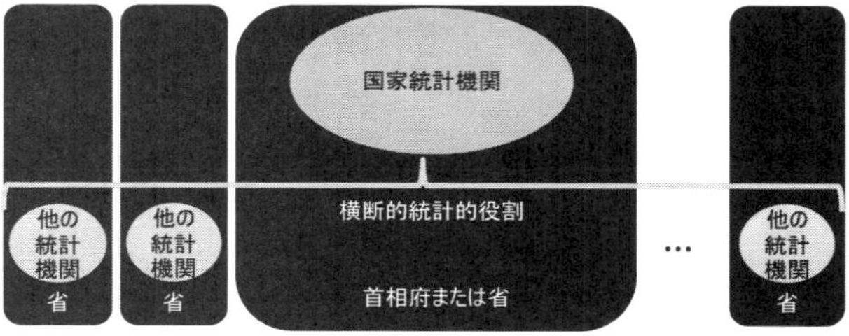

【図45-2】分散型統計体系

いずれかの型が純粋に現われている例はほとんどない。それでもいずれかの型に大別すると、集中型を採用している国には、カナダとオーストラリアがある。分散型を採用している国には、ドイツとアメリカ合衆国があるが、これらの国では日本と同様、分散型の短所を補うために各省庁の統計活動を調整するための独立の機関を設置しており、ドイツの調整機関は、調査事務も若干分担している。(図45)

日本の統計委員会のように、多くの国においてNSOやNSSの基準や行動に提言をする統計理事会または統計委員会と呼ばれる諮問機関が存在している。統計理事会はその国の調整を担う府省に存在しており、広く異なる利用者領域を代表する任命された委員で構成される。(図46)

開発途上国では先進国のように自ら統計の品質を高め、統計プロセスを構築す

【図46】統計理事会(統計委員会)

【図47】国家品質評価の枠組み
National Quality Assurance Framework (NQAF)

NQAFマニュアルの内容
　同マニュアルは勧告、NQAF更新版および実行指針を解説
NQAFの構造は次の表のとおり

部門	名称
勧告	公的統計の品質保証に関する勧告
国連NQAF	国連NQAF：原則および要件
実行	評価手法および危機管理
	NQAFの開発および実行
	国家統計機構内の品質保証の実行
	異なるデータ源から作成される統計の品質の保証
	SDG指標のためのデータおよび統計のための品質保証
参考	国際統計機構における品質保証
国連NQAF付録	保証される要素の詳細チェックリスト

第20章　世界のデータ作成・提供体制　237

ることが困難であることから、国連やOECDなどの国際機関が、開発途上国が参照するための各種のマニュアルを作成している。

統計の品質が高いということは、提供される統計が正確、中立、適時、比較可能、接続可能、透明など高品質の要件を満たしているだけでなく、その統計を説明する情報であるメタデータも正確で理解しやすいということである。統計の品質については2019年に国連が国家品質評価の枠組み：National Quality Assurance Framework（NQAF）を定め、各国が品質評価をするために必要な内容をまとめている。（図47）

また、国連欧州経済委員会、すなわちEconomic Commission for Europe（ECE）は、2009年に一般統計ビジネスプロセスモデル、すなわちGeneric Statistical Business Process Model（GSBPM）を作成し、統計作成過程をビジネスプロセスとみなして、ニーズを明確化し、設計・企画し、さらにはデータを収集・加工・分析し、提供するまでの統計作成に使われるプロセスを明確にしている。（図48）

OECDのThe Partnership in Statistics for Development in the 21st Century

【図48】一般統計ビジネスプロセスモデル
Generic Statistical Business Process Model (GSBPM)

【図49】統計発展のための国家戦略
National Strategy for the Development of Statistics (NSDS)
- 統計について次のことを目指した統計的発展のための国家の枠組み、プロセスおよび製品
  - 様々な利用者のニーズに対応する情報を作成すること
  - 国家の政策および立案プロセス
  - 国家統計体系に部門と他の関係者を組み込むこと
  - 国家統計体系全体を調整すること
  - データを巡る困難に対応すること
  - 国家主導データ革命を伝えること
  - 「統計的価値連鎖」にわたる統計能力の構築
- NSDSを具体化して実行する過程は助言的かつ包摂的であり、国家統計体系のすべての主要な関係者、すなわち統計の作成者および利用者、意志決定者、技術的・財政的協力者、市民社会、民間部門、大学等を含めるべき

(PARIS21) も2004年に統計発展のための国家戦略：National Strategy for the Development of Statistics（NSDS）を作成し、統計部門が政策部門と連携して統計的発展のための国家の枠組み、プロセスおよび製品を組み立てることの重要性を強調した。（図49）

2. 国際機関の役割

　国際機関で最も中心的な役割を果たしているのは国連である。国連にはFAO、ILO、IMF、国連教育科学文化機関：United Nations Educational, Scientific and Cultural Organization（UNESCO）、WHO、World Bankなどの専門機関が存在する。また、国連には地域機関、すなわちアフリカにはEconimic Commission for Africa（ECA）、ヨーロッパにはEconomic Commission for Europe（ECE）、南アメリカにはEconomic Commission for Latin America and the Caribbean（ECLAC）、アジア太平洋にはEconomic and Social Commission for Asia and the Pacific（ESCAP）、西アジアにはEconomic and Social Commission for Western Asia（ESCWA）が存在する。国連以外にもOECD、国際決済銀行（BIS）、国際自然保護連合（IUCN）、国際統計協会（ISI）、データ文書化率先（DDI）同盟等の国際機関がある。また、国連以外の地域機関に欧州連合（EU）、東南アジア諸国連合（ASEAN）、イスラム協力機構（OIC）等がある。

　国際機関にも統計組織が存在する。その主な役割は、国際統計基準の策定と更新、国際比較が可能なデータの加工と提供、そして統計能力構築である。国際統計基準とは、国家機関と共働する国際機関によって発展してきた国際的な統計指針および勧告の包括的体系であり、分類、概念および定義、方法および手続など

【図50】国連統計委員会

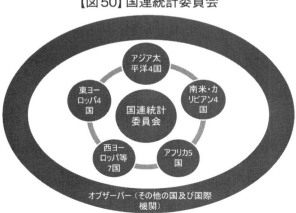

を指す。

国連には統計委員会が存在し、図50に示すように24の加盟国とオブザーバー（加盟国以外の国および国際機関）から構成される。統計委員会は毎年3月頃に開催される。

国連統計委員会には統計部が存在するが、各専門機関にも統計部門が存在する。また、各地域委員会にも統計委員会（会議）と統計部が存在する。これらは、各地域における加盟国の間での統計基準の策定、統計比較、統計能力育成などに携わっている。（図51）

【図51】国連統計体系

近年、各国ともSDGsに関する指標を作成することが必要となり、また新型コロナウイルスの影響で人間同士が対話をしなくても統計を作成することができる仕組みが必要になったため、統計調査に限らず行政記録やビッグデータを活用することが必要になっている。このため、国際機関の支援を受けて統計組織の転換に向けた取組が進んでいる。

統計提供は統計作成のOutputであることから、個々の統計ごとにその特徴と利用者のニーズを踏まえた対応がなされている。しかし、いくつかの共通の観点を踏まえて分野横断的な基準も作成されている。

2002年に国際機関の間で取り組むことが協定されたStatistical Data and Metadata eXchange（SDMX）は、組織間で統計数値およびメタデータを交換する際の共通様式であり、これにより国際機関と加盟国の間で統計数値およびメタデータの交換が促進され、そのための技術および基準の利用が効率化し、組織の負担が減り、さらには、統計数値およびメタデータの利用可能性が高まる。

第 6 部

経済データの課題

日本では、2007年の統計法の全面改正により、約5年に1度の周期で基本計画を作成し、それに沿って公的統計を企画・作成・評価する仕組みが整えられた。したがって、経済データに関する主な課題は基本計画に書かれている。

　世界的には、2015年に国連持続可能な開発サミットにおいて、総会決議Resolution 70/1：Transforming Our World：the 2030 Agenda for Sustainable Developmentとして、世界の転換：持続可能な開発のための2030アジェンダが定められ、2030年を達成期限として17の持続可能な開発目標であるSustainable Development Goals（SDGs）と169のターゲットが設定された。世界ではその達成が大きな目標になっていることから、経済データとしてはそれを監視することができるような231の指標、さらにはそれらを地域、男女、年齢などで細分化した指標を整備することが課題である。

第21章　第Ⅳ期基本計画の概要

　日本における最近の基本計画をめぐる動きと内容は以下のとおりである。

　統計法第4条第6項の規定に基づき、統計をめぐる社会経済情勢の変化を勘案し、統計委員会の審議を通じた公的統計の整備に関する施策の効果に関する評価を踏まえ、おおむね5年ごとに変更することと規定されていることから、第Ⅲ期基本計画の最終月に当たる2023年3月に2023年度を始期とする第Ⅳ期基本計画が閣議決定された。

　第Ⅳ期基本計画は、それまでの基本計画と同様に、本文に取組の経緯や必要性、今後の方向性、継続的な取組事項等が、別表に今後5年間に講ずる具体的な措置・方策、担当府省等が記載されている。

1. 基本理念

　第Ⅳ期基本計画では、公的統計は、国民の合理的な意思決定を支える社会の重要な情報基盤として社会で利活用されるものでなければならず、証拠に基づく政策立案、すなわちEvidence-Based Policy Making（EBPM）を支える適切な情報として利活用されることにより、国民生活の持続的向上や新たな産業の創造等に資する行政施策の企画立案等に役立つなど、日本社会の将来に直接貢献することができるとしている。また、社会経済の状況を的確に表す公的統計は、国民が将来の生活設計や支出、資産運用等を行うための判断材料となるとともに、企業が生産・販売計画を立て、投資や資金調達等を行うための基礎資料としても役立つ

ものであるとしている。さらに、公的統計が学術研究に利活用されることにより、社会の持続的成長に資する基礎資料を広く世界に発信することができるとしている。

このように、公的統計は、社会の様々な主体に利活用されるものであり、社会経済情勢が大きく変化していく中で、利用者の適切な意思決定に役立つため、変化に的確に対応し、社会に有用な高い品質の統計が絶えず作成され、より使いやすく提供されることが求められているとしている。公的統計は、様々な情報源の中で国民が真っ先に思い浮かべ、信頼し、広く利用する社会の不可欠な情報基盤として、社会経済の発展や国民生活の向上に一層役立つものとならなければならないとしている。

また、政府には、公的統計の役割が十分に発揮されるために、信頼性の高い有用な利用しやすい統計、すなわち、「総合的な品質の高い公的統計」を適時かつ確実に提供することを目指し、総合的な品質向上に向けてたゆまぬ努力を続けていくことが求められているとして、第Ⅳ期基本計画は、そのような政府の取組を一層推進するものとなることが必要であるとしている。

第Ⅳ期基本計画においては、現在進められている国民経済計算・経済統計の改革、社会経済の動向に的確に対応した有用な統計の整備、的確なマネジメントと適切な作成プロセスによる信頼性の高い統計を作成する体制の確立などを通じた公的統計の総合的な品質向上を目標とし、各種施策を推進するとしている。

2. 基本的な視点

第Ⅳ期基本計画の基本的な視点は以下のとおりである。基本的な視点（1）と（2）は、作成する統計が満たしていなければならない性質を示している。また、視点（3）は、統計ユーザー等が利用しやすいといった性質を、視点（4）と（5）はそのような統計を統計作成部局等がどのように実現するかを示している。

(1) 社会経済の変化に的確に対応する公的統計の府省横断的整備の推進

公的統計が社会の様々な主体による合理的な判断や活動を支え、社会経済の発展に役立つものとなるためには、日本の社会経済の状況と変化を的確に把握できる統計が提供される必要がある。

公的統計が、このような重要な情報基盤としての役割を果たすことができるよう、時代の変化や統計ユーザー等のニーズに対応した有用な統計の整備を推進する。

特に、国内総生産の約7割を第3次産業が占めるなど進展するサービス化、海外事業展開や複数国にまたがる資材調達等によるサプライチェーンの拡大など経済活動のグローバル化、電子商取引の拡大やビジネスモデルの変革などのデジタ

ル化等の変化が進む社会経済の姿を把握する統計の整備や充実に取り組む。これらの取組を進めるとともに、SUT体系への移行等国民経済計算の改革を着実に実施する。このSUT体系への移行とは、国民経済計算の作成において、産業連関表を軸とした現行体系から、基礎統計から産業連関表を経由せず作成するSUTを軸とした新たな体系へ移行するという大転換であり、国際的な潮流に従った対応である。この取組は、経済統計の体系について、2030年度までに根幹から変革することを目指す、大きなプロジェクトである。これにより、基準年と中間年の推計方法の整合性向上等を通じて、GDPを含む国民経済計算の精度向上に寄与することが期待される。

また、少子高齢化や人口減少への対応、地球温暖化に対応するための脱炭素社会に向けた取組、デジタル技術を活用した地方の活性化、地域の経済・雇用を支える観光の振興等に必要な情報を提供するとともに、テレワークなど働く人のニーズも踏まえた働き方の多様化や、新型コロナウイルスの感染拡大がもたらした社会の変化等を的確に把握するため、社会的に重要な分野の統計の改善に取り組む。

その際、横断的な課題については、関係府省が連携・協力して取り組む。

(2) 統計の国際比較可能性の向上

グローバル化が進展する中で、国際社会における相互理解を促進し、国際社会の発展に貢献するとともに、国際比較を通じて日本社会の現状や課題を把握し、その解決等に資するため、国際社会の発展に資するデータの提供や、国際比較可能性の向上に向けた取組を進める。

特に、国民経済計算を始めとする国際基準策定プロセスへの積極的な関与や国際貢献、SDGsに関連した指標の整備等に取り組む。

また、デジタル化などの変化が世界的に進む中、総務省が中心となって、そのような変化に対応するための統計をめぐる国際的な議論や先進的な動向を把握し、各府省と共有するとともに、日本の統計の改善や充実に反映させる。

(3) ユーザー視点に立った統計データ等の利活用促進

統計データ等は、統計ユーザー等が活用することにより、その価値が発揮されるものであり、その提供については、利用者にとってよりアクセスしやすく、利便性の高いものとなるよう、ユーザー視点に立って改善・充実を進める。

特に、政府統計のポータルサイトであるe-Statについて、多様な利活用ニーズに応えることができるような機能の充実や使いやすさの向上、機械判読可能な形式でのデータ提供の拡充等に引き続き取り組む。調査票情報等の提供についても、公共の利益に資する様々な分析ニーズ等に応えるため、デジタル技術も活用し、情報管理を徹底しつつ、迅速化・円滑化等に取り組む。

また、統計の効果的かつ適切な利活用を行う上で重要となる社会全体としての

統計リテラシーの向上に取り組む。
(4) 品質の高い統計の作成のための基盤整備
　公的統計が社会の情報基盤としての役割を果たす上で、統計ユーザー等にとって、信頼できる、有用性の高い統計が継続的に提供されていることが不可欠であり、品質の高い統計を確実に作成するために必要な基盤を整備する。

　特に、各府省は、幹部職員の下、社会や統計ユーザー等を第一に考えて、主体的に統計の総合的品質管理：Total Quality Management（TQM）や統計作成プロセスの標準化やメタデータを含む情報提供の質の向上に取り組む。また、統計は、多くの者が関与する「総合プロジェクト」であることを認識し、統計の品質上の問題は、常に発生し得るものとして十分な備えを行い、仮に発生した場合には、迅速に対応する。さらに、品質管理体制を含め、必要なリソースの確保や専門性の高い人材の育成に計画的に取り組む。

　総務省は、中央統計機構として、各府省に対して、人的支援や相談対応を含む技術的な支援、各府省が共同で利用することができるシステムの提供を拡充するとともに、統計調査の最前線である地方公共団体や統計調査員による実地調査や審査、調査環境の改善を支援する。

(5) デジタル技術や多様な情報源の活用などによる正確かつ効率的な統計の作成
　調査環境の変化等に適切に対応しつつ、デジタル技術の進化やデータ利活用に係る環境の進展等を踏まえ、統計調査や統計作成方法の効率化・報告者の負担軽減に取り組むとともに、より正確な統計の作成を目指す。その際、効率化・報告者の負担軽減は、報告者のためのみならず、回収率の向上による精度向上等を通じて、統計ユーザー等のためになるという意識を持って対応する。

　特に、統計調査や統計作成に、新たなデジタル技術を効果的に導入していく。オンライン調査については、導入率は約9割に達しているにもかかわらず、実際の利用率が低迷しており、今後の5年間で、基幹統計調査のオンライン回答率を、企業系調査では8割以上、世帯系調査では5割以上を目指して、システムの改善等に取り組む。

　また、正確かつ効率的な統計の作成に有効と考えられる行政記録情報やビッグデータについて、法令上の制約、データの偏り等の特性、電子化の状況等利活用上の様々な課題の解決に取り組む。その際、デジタル社会の実現に向けた取組の一環として行われる、政府のデータ利活用に係る基盤の整備等の取組と連携する。

第22章　持続可能な開発目標

　1980年代には、多くの開発途上国で市場経済メカニズムに依拠する構造調整政策を通じた開発手法が採用された。しかし、この手法は順調に進むとは限らず、貧困の悪化をも引き起こすことがあった。このため、1990年代に貧困に対する関心が高まり、1995年の世界社会開発サミットでは、人間中心の社会開発を目指し、世界の絶対的貧困にある人口を半減させるという目標が提示された。これが発展して、2000年に開催された国連ミレニアムサミットにおいて2015年を達成期限として8つの目標であるミレニアム開発目標：Millennium Development Goals（MDGs）と21のターゲットと60の指標が設定された。MDGsについては、各国が指標の作成を可能にするような指針が必要であった。このため、国連経済社会局持続可能開発部が持続可能な開発の指標：指針と方法、すなわちIndicators of Sustainable Development：Guidelines and Methodologiesを作成・改定するとともに、国連人間居住計画が2009年に都市指標指針：Urban Indicators Guidelinesとしてスラム住民の課題に対処するためのMDG指標を整理するなど、課題ごとに横断的なガイドラインも作成された。MDGsはおおむね達成された。

　MDGsの達成年である2015年には、国連持続可能な開発サミットにおいて、持続可能な開発のための2030アジェンダが採択された。そして2030年を達成期限として17の持続可能な開発目標であるSDGsと169のターゲットが設定された。（図52）国連が採択したと言っても国連は国家権力に強制権を行使することができない。したがって、SDGsには条約のような拘束力はなく、協力を求める呼びかけのようなものである。SDGsは「誰一人として取り残さない」"No One Left Behind"をキャッチフレーズにしている。極度の貧困状態にある人は1990年から2015年の

【図52】開発達成目標

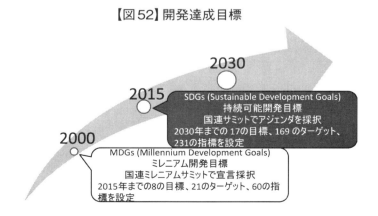

間に半減したが、SDGsでは、それをあらゆる場所で終わらせることを目標にしている。このフレーズは、コロナ禍で、ドイツのメルケル首相が国民に対して「誰一人として置き去りにしない」と宣言したことでも知られる。

ターゲットの中には、「現在1日1.25ドル未満で生活する人々と定義されている極度の貧困をあらゆる場所で終わらせる」、「世界の妊産婦の死亡率を出生10万人当たり70人未満に削減する」などの統計数値で評価をすべきものが数多く盛り込まれている。

MDGsの焦点が開発途上国の問題であったのに対し、SDGsは先進国も途上国も協力して持続可能な開発目標を達成しようとするものである。したがって、MDGsと異なり、SDGsは日本にとっても日本のために達成すべき目標である。

1. SDGsの概要

次に、17の目標がどのようなものなのかを簡単に解説する。

目標1　あらゆる場所のあらゆる形態の貧困を終わらせる

貧困対策はMDGsやそれ以前の取組の中でも最初に取り上げられる重要な課題である。そのため、貧困について国際的には大きな進展が見られたものの、たとえばアフリカ、女性や子供など、地域や区分によっては未だに多くの人々が直面している問題である。SDGsでも、"No One Left Behind"の精神を踏まえ、貧困対策を最初の目標に掲げ、誰もが貧困ではない状況になることを目指している。

ターゲット1.1の中で極度な貧困を、当初は1日1.25ドル未満で生活する人々と定義されたが、2017年における物価の購買力変化を踏まえ、1日2.15ドル未満で生活する人々とされた。それでも2.15ドルは300円程度なので、日本ではとうてい生活できない。

ターゲットの中には、経済的権利に関する1.4「2030年までに、貧困層および脆弱層をはじめ、すべての男性および女性が、基礎的サービスへのアクセス、土地およびその他の形態の財産に対する所有権と管理権限、相続財産、天然資源、適切な新技術、マイクロファイナンスを含む金融サービスに加え、経済的資源についても平等な権利を持つことができるように確保する」、気候変動に関する1.5「2030年までに、貧困層や脆弱な状況にある人々の強靱性（レジリエンス）を構築し、気候変動に関連する極端な気象現象やその他の経済、社会、環境的ショックや災害に暴露や脆弱性を軽減する」のように、特定の課題と関連づけたものもある。

目標2　飢餓を終わらせ、食料安全保障および栄養改善を実現し、持続可能な農業を促進する

　飢餓をなくすことは、空腹を満たすだけでなく安全かつ栄養のある食料を十分得られるようにすることである。ターゲット2.2では、2030年までにあらゆる形態の栄養不良を解消し、若年女子、妊婦・授乳婦および高齢者の栄養ニーズへの対処を行うとしている。食料を得るには農業の発展が欠かせない。ターゲット2.3では、小規模食料生産者の農業生産性および所得を倍増させるとしている。しかし、現状は厳しく、2020年には出産可能な女性の約3分の2が栄養不足に伴う貧血を患っている。

　ウクライナ危機が世界の最も貧困な人々の食料不足を起こした。ウクライナとロシアは世界の食料生産の重要な拠点であり、両国が世界輸出のうち小麦の30%、トウモロコシの20%、ひまわりの種の80%を占めている。こうした状況下で、2022年に約7億3千5百万人が慢性的な飢餓に直面しており、2019年より1億1千2百万人増えたとしている。

目標3　あらゆる年齢のすべての人々の健康的な生活を確保し、福祉を促進する

　目標3には健康に関する目標が掲げられている。具体的な数値目標が記されており、妊産婦の死亡率を出生10万人当たり70人未満に削減し、新生児死亡率を少なくとも出生1,000件中12件以下まで減らし、5歳以下死亡率を少なくとも出生1,000件中25件以下まで減らす、などとしている。

　SDGsは新型コロナウイルスが発生する以前に定められたものであるが、ターゲット3.3では、「2030年までに、エイズ、結核、マラリアおよび顧みられない熱帯病といった伝染病を根絶するとともに肝炎、水系感染症およびその他の感染症に対処する」としている。新型コロナウイルスはこの「その他の感染症」に該当する。新型コロナウイルスへの対応には社会格差が見られた。2021年におけるワクチンの接種状況を見ると、欧州および北米では68%が接種したのに対し、サブサハラアフリカでは2%しか接種していない。

　福祉については、「3.8　すべての人々に対する財政リスクからの保護、質の高い基礎的な保健サービスへのアクセスおよび安全で効果的かつ質が高く安価な必須医薬品とワクチンへのアクセスを含む、普遍的健康保証：Universal Health Coverage（UHC）を達成する」としている。UHCとは、すべての人が、適切な健康増進、予防、治療、機能回復に関するサービスを、支払可能な費用で受けられることである。しかし、医療サービスの実情は厳しく、2020年において90%の国が必要な医療サービスが不足しているとしている。

目標4　すべての人に包摂的かつ公正な質の高い教育を確保し、生涯学習の機会を促進する

　教育に関する目標が掲げられている。ターゲット「4.1　2030年までに、すべての子供が男女の区別なく、適切かつ効果的な学習成果をもたらす、無償かつ公正で質の高い初等教育および中等教育を修了できるようにする」にあるように、「男女の区別なく」という表現が随所に盛り込まれている。これは、女子が教育を受けることができない国があることを示唆している。

　教育を通じて達成される能力について、ターゲット4.6で読み書き能力および基本的計算能力を身に付けられるようにするとしている。しかし、2020年には子供達の半数以上が最低識字力を身に付けていない。

　ターゲット4.7では、持続可能な開発を促進するために必要な知識および技能を習得できるようにするとしている。

目標5　ジェンダー平等を達成し、すべての女性および女児の能力強化を行う

　男女の区別なく達成することをすべての分野に適用しようとするのがこの目標である。ジェンダーは、社会的・文化的に形成される性別で、生物学的な性別とは異なる。最初のターゲット5.1で「あらゆる場所におけるすべての女性および女児に対するあらゆる形態の差別を撤廃する」としている。以下、5.2で暴力排除、5.3で有害な慣行を撤廃と続く。2000年から2018年までの報告によると、3人に1人の女性が15歳以降に少なくとも1回は肉体的または性的暴力を被っている。さらに、女性の無報酬の育児・介護や家事労働に要する時間は男性の2.5倍である。5.4では、無報酬の育児・介護や家事労働を認識・評価するとしている。5.5では意志決定における女性の参画および平等なリーダーシップの機会を確保するとしている。

目標6　すべての人々の水と衛生の利用可能性と持続可能な管理を確保する

　安全で安価な飲料水と適切かつ平等な下水施設・衛生施設へのアクセスを確保するための目標である。ターゲット6.3では水質の改善を掲げている。このために、より根本的な施策として、「6.6　2020年までに、山地、森林、湿地、河川、帯水層、湖沼を含む水に関連する生態系の保護・回復を行う」としている。しかし、2022年に22億人が安全に管理された水を飲むことができず、35億人が安全に管理された衛生設備を利用することができない。

目標7　すべての人々の、安価かつ信頼できる持続可能な近代的エネルギーへのアクセスを確保する

　目標7の基本は、「7.1　2030年までに、安価かつ信頼できる現代的エネルギー

サービスへの普遍的アクセスを確保する」ことである。7.2では、再生可能エネルギーの割合を大幅に拡大、7.3では、エネルギー効率の改善率を倍増させるとしている。持続可能なエネルギーのアクセスは様々な側面から評価することができる。2021年に23億人が非効率的で有害な台所システムを利用している。また、2021年に6億5千7百万人の人が電気にアクセスすることができない。

目標8　包摂的かつ持続可能な経済成長およびすべての人々の完全かつ生産的な雇用と働きがいのある人間らしい雇用（ディーセント・ワーク）を促進する

　SDGsではめずらしい経済成長を目指す目標である。最初に「8.1　各国の状況に応じて、一人当たり経済成長率を持続させる。特に後発開発途上国は少なくとも年率7％の成長率を保つ」としている。持続可能というと社会と環境に重点を置くように見えるが、ここで経済成長率の目標を掲げることにより、SDGsでは経済も重要な要素であることが伺える。さらに、8.2では、多様化、技術向上およびイノベーションを通じた高水準の経済生産性を達成するとしている。

　他方、8.5で、完全かつ生産的な雇用および働きがいのある人間らしい仕事、ならびに同一労働同一賃金を達成するとしている。SDGsにおいては、働くだけでは十分でなく、人間らしい働き方をすることが重要なのである。人間らしい働き方は、8.7に掲げたように、強制労働を根絶し、現代の奴隷制・人身売買を終わらせ、児童労働を撲滅すること、8.8に掲げた労働者の権利を保護し、安全・安心な労働環境を促進すること、などにより達成することができる。

目標9　強靭（レジリエント）なインフラ構築、包摂的かつ持続可能な産業化の促進およびイノベーションの推進を図る

　目標9は経済の持続性に関する目標である。レジリエントなインフラとは、災害や障害に強い交通網、電気・ガス・水道などのライフライン、インターネットなどの情報基盤である。ターゲット9.1はインフラ開発について、9.2は雇用およびGDPに占める産業セクターの割合について、9.3は安価な資金貸付などの金融サービスやバリューチェーンおよび市場への統合へのアクセスについて、9.4はインフラ改良や産業改善について、そして9.5はイノベーション、科学研究および技術能力について、増加または改善するとしている。

目標10　各国内および各国間の不平等を是正する

　これまでは各目標が各自に必要な絶対水準として定められてきたが、目標10は人々の間の不平等という相対的な関係に対する目標となっている。不平等は目標1や目標5にも関係する課題である。特に、ターゲット10.1「2030年までに、各国

の所得下位40％の所得成長率について、国内平均を上回る数値を漸進的に達成し、持続させる」は貧困対策にもなる。10.2では、包括的に、年齢、性別、障害、人種、民族、出自、宗教、あるいは経済的地位その他の状況に関わりなく、すべての人々の能力強化および社会的、経済的および政治的な包含を促進するとしている。10.3は、その手段として、差別的な法律、政策および慣行の撤廃、ならびに適切な関連法規、政策、行動の促進などに言及している。数人の極端な大富豪が存在するからには、貧困者を少なくすることなくして不平等の是正はあり得ない。

目標11　包摂的で安全かつ強靭（レジリエント）で持続可能な都市および人間居住を実現する

　この目標を具体的に述べると、ターゲット11.1「2030年までに、すべての人々の、適切、安全かつ安価な住宅および基本的サービスへのアクセスを確保し、スラムを改善する」になる。スラム街の住民は多く、2020年において中央アジアおよび南アジアに3億5千9百万人、東アジアおよび東南アジアに3億6千万人、サブサハラアフリカに2億3千万人となっている。11.2で交通の安全性改善、11.3で包摂的かつ持続可能な都市化を促進し、すべての国々の参加型、包摂的かつ持続可能な人間居住計画・管理の能力を強化するとしている。11.4で世界の文化遺産および自然遺産の保護・保全の努力を強化し、11.5で水関連災害などの災害による死者や被災者数を大幅に削減し、世界の国内総生産比で直接的経済損失を大幅に減らすとしている。

目標12　持続可能な生産消費形態を確保する

　この目標は廃棄物に関するものである。2000年から2017年の間に、毎分百万本ものプラスチック容器が購入され、毎年5兆ものプラスチックバック（袋）が捨てられている。2019年においても、一人当たり7.3kgの廃棄された電子機器のうち1.3kgしかリサイクルされていない。2021年に13.2％の世界の食料が収穫後に流通段階で廃棄され、加えて17％が小売や家庭で廃棄されている。持続可能な生産消費形態は、ターゲット12.2の天然資源の持続可能な管理および効率的な利用、12.3の一人当たりの食料の廃棄を半減、12.4の化学物質や廃棄物の大気、水、土壌への放出を大幅に削減、12.5の廃棄物の発生を大幅に削減、などにより達成される。12.6に掲げたように、特に大企業や多国籍企業などの企業に対し、持続可能な取り組みを導入することを求めている。

目標13　気候変動およびその影響を軽減するための緊急対策を講じる

　気候変動については国連気候変動枠組条約であるUnited Nations Framework Convention on Climate Change（UNFCC）があり、パリ協定が採択されたのが

2015年12月と、SDGsが採択された9月より遅かった。このため、SDGsにはUNFCCとの整合に配慮した記述がある。パリ協定では、産業革命前と比べた地球全体の平均気温の上昇を2℃よりも十分下方に保持し、さらに1.5℃に抑える努力をしながら、今世紀後半に温室効果ガスの実質的な排出をゼロにするという目標が定められた。実質的な排出ゼロとは、人、工場、自動車などの排出量が植物などの吸収量と一致することである。パリ協定は条約なので、参加国にはそれを守る義務がある。ターゲット13.1には、すべての国々において、気候関連災害や自然災害に対する強靱性（レジリエンス）および適応の能力を強化するとある。

目標14　持続可能な開発のために海洋・海洋資源を保全し、持続可能な形で利用する

　海に関する目標である。30億以上の人が生計を海洋に頼っている。ターゲット14.1は海洋汚染を防止し、大幅に削減すること、14.2は海洋および沿岸の生態系の回復、14.3は海洋酸性化の影響を最小限化し、対処すること、14.4は過剰漁業や違法・無報告・無規制、すなわちIllegal, Unreported and Unregulated（IUU）漁業および破壊的な漁業慣行を終了することを目指している。

目標15　陸域生態系の保護、回復、持続可能な利用の推進、持続可能な森林の経営、砂漠化への対処、ならびに土地の劣化の阻止・回復および生物多様性の損失を阻止する

　目標15は陸に関する目標である。世界の生物多様性の健全性に関する重要な指標である国際自然保護連合：International Union for Conservation of Nature and Natural Resources（IUCN）のレッドリストによると、全体の4分の1以上の37,400種の生物が絶滅の危機にある。目標15のうち、陸域生態系の保護、回復、持続可能な利用の推進は15.1に、持続可能な森林の経営は15.2に、砂漠化への対処は15.3に書かれている。このほか、山地生態系の能力を強化（15.4）、絶滅危惧種を保護（15.5）、遺伝資源への適切なアクセスを推進し、動植物種の密猟および違法取引を撲滅するための緊急対策（15.6）、などにも触れている。SDGsは基本的に2030年を期限としているが、目標15のターゲットの多くは2020年を期限にしている。これは、2010年に名古屋で開催された生物多様性条約（1993年発効）第10回締約国会議、すなわちConference of the Parties 10（COP10）で合意された目標を重視しているからである。

目標16　持続可能な開発のための平和で包摂的な社会を促進し、すべての人々に司法へのアクセスを提供し、あらゆるレベルにおいて効果的で説明責任のある包摂的な制度を構築する

　目標16は制度面での目標である。平和とは、16.1「あらゆる場所において、すべての形態の暴力および暴力に関連する死亡率を大幅に減少させる」というターゲットに象徴される。16.2では、特に、「子供に対する虐待、搾取、取引およびあらゆる形態の暴力および拷問を取り上げ、それらを撲滅する」としている。そのための手段についても、16.3で、「国家および国際的なレベルでの法の支配を促進し、すべての人々に司法への平等なアクセスを提供する」としている。社会・経済・環境を対象とする持続可能な開発からすると、政治と安全保障を対象とするこの目標はやや異質な面がある。最も、持続可能な開発を実現するには平和が必要である。

目標17　持続可能な開発のための実施手段を強化し、グローバル・パートナーシップを活性化する

　目標17は目標16までを達成するための手段について書かれている。MDGsでも最後の目標は開発のためのグローバルなパートナーシップの推進であった。パートナーシップは開発途上国に対するもので、その対象は資金、技術、能力構築、貿易など様々な分野に及んでいる。ターゲット17.2では、先進国は、開発途上国に対する政府開発援助、すなわちOfficial Development Assistance（ODA）をGNI比0.7％にする目標を掲げている。17.18は、データに関する能力構築支援で、所得、性別、年齢、人種、民族、居住資格、障害、地理的位置およびその他各国事情に関連する特性で区分された質が高く、タイムリーかつ信頼性のあるデータの入手可能性を向上させるとしている。

　目標1から6までは人間（People）、目標7から11までは繁栄（Prosperity）、目標12から15までは地球（Planet）に関連する。目標自体に書かれているように、目標16は平和（Peace）、目標17はパートナーシップ（Partnership）に関連する。いずれもPから始まる言葉である。

　17の目標をあえて社会、経済、環境で分類すると、目標1から5までと目標11および16が社会、目標8から10までと目標12と17が経済、目標6および7と目標13から15までが環境になる。社会、経済、環境は独立しているのではなく、密接に関連していることから、総合的にそれらが調和した状態を目指している。

　また、世界各国が異なる事情にあることに鑑み、地球規模の指標を、地域や国で策定される独自の指標によって補完することになっている。

　SDGsは4年ごとにSDGサミットを開催し、進捗状況の確認をすることになっ

ている。2019年における評価は芳しくなかった。

　その上、新型コロナウイルスの影響で、健康に関する目標3はもとより、各目標の達成時期に遅れが出ている。国連は、数十年積み上げてきた前進をコロナ禍が後戻りさせているとしている。たとえば、目標1に関連する極度な貧困状態にある人は2020年に1億1千9百万〜1億2千4百万人増え、目標2に関連する飢餓状態にある人は2020年に7千万〜1億1千6百万人増えた。目標4の教育についても、2020年に学校が休校になって、90％の子供が学校に通うことができなかった。目標8の雇用についても、2億5千5百万ものフルタイムの仕事が失われ、16億ものインフォーマル経済（法規制の枠組みで保護あるいは認知されていない活動）に従事する人が深刻な悪影響を受けた。働かず、学校に行かず、訓練も受けていない若者が増えた。2019年に15億人もいた海外旅行者が2020年に3億8千百万人に減った。また、一人当たり実質GDPについては2020年にマイナス4.6％となった。2008年の金融危機を上回る経済的打撃である。目標9については、2020年に製造業の生産量が6.8％、航空機の乗客数が60％減少した。航空業界はかなり厳しい状況に直面した。目標10については、不平等度を示すジニ係数が新興市場と開発途上国において6％上昇したと推定されている。2020年に4,186人の移民が死亡または行方不明になった。気候変動に関する目標13は一見影響がない目標であるが、様々な要因に関係しているため、この目標も例外ではなかった。目標16にある子供の労働も2020年に1億6千万人増加した。目標17に関しては、2020年にODAが過去最高の1千6百10億ドルに達したものの、海外直接投資が40％も減少した。

　2023年9月に開催されたサミットでは、冒頭で採択された政治宣言で、「SDGsの達成は危機に瀕している。2030アジェンダの中間年において、我々はほとんどのSDGsの進捗が遅々として進まないか、2015年の基準よりも後退していることを憂慮する。」とした。その上で、「我々は、世界が直面する危機と障害を乗り越えるために、あらゆるレベルにおいてあらゆるステークホルダー（利害関係者）が継続的、根本的、変革的かつ緊急の行動をとることを約束する。2030アジェンダを達成し、SDGsを実行するために、減少傾向を反転させ、進捗を加速させるための行動をとることが緊急に必要なことを認識する。」と述べ、具体的な課題として、貧困や飢餓、ジェンダー平等、教育などを挙げた。

2．SDGsの指標

　国連持続可能サミット2015が2015年9月25-27日に開催され、25日の決議70/1：世界の転換：持続可能な発展のための2030アジェンダでこれら17の目標と169のターゲットが定められた。その後、ターゲットごとに指標が開発された。しかし、実際に指標を整備するとなると様々な困難に直面する。2016年に開催され

た国連統計委員会では、技術的な精緻化を条件に実務的開始点としてSDGsの指標一覧が同意されたが、指標の発展と改善に向けて更に検討を重ねることとなった。横断的機関・専門家グループであるThe Inter-agency and Expert Group on Sustainable Development Goal Indicators（IAEG-SDGs）が国連統計委員会を代表して指標の整備方針を調整している。2017年7月6日の国連総会では、「決議71/313：持続可能な開発のための2030アジェンダに関する統計委員会の仕事」において、グローバルな指標の枠組みが定められた。指標の数は2024年現在で231であるが、性別、年齢別、地域別、従業員の地位別、職業別、障害の有無別、在留資格別のように詳細な区分で作成されることになっている。このため、指標の細分化や小地域推定に向けた取組が進展した。

　指標は作成可能性の観点から2つの分類がある。**Tier1**に属する指標は、指標の概念は明確であり、国際的に確立された方法論と標準が利用可能なものである。また、指標が関連する各地域において、少なくとも50％以上の国、あるいは人口を対象として、データが定期的に集められているものである。これに対して、**Tier2**に属する指標は、指標の概念は明確であり、国際的に確立された方法論と標準が利用可能であるが、データが定期的に集められている国は限られているものである。

　指標は目標とターゲットを具体化して作成されるが、指標は数値情報なので、計画時点の値を記録し、それが時間とともにどう変化するかを測定することができる。このため、指標は目標とターゲットが達成されるか否かを監視するツールである。指標はデータを加工して作成される。（図53）

　目標ごとに必要な主な統計の分野がある。たとえば目標1に対しては貧困統計、目標2に対しては農業・食料統計、目標3に対しては健康統計という分野である。（図54）

　他方、目標に関わらず各指標の水準を整える統計もある。たとえば、人口は一人当たりの水準を計算するために、GDPはGDP当たりの水準を計算するために必

【図53】SDGsの指標と役割

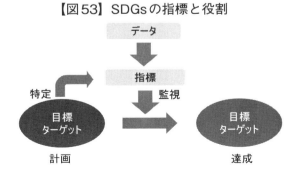

要な統計である。また、購買力平価に換算することもある。（図55）

【図54】目標と統計

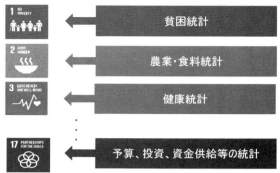

【図55】目標横断的に必要な統計

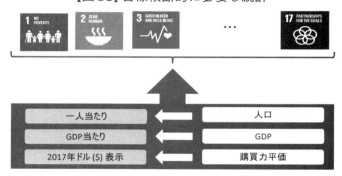

3. 2023年レポートの国際比較

　ケンブリッジ大学は、毎年国連、世界銀行などからデータを収集し、各国のSDGsへの取組進捗状況を点数化している。（表4）

　これによると、2023年において、上位20国はすべて欧州に属する国となっている。特に上位3位はフィンランド、スウェーデン、デンマークと北欧3国となっている。点数で見ると、これらの3国は4位以下より2ポイント以上も高くなっていることから、SDGsへの取組が著しく進んだ国とみなすことができる。

　21位になって初めて欧州以外の国が現れる。それは日本である。したがって、日本はSDGsの取組がある程度進捗していることになる。しかし、日本の順位は年々下降傾向にある。

　なお、欧州以外で日本の次に高い国は26位のカナダである。また、アメリカ合

衆国は39位、中国は63位である。経済大国はSDGsという面からの達成状況が十分でない。

【表4】2023年におけるSDGs達成状況（上位21国）

順位	国名	点数			
1	フィンランド	86.8	11	イギリス	81.7
2	スウェーデン	86.0	12	クロアチア	81.5
3	デンマーク	85.7	13	スロベニア	81.0
4	ドイツ	83.4	14	ラトビア	80.7
5	オーストリア	82.3	15	スイス	80.5
6	フランス	82.0	16	スペイン	80.4
7	ノルウェー	82.0	17	アイルランド	80.1
8	チェコ	81.9	18	ポルトガル	80.0
9	ポーランド	81.8	19	ベルギー	79.5
10	エストニア	81.7	20	オランダ	79.4
			21	日本	79.4

出典：Implementing the SDG Stimulus, Sustainable Development Report 2023, Jeffrey D. Sachs, Guillaume Lafortune, Grayson Fuller and Eamon Drumm, 2023

ちなみに、比較された166の国のうち、最下位は南スーダンの38.7、次いで中央アフリカ共和国の40.4、チャドの45.3となっている。このように、アフリカでは達成状況がかなり悪い。

これは公式なSDGsの評価指標ではない。また、国際機関が作成した個々の指標は、必ずしも各国の定義に沿っているとは限らない。そもそもSDGsは2030年までに達成することが目標なので、2023年までの達成状況が不十分であっても問題があるとは言えない。しかし、この指標は、現段階で持続可能な発展がどの程度進んでいるかを国際比較する上で有用である。

レポートによると、日本は目標4（質の高い教育をみんなに）および目標9（産業と技術革新の基盤をつくろう）については既に達成しているとしている。確かに、これらの目標は日本の強い分野である。まず、日本では中学生以下は誰もが平等に教育を受けることができる。海外では一定の金額の支払がなければ質の高い教育を受けることができない国が多い。また、IT化の遅れを指摘する人もいるが、一定水準の産業と技術革新の基盤が整っている。

逆に、日本の主要な課題は目標5（ジェンダー平等を実現しよう）、目標12（作る責任、つかう責任）、目標13（気候変動に具体的な対策を）、目標14（海の豊かさを守ろう）および目標15（陸の豊かさも守ろう）である。日本でジェンダー平等の水準が低いことは良く知られている。また、自然環境の保全についても達成すべき点が多い。

参考情報

● 参考ウェブサイト

統計法をはじめとする各法律はe-GOVから全文を閲覧することができる。
https://elaws.e-gov.go.jp/
　本書でも紹介したが、e-Stat
https://www.e-stat.go.jp/
からは、日本の経済データを広範かつ詳細に閲覧することができる。
　また、総務省統計局のウェブサイト
http://www.stat.go.jp/
には、総務省統計局が実施する統計調査等について豊富な調査結果を無料で入手できるばかりでなく、各調査の概要も詳しい。また、当ウェブサイトには他府省を含め、統計関連機関のウェブサイトへのリンクのページもある。
　調査の概要や結果については、ほとんどすべての府省庁のウェブサイトから豊富な情報を入手することができる。たとえば、内閣府経済社会総合研究所の次のウェブサイトからは国民経済計算に関する情報を入手することができる。
https://www.esri.cao.go.jp/jp/sna/menu.html
　府省関連機関として、日本銀行のウェブサイト
http://www.boj.or.jp/
は、日本銀行が作成する統計のみならず、経済統計全般について多様な情報をダウンロードすることができる。
　SDGsについては外務省の以下のウェブサイトに仮訳が掲載されている。
https://www.city.kiryu.lg.jp/_res/projects/default_project/_page_/001/014/499/sankou2.pdf
　SDGsについては国連のウェブサイトに基本的な情報が網羅されている。
https://sdgs.un.org/goals
　本書の記述に際しては、アドレスを割愛した府省分を含め、これらのウェブサイトから引用した箇所もある。この場を借りて謝意を表する。

● 参考文献

清水誠『統計体系入門』日本評論社、2000年
　統計法が改正される以前の2000年時における大規模統計の状況を記載している。過去の統計体系についての情報を得ることができる。

総務省統計研究研修所『初めて学ぶ統計』日本統計協会、2016年
　データの見方と使い方について基本的な知識を身に付けることができる。

総務省統計研究研修所『統計データの理論と実際』日本統計協会、2017年
　様々な分布を示す母集団から標本を抽出し、標本から母集団を推測するための理論、方法、実例を解説している。

ポール・クルーグマン、ロビン・ウェルス著、大山道広、石橋孝次、塩澤修平、白井義昌、大東一郎、玉田康成、蓬田守弘訳、クルーグマン『マクロ経済学』第2版、2019年
　経済学の中心的な概念を説明し学生の学習意欲を高めるために、すべての章で現実世界の事例、ストーリー、応用、ケース・スタディを活用している。経済理論と経済データとの関連を理解することができる。

United Nations, Handbook on Supply and Use Tables and Input-Output Tables with Extensions and Applications, 2018
　供給使用表と産業連関表について国際基準となる考え方を知ることができる。

阿藤誠「新統計法の意義」、家族社会学研究、第21巻第1号、2009年
　2007年における統計法の改正について趣旨、意義、考え方を知ることができる。

第Ⅳ期公的統計の整備に関する基本的な計画、2023年
　第Ⅳ期基本計画の全文は以下のウェブサイトに掲載されている。
https://www.soumu.go.jp/main_content/000871085.pdf

Implementing the SDG Stimulus, Sustainable Development Report 2023, Jeffrey D. Sachs, Guillaume Lafortune, Grayson Fuller and Eamon Drumm, 2023
　SDGsについて毎年発行されている報告書で、国ごとの達成状況を比較可能な方法で細かく記述している。
https://sdgtransformationcenter.org/reports/sustainable-development-report-2023

The Sustainable Development Goals Report 2023: Special Edition, United Nations
　こちらもSDGsについて毎年発行されている報告書であるが、目標ごとの世界全体の達成状況について図表を用いてわかりやすく記述している。
https://unstats.un.org/sdgs/report/2023/

Political Declaration to be adopted at the High-level Political Forum on Sustainable Development (HLPF), under the auspices of the General Assembly in September 2023
　2023年SDGサミットで採択された政治宣言の全文が掲載されている。
https://www.un.org/en/conferences/SDGSummit2023/political-declaration

●関連事項の学習に役立つ文献
日本統計協会『統計でみる日本』
　日本の状況について、人口、世帯、家計、福祉、教育、健康、経済、労働、エネルギー、観光、情報・通信等、幅広い分野にわたって重要な統計を分析し、表とグラフを使って最新のすがたや動きをわかりやすく解説している。経済データの利用の仕方について基本的な知識を得ることができる。
　年1回発行されているので、最新の情報を踏まえた解説になっている。

清水誠「公的統計の国際基準」統計リサーチノート、2023
https://www.stat.go.jp/training/2kenkyu/pdf/rn/2-rn-010.pdf
　国際機関が中心となり、公的統計について、各国ともに国際比較が可能な作成・提供が可能となるように、勧告、基準、指針等の枠組みを企画・調整・推進している。それらを日本語で知ることができる。

蟹江憲史『SDGs（持続可能な開発目標）』中公新書、2020
　SDGsとは何か、全貌、企業・自治体の取組状況等について日本語で解説している。

清水誠『日本発世界未来』Kindle / NextPublishing Authors Press, 2023
　経済データの利用の結果について数多くの事例が盛り込まれている。日本には、過去30年の間に、長寿化、人口減少、物価変化率の低下、仕事量の減少、エンゲル係数の上昇、家庭回帰などの現象が観察されているが、今後、世界でこれらの現象が一般化することが予想されるとしている。

著者

清水誠

東京国際大学経済学部教授．東京大学理学部数学科卒業．東京大学社会科学研究所助教授，総務省統計研究研修所長，国連アジア太平洋統計研修所オフィサー・イン・チャージなどを経て現職．博士（経済学）．「データ分析はじめの一歩」（講談社ブルーバックス），「推測統計はじめの一歩」（講談社ブルーバックス），「統計体系入門」（日本評論社）など著書多数．

経済データ入門

2024 年 9 月 10 日　　第 1 刷発行

著　者 ――― 清水誠
発　行 ――― 日本橋出版
　　　　　　〒 103-0023　東京都中央区日本橋本町 2-3-15
　　　　　　https://nihonbashi-pub.co.jp/
　　　　　　電話／ 03-6273-2638
発　売 ――― 星雲社（共同出版社・流通責任出版社）
　　　　　　〒 112-0005　東京都文京区水道 1-3-30
　　　　　　電話／ 03-3868-3275

Ⓒ Makoto Shimizu Printed in Japan
ISBN 978-4-434-34385-8
落丁・乱丁本はお手数ですが小社までお送りください．
送料小社負担にてお取替えさせていただきます．
本書の無断転載・複製を禁じます．